本书为国家社科基金项目（13BMZ020）成果

清朝经营海南黎族研究

刘冬梅 著

中华书局

图书在版编目(CIP)数据

清朝经营海南黎族研究/刘冬梅著. —北京:中华书局,
2021.5
ISBN 978-7-101-15120-6

Ⅰ.清… Ⅱ.刘… Ⅲ.黎族-民族历史-研究-海南-清代
Ⅳ.K288.1

中国版本图书馆 CIP 数据核字(2021)第 054225 号

书　　名	清朝经营海南黎族研究
著　　者	刘冬梅
责任编辑	吴爱兰
出版发行	中华书局
	(北京市丰台区太平桥西里 38 号　100073)
	http://www.zhbc.com.cn
	E-mail:zhbc@zhbc.com.cn
印　　刷	北京瑞古冠中印刷厂
版　　次	2021 年 5 月北京第 1 版
	2021 年 5 月北京第 1 次印刷
规　　格	开本/920×1250 毫米　1/32
	印张 8¾　插页 2　字数 216 千字
国际书号	ISBN 978-7-101-15120-6
定　　价	48.00 元

目　录

前　言

一、本书的研究起因及意义

（一）研究起因

清王朝作为中国历史上大一统的封建王朝,非常重视对少数民族聚居的边疆地区的统治与治理,制定并实施了一系列符合各民族实际情况的民族政策,这些政策大体来说是比较成功的。比如在西藏地区施行支持藏传佛教,册封达赖、班禅,以及派遣驻藏大臣等政策;在内外蒙古实行支持藏传佛教、满蒙联姻、分而治之的政策;在新疆执行设置伯克城主,派遣伊犁将军、喀什噶尔参赞大臣等政策;对南方边疆少数民族则推行设置土司及"改土归流"等政策。但是,与对其他南方少数民族的治理政策相比,清朝对海南黎族的经营政策又有所不同,而此点为多数学者所忽视,因此成为本书的研究起因。

（二）研究的理论价值和实际价值

本书属中国史学专门史中的民族史范畴, 之所以以清朝经营海南黎族而不以治黎政策立题,是因为据笔者的研究,清朝统治者在边疆与少数民族治理问题上,与历朝统治者的观念有一定的差别。此差别即是清朝统治者对边疆和少数民族的治理有一定的全局观。在目标上,清朝统治者不仅要实现边疆的稳定和对其统治的认同,还力图把边疆少数民族地区经营为与中原一体的国土。因而,清朝统治者在武力镇压的同时,也注意改进对边疆少数民族地区经济文化的经营措施,较少依赖传统的"以夷制夷"方略,而是主张土流兼治,以收一道同风之效,达到中外一体。尽管这一经营战略因各种因素未能如愿以偿,但仍有一定的效果。作为历史遗产,其对今日的边疆施政也有借鉴意义,所以,本书从历史学的角度,把清统治者在不同时期对海南黎族的规划营治、经办管理的政策、实效,及其经营下的海南黎族社会的生存与发展状况作为研究的重点,在这一基础上,再着力深入检讨清政府经营政策的利弊得失,突破以往对海南黎族历史研究的客观描述状态,对某些存在(但被忽略)的具体问题进行较深入的探究,这必将拓宽海南黎族历史研究的领域,弥补当前黎族研究的薄弱环节。本书是尝试之作,但是却可能为今后的相关研究奠定一定的基础,并为海南地方史研究摸索出相关的经验,以进一步丰富海南地方史研究;同时在学术上也为清政府的边疆少数民族治理史提供一份具体的实证性研究成果,对边疆少数民族社会变迁研究应当也有所裨益。

本书的现实意义则体现在:其对后进民族的发展滞后根源及发展道路的探寻、对边疆少数民族区域开发经验教训的总结,可为当今边疆少数民族的治理、民族关系的处理、西部大开发、国际旅游岛及自贸港背景下海南的和谐发展提供借鉴。

二、目前国内外研究的现状与趋势

(一)关于黎学。

因为研究力量的薄弱和研究成果的不足,"黎学"这一名称出现得很晚。那么,什么是"黎学"呢?顾名思义,所谓"黎学","就是研究黎族的学问,黎学以全部的黎族问题为研究对象,其研究范围包括黎族的起源与历史演变、传统的生产方式、生活方式、语言、风俗、社会组织、婚姻家庭、宗教信仰、民间文学、科学技术等,涉及人类学、历史学、考古学、文化学、民俗学、社会学、语言学、宗教学、艺术学、建筑学、医药学等多种学科,是一个跨学科的体系,是一个学科群,大体上可以归属为人文科学的一个分支,与民族学最为接近,又包含有社会科学和部分自然科学的内容。与我国现有的藏学、蒙古学、彝学、壮学、瑶学、侗学、布依学等学科,在研究内容和研究方法上基本一致"①。

应该说,对海南黎族的相关记载与研究有很长的历史,从《尚书》开始,至少有五千年,在中国古代各个时期包括正史类书籍、杂史类书籍、地方志类书籍、文人笔记类书籍、地理志类书籍、地图中几乎都留下了关于黎族的记述,而自宋朝至清朝,不仅记载更多更具体,而且开始真正地有所研究,如清朝的《治黎辑要》《广东新语》《黎歧纪闻》《游历琼州黎峒行程日记》《琼州海黎图》《琼州府志》《崖州志》《儋州志》《万州志》以及其他各县的县志等;民国时期的地方政府档案、著述、报刊上的文章与照片等对海南黎族亦多有记载与论述;19世纪40年代以来,随着鸦片战争的爆发及列强的不断入侵,各国的传教士、人类学家、旅游家等不断地进入并深入海南的黎族地区,他们所留下来的研究笔记或者游记,是国外对海南黎族研究的发端。1939年—1945年日本占领海南期间,日本的一些学者和位于台湾的多家高等学府、研究机构也对海南进行了大量的调查研究,留下很多的研究资料,如冈田谦的《海南岛黎族的社会组织》(1942)、尾高邦雄的《海南岛黎族的经济组织》(1942)、山本由松的《海南岛黎界植

① 王献军编:《黎学研究备览》前言,民族出版社,2011年,第1页。

物调查报告书》(海南海军特务部，1942)、金关丈夫的《关于海南岛汉族和黎族体力比较的调查报告》(海南海军特务部，1942)、《海南岛黎族的人类学调查》(1940)、《台北帝国大学第壹回海南岛学术调查报告》《台北帝国大学第贰回海南岛学术调查报告》《海南岛及广东视察调查复命书》等，多述及黎族地区的状况并注重了对资源的研究。后藤元宏在《南支那海之一大宝库海南岛》(武道社，1932)一书中竟提出"黎族人为日本人之后"的荒诞观点，显露了其政治目的。内藤英雄《广东福建读本》(东京东亚实业协会，1939)、南支那研究所《南支那年鉴》(台湾实业界社，1944)、吉川兼光《海南岛建设论》(大阪屋号书店，1944)、台湾总督官房调查课《海南岛》(日本南洋协会台湾支部，1939)，以及平野健《广东之现状》(广东日本商工会议所，1943)等均述及黎族人的性格，认为"黎人外表看似凶暴，性情却柔顺温和"。而日本学者小叶田淳的《海南岛史》(1943)、德国人类学家史图博(H. Stubel)的《海南岛民族志》(1937)，以及美国传教士所写的专著《棕榈之岛——海南概览》(1919)，则是海外学者从人类学和民族学角度研究涉及海南黎族生活方式和风俗文化的重要著述。在此之后，海外学者对海南黎族的研究兴趣不减，尤以研究人类生态学、艺术、美学、宗教信仰、环境、资源的为多。

　　20世纪20—40年代，国内黎族研究的着力点则在于对黎族"志"和族源的探讨，以陈铭枢的《海南岛志》、黄强的《五指山问黎记》、田曙岚的《海南岛旅行记》、王昭夷的《琼崖各属黎区调查》、王兴瑞的《海南岛黎人研究》《海南岛的汉黎交易》《海南岛黎人来源试探》、刘咸的《海南黎人文身之研究》《海南黎族起源之初步探讨》《海南黎人面具考》《海南黎人刿木为信之研究》、罗香林的《海南岛黎人源出越族考》等为代表，但研究成果中都出现过多的现象描述。到20世纪50—80年代，黎族研究以民族识别和社会历史调查为主，如《海南岛黎族社会调查》(广西民族出版社，1992)，其对20世纪50

年代中期海南黎族的社会风貌给予了比较系统与客观的反映。中国科学院少数民族语言研究所编写的《关于划分黎语方言和创制黎文的意见》(1957)、《黎语调查报告初稿》(1957)等调研报告则把黎语作为研究重点。另外还有许多材料则充斥着过多的阶级斗争的内容,缺乏个人的独立见解。20世纪的后二十年,黎族研究领域有所拓宽,有《黎族简史》(广东人民出版社,1982)、《黎族历史纪年辑要》(广东省民族研究所,1982)、《黎语调查研究》(中国社会科学出版社,1983)、《海南岛黎族的住宅建筑》(广东省民族研究所,1982)、《黎族研究参考资料选辑》(第一辑)(广东省民族研究所,1983)、《海南黎族、苗族自治州概况》(广东人民出版社,1986)、《海南岛古代简史》(东北师范大学出版社,1988)等成果面世。有关黎族研究的论文则涉及族源、婚姻家庭、合亩制、文学艺术、文化生态、历史、经济社会等多方面。对黎族的研究还出现了比较有代表性的专著,如王养民和马姿燕合著的《黎族文化初探》(广西民族出版社,1993)、吴永章的《黎族史》(广东人民出版社,1997)、邢植朝的《黎族文化溯源》(中山大学出版社,1997)、程昭星的《黎族人民斗争史》(民族出版社,1998)和王学萍的《五指山五十年》(海南出版社,1999)等。21世纪以来的十几年中,黎族研究领域从历史文化到医药卫生、从文学艺术到宗教哲学、到身体、习惯法、教育、体育、科技、生态、旅游、经济等方面不断拓展,黎族研究趋向多元化,著述不胜枚举,据王献军老师统计,仅2000—2009年相关著述达到81部①。如林日举等著的《海南少数民族地区现代化问题研究》(四川民族出版社,2000);王学萍主编的《黎族传统文化》(新华出版社,2001),其中包含500多幅珍贵的关涉黎族的图片;王翔所翻译并著述的《棕榈之岛——清末民初美国传教士看海南》(南海出版公司,2001);林日举著的《海南

①王献军编:《黎学研究备览》,民族出版社,2011年,第72—77页。

史》(吉林人民出版社,2002);刘明哲主编的《黎族民间草药集锦
(一)》(海南省民族宗教事务厅内部印刷,2003);华子奇等主编的
《五指山风韵——海南少数民族文学探析》(南海出版公司,2003);
王文华编著的《黎族乐器集锦》(中国文联出版社,2003);王学萍主
编的《中国黎族》(民族出版社,2004),图文并茂,长于生动性及资料
价值;吴义、王明兴、邵显明著《中国黎族传统体育文化》(中国社会
出版社,2004);张跃、周大鸣主编的《黎族·海南五指山市福关村调
查》(云南大学出版社,2004);王海、江冰著的《从远古走向现代——
黎族文化与黎族文学》(华南理工大学出版社,2004);李勃著的《海
南岛历代建置沿革考》(海南出版社,2005);符桂花主编的《清代黎
族风俗图》(海南出版社,2007);高泽强、潘先锷著的《祭祀与辟
邪——黎族民间信仰文化初探》(云南民族出版社,2007);由洪寿
祥、周伟民主编的《海南地方志丛刊》,收集、点校了64部合成49册
地方志,版本最新(海南出版社2002—2007年陆续出版);钟捷东著
的《黎族医药》(海南出版社,2008);符桂花主编的《黎族传统民歌三
千首》(海南出版社,2008);王建成主编的《首届黎族文化论坛文集》
(民族出版社,2008);本书编写组编著的《琼中黎族苗族自治县概
况》(民族出版社,2008);本书编写组编著的《保亭黎族自治县概况》
(民族出版社,2008);亚根著的《黎族舞蹈概论》(中国戏剧出版社,
2008);周文彰总主编的《海南历史文化大系》(海南出版社、南方出
版社,2008。其中与黎族相关著述多种);(日)冈田谦、尾高帮雄著,
金山等译的《黎族三峒调查》(民族出版社,2009);符桂花主编的《黎
族民间故事大集》(海南出版社,2009);中元秀著的《黎族人民领袖
王国兴》(民族出版社,2009);潘先锷著的《黎族苗族调查文集》(中
国国际出版社,2009);海口市地方史志办公室编的《冼夫人研究文
集》(南海出版公司,2009);王献军、赵红主编的《黎族藏书·方志
部》(一—三卷)(海南出版社,2009);林开耀、程鹏的《中国共产党与

黎族社会发展》(中央文献出版社,2010);海南省民族研究所编的《黎族服装图解》(南海出版公司,2011);张杰、张昌赋著《绣面与雕身——黎族纹身文化研究》(上海大学出版社,2012);孙海兰、焦勇勤著《符号与记忆——织锦文化研究》(上海大学出版社,2012);安华涛、唐启翠著《"治黎"与"黎治"——黎族政治文化研究》(上海大学出版社,2012);韩立收著《"查禁"与"除禁"——黎族"禁"习惯法研究》(上海大学出版社,2012);孙绍先、文丽敏著《平等与包容——母系文化背景下黎族两性关系》(上海大学出版社,2013);唐玲玲、周伟民著《"凡俗"与"神圣":海南黎峒习俗考略》(上海大学出版社,2014)等;而如周伟民、唐玲玲著的《海南通史》(1—5卷)(人民出版社,2017)等涉及黎族研究的,更是不胜枚举。尤其值得一提的是,还出现了体例完备、内容较全面,吸收了最早、最新研究成果的黎族学研究的目录索引类的工具书,即王献军编纂的《黎学研究备览》(民族出版社,2011),虽然早在1937年就有何多源编的《海南岛参考书目》(广州大学图书馆印),1939年山本运一编的《海南岛关系资料展目录》(台北第一高等女学校地历研究室印行),1943年台湾总督府外事部编的《南支那文献目录》(海南岛台北编者印行),丘岳宋、陈汉光编的《海南文献目录》(台湾学生书局,1975)等,以及八九十年代以来王会均编著的《海南文献资料索引》《日文海南文献资料综录》《海南方志资料综录》(分别为台湾文史哲出版社1987年、1993年、1994年版),李国强、寇俊敏编的《海南及南海诸岛史地论著资料索引》(中州古籍出版社,1994),何卜吉主编《海南地方文献书目提要》(海南出版社、三环出版社,2008),刘耀荃先生也在其主编的《黎族历史纪年辑要》(广东省民族研究所,1982)一书的附录里开列了一个黎族研究参考资料的简目,但都内容有限,不够全面。总之,这一时期论著数量虽然多,但在各研究领域(除工具书外)还不能说产生了独成体系的经典论著。

综上,关于黎族的研究,至今积累丰厚,而且研究的力度与深度逐渐增强,但过去的研究存在一些缺欠:内容上以研究语言、风俗、文化、艺术等为着重点,成果上也是以这些领域为多;而真正的历史研究则相对薄弱,而且大多集中在族源、谱系、迁徙,以及政治、军事、战争、起义等方面,大多强调民族关系中消极的一面,以阶级斗争为主线的所占比例较大,对社会经济的总体考察尚且不够;"简史"多,断代史几乎无;对中央王朝治理开发黎区的经济、文化等措施的研究则触及较少,或研究得不够深入,缺乏客观全面的探析。

(二)关于本书所论及主题

国内学术界对黎族的全面研究,始于 20 世纪 20 年代,至今取得了较为丰硕的成果,但具体而直接地涉及本书主题的国内外研究成果却不多,虽然有学者对之进行了探讨,但十分零散,缺乏全面而系统的研究,且有的研究尚停留在客观描述的状态,比如在相关的主要著述——陈铭枢的《海南岛志》(海南出版社,2004)、史图博(H. Stubel)《海南岛民族志》(亩傍书房,1943),日本学者小叶田淳的《海南岛史》(张迅斋译,台湾学海出版社,1979),陈植的《海南岛新志》(商务印书馆,1949),安·爱丽舍·卡斯特《中国边疆少数民族:海南岛黎族——从汉到清》(Ann Alice Csete:*A frontier minority in the Chinese world:The Li people of Hainan island from the Han through the Qing.* A Bell & Howell information company. 1995),吴永章的《黎族史》(广东人民出版社,1997),林日举的《海南史》(吉林人民出版社,2002),高泽强的《海南黎族研究》(海南出版社、南方出版社,2008),唐玲玲与周伟民的《海南史要览》(海南出版社、南方出版社,2008),林日举的《海南民族概论》(海南出版社、南方出版社,2008),(美)罗·威廉著,李仁渊、张远译的《最后的中华帝国:大清》(William T Rowe:*China's Last Empire:The Great Qing*)(中信出版社,2016),周伟民与唐玲玲著的《海南通史》（1—5 卷）（人民出版社，2017），以及各种"黎族简史"中，都涉及清朝治理黎族的问题，但几乎都是提纲挈领式的概述或总结，观点上也是大体一致，只有安·爱丽舍·卡斯特（Ann Alice Csete）在其著述中认为：正是清朝地理的、文化的、政治的、社会的、经济的联系和发展趋势，导致黎族渐渐融合进中国政体，且并未破坏黎族的文化和某种程度的政治自治（A Bell & Howell information company. 1995）。对此，笔者不能完全苟同。另外，关于清政府的教化政策，罗·威廉（William T Rowe）在《最后的中华帝国：大清》（*China's Last Empire：The Great Qing*）一书中认为，乾隆放弃在边疆少数民族地区普及教育，是因为"他认为让不值得信任的少数族群获取识字的权益，是不智且浪费公帑之举"。对这种说法，笔者亦在文中予以纠正。也有硕士论文涉及本论题的，如袁国客的《清代海南治黎及其影响》（2003），其研究值得肯定，但其着眼点在"黎乱"及"治乱"上，内容也相对薄弱，其中有些观点笔者亦不能认同，如该作者认为张之洞对黎族的强制同化政策是可行且值得肯定的等。而本论题"经营黎族"指的是"规划营治、经办管理黎族"，相对于"治黎"，在研究内容上要丰厚些。

在论文方面，关于历朝历代治黎政策的文章较多，但关于清朝治黎的研究成果相对较少且研究尚不够深入：江应樑的《历代治黎与开化海南黎苗之研究》〔《新亚细亚》第 13 卷，1937 年第 4 期〕、王兴瑞的《历代治黎政策检讨》（《珠海学报》第 1 集，1945 年）、杨德春的《历代治黎政策述评》〔《海南大学学报》（社会科学版）1987 年第 1 期〕、许崇灏的《我的治黎观》、卢勋的《论宋代在黎族民族地区羁縻之治》（《民族研究》1986 年第 5 期）、汤开建的《元代对海南岛的开发与经营》〔《暨南学报》（哲学社会科学）1990 年第 4 期〕、张介文的《明代黎族人民起义原因探讨》〔《海南大学学报》（社会科学版）1985 年第 3 期〕、何瑜《论清代的治黎政策》（《民族研究》1992 年第 4

期)、笔者本人的《清朝治黎政策解析》〔《海南大学学报》(社会科学版)2011年第6期〕等。

总之,本人认为,关于黎学,断代的、专题的深入研究还需加强,将来必会形成新的研究趋势。

三、研究内容与研究方法

清朝对海南黎族的经营,始于征服海南岛而终于清亡。本文力图全面、系统地勾画清政权在征服与统治海南的过程中对海南黎族经营的全貌,因此,清廷在不同阶段经营的动因与策略,清朝各代皇帝经营黎族的背景、经过、主要举措、战略思考、历史作用与得失成为本书的重要研究内容。

本书从历史学的角度,通过梳理与本书论题相关的学术研究脉络,总结过去学术界已取得的成就,分析研究尚存在的薄弱环节,指出研究针对的问题与切入点,借鉴民族学与社会学等相关学科的理论与研究方法,对清朝经营海南黎族的相关历史进行专题研究,并佐以必要的田野调查和实际考察,还采取了比较研究的方法,如清朝对黎族的经营与其前历朝治黎政策进行比较,如本朝内各代经营政策的比较,以及清朝对黎族的经营与对岛外其他边疆少数民族的经营比较,对岛内黎族与对岛内苗族和回族等民族的经营的概括性比较等,以深刻地挖掘清朝复杂的民族关系与清政府经营黎族的实质。

四、关于本书涉及的相关
概念的界定与说明

书名中的"经营",意为政治上的"规划营治、经办管理",在"治理"的外延之外;"经营"与"治理"是相互渗透的。对史料中频繁出现的"黎乱"的说明:有的"黎乱"是起事、起义性质的,只是被统治阶级污称为"黎乱",但也有相当部分的"黎乱"是黎人中盗匪抢劫等危害社会民生的恶性事件,笔者在文中用带引号的"黎乱"来表述,稍加注意,读者是易于区分判断不同"黎乱"的性质的。

书中还有大量"生黎""熟黎""半生半熟黎"等称谓,以及清统治者对海南黎族施行的"戡黎""抚黎""化黎"等政策称呼,这些称谓与称呼都产生于特定的历史语境中,其中显然包含了对黎族的某种歧视。对此,书中也专门进行了较详细地说明与界定。为了行文的顺畅与方便,本书在论述中有时仍然使用了这些词汇,但加引号,以示使用意义的不同。

五、基本观点及突破与创新

(一)基本观点

1. 古代历史上,清朝是我国经营黎族最彻底的朝代,通过全面经营,将几乎整个黎区纳入了清王朝的直接统治之下,促进了我国统一多民族国家的形成和发展。

2. 清王朝对海南的经营经历了三个不同的阶段,在不同阶段其治黎的侧重点也有所不同。

3. 清朝对黎族土流兼治的统治方式、宽严相济的治黎理念,理顺了管理制度,顺应了历史发展趋势,并一直延续到清末,这对于清王朝在海南统治的维护是有利的。清朝在海南的行政区划以及各种行政与军事的管理机构健全以后,皆相对稳定,可以说是基本上适应了海南包括黎族在内的社会的发展。但是,时代、阶级、民族的局限,使清王朝对海南黎族的经营举措又存在严重的弊端,有时甚至弊大于利,直接影响到了经营成效,这是封建统治制度无法克服的矛盾。

4.清朝经营海南黎族的经济文化举措因各种原因未能全面落实,甚至有时中断,而且这些举措基本上都是服务于统治阶级的政治与军事目标的,并非出于发展地方经济、促进少数民族黎族进步的考虑,因此,黎族社会发展不平衡,终不能出现社会稳定、经济发展与文化繁荣的局面,这些是造成社会动荡的主要原因。

5.黎族社会发展水平落后,加之孤悬海外,因此清朝统治者常常以"愚顽"与"蒙昧"视之,认为"熟黎""叛服无常","生黎"则难通声教,于是在征服黎族的过程中,措施上过度依赖武力,尽管策略上也强调归服和招抚,但着力的重点依然是武力"平乱"和长期的控防围堵,这往往激起不畏强暴的黎民的反抗。历史事实证明,武力、暴力及损害民族尊严的做法并不可取。

6.清朝作为中国封建制度走向衰落和开始崩溃的时期,封建王朝的中央集权制比以往更加强化,而其间发生于道光二十年(1840)的鸦片战争又使中国的社会形态发生了根本的变化,这些导致清朝社会难以真正地持久安定。牺牲大多数人的利益来维持与保护少数人的利益,是其难以克服的时代病症。清朝经营海南黎族的历史经验表明,只有统治阶级真正地遵循民本思想,切实制定出系统与科学的治理方案,方能真正实现广大黎民的幸福。

(二)突破与创新

关于本书稿所体现的一定的具有原创性的创新点,这里也不揣浅陋地提及。如,关于清朝治黎的问题,学界从清朝整体的角度进行论述的较多,而本书是首次按照不同时期、不同皇帝逐个进行归纳总结并尽量深入分析,脉络较清晰;又如,书中对清朝以前各中央王朝对海南黎族地区的治理,提出以唐朝为节点及其理由也属创新;再如,本书再现了为学者轻忽的清王朝对海南黎族的经营政策与南方其他少数民族的不同;还有,将清朝经营黎族进行三阶段划分法("勘黎""抚黎""化黎")亦属新的研究结晶;另外,通过对海南黎族人各类群体人性弱点的考察、对其心理素质及大致性格的推测与评估,尤其是对隐藏在表象背后的经济利益的揭示,阐述了清朝时海南"生黎""熟黎""半熟黎""半生半熟黎"等群体称谓的由来,以探究清朝治理政策对各黎族群体产生的影响;最后,本书在研究取向上,把清廷代表的中央及地方当局作为研究的一个视角,特别注意对其力图有所作为的一面进行挖掘与客观评价,对所涉及的重要人物,也从相应的角度进行研究,以对清朝经营黎族的决策与效果做出更切实的展示。总之,本书为试图突破以往的研究状态做出了尝试性努力,力图对曾经被忽略的具体问题进行深入探究,以进一步深化海南黎族史研究力度。

　　不揣谫陋,妄提拙见。本书的不足与错漏之处,还要敬请方家体谅与指正。

第一章　清朝以前的中央王朝对
海南黎族地区的治理概述

第一节　从秦汉王朝至隋朝
对海南黎族地区的治理

边疆少数民族的发展状况,与中央政府的治理与经营息息相关。就像海南黎族社会的发展是一个延续不断的过程一样,清朝对海南黎族的经营史,也是建立在其前历朝的经营基础上的,这是清朝经营黎族的历史大背景。

一、秦汉时期

黎族被认为是海南岛上的原住民,最早的海南人。这一族群,基本上被认为是源于中国古老的百越民族中分布最南的一支——骆越族。中国早期典籍所记载的骆越族的习俗几乎涵盖了黎族习俗[1]。

到目前为止,海南岛已发现的洞穴遗址仅有三亚落笔洞洞穴遗

---

[1] 参见郝思德、黄兆雪:《试探海南考古材料中的百越文化因素》,张一平、吴春明、丘刚主编:《百越研究(第三辑):中国百越民族史研究会第十五届年会暨环南海历史文化国际学术研讨会论文集》,暨南大学出版社,2012年,第136—148页。

址。通过碳 14 测定年代,落笔洞遗存距今约为一万年,是海南迄今为止所知最早的一处人类活动文化遗存①。可见,至少大约一万年前,海南岛已有人类繁衍生息。那时的人类生产力低下,仅仅进行着狩猎和采集活动。山岩洞穴是远古人类居住生活的最初阶段,我国洞穴遗址的年代主要在旧石器时代和新石器时代。之后,海南古人类聚落的遗址类型逐渐演变为贝丘遗址,再演变为遍布海南各地的众多山坡(台地)遗址。"贝丘遗址"和"山坡(台地)遗址"的年代处于新石器时代——农业、畜牧业产生和磨制石器、陶器、纺织出现是其基本时代特征。学术界一般认为,新石器时代开始于距今一万年左右,其下限从距今五千—二千年不等。孤悬海外的海南岛,由于发展滞后,因而其新石器时代早期遗址约产生在六千年前。其时农业发展迟缓,采集渔猎经济延时较长,原始社会的解体远比大陆缓慢。海南在先秦时期仍处于原始社会的末期,属于史前时期——从人类诞生到出现阶级社会期间的漫长历史时期,这一时期大致分为旧石器时代、中石器时代和新石器时代三个历史阶段。有学者经考证、分析后认为,"烧土陶""石拍树皮布"及"文身"是海南黎族"三种在现实生活中仍存在的史前文化孑遗"②。可见,海南的史前史别具特色。

　　从原始社会到春秋战国时期,海南黎族先民的社会形态也从母系氏族时期,进入到部落联盟阶段。到秦汉时期,来自中央政权及汉族文化的影响,必然促使海南黎族先民内部的社会组织结构发生变化,也可能促使黎族社会步入阶级社会。

　　秦始皇三十三年(前 214),秦政权在岭南设南海、桂林、象郡三郡时,海南为象郡的外徼(外部边界),尚无正式的行政区划。虽然秦

①参见郝思德、黄万波编著:《三亚落笔洞遗址》,南方出版社,1998 年,第 119 页。
②唐玲玲、周伟民:《海南史要览》,海南出版社、南方出版社,2008 年,第 8—17 页。

朝中央政权没有忽视海南岛的存在,但也只是由象郡"遥领"海南岛,说明秦朝对海南只是名誉上的统治而已。当时任嚣是统帅桂林、象郡、南海郡的总领,赵佗是任嚣的副将并兼任龙川县令。秦二世元年(前208),任嚣病死,赵佗乘乱兼并了桂林、象郡,自立为南粤武王。公元前204年,赵佗正式称王,建立南越国,都城在番禺(今广州),到公元前111年其国被东汉伏波将军路博德所灭。在这一个世纪内,海南岛的黎族虽然受南越国的管辖,但是基本上处于自生自灭的状态。

西汉元封元年(前110),汉武帝在海南设置了儋耳郡(治所在今儋州市境)、珠崖郡(治所在今海口市境)二郡,从此海南(黎族)正式归入中央政权的管辖;汉元封五年(前106),设交趾刺史部,通察九郡,治所在交趾龙编,由中央管辖的儋耳、珠崖两郡便归交趾刺史部管辖。西汉中央政权还在海南岛设置了十六个县,儋耳郡辖西部地区五个县(儋耳、至来、九龙,其余两县无考),珠崖郡辖北部、东部及南部地区十一个县(瞫都、山南、玳瑁、苟中、紫贝、临振、珠崖、乐罗、颜卢、永丰、顺潮)。这些郡县,是历史上海南首次建立的郡县组织,奠定了此后各个朝代海南行政区划的基本格局。

汉朝早期两郡十六县的设立,使黎族的居住区域被分隔,而大批汉人的迁入,又使黎汉的频繁接触不可避免,双方的生活方式、风俗习惯难免相互影响,始有黎人稍知言语,渐见礼化。中原先进的文化及先进的农业生产技术、生产工具的出现,更是加剧了黎族原始社会部落联盟的解体,促进了其社会生产力的提高。

西汉中央政权规定土著人是无需纳税服徭役的,但地方政权对黎族民众的统治苛酷。地方官吏往往以"贡献"的名义,对黎众巧取豪夺。汉武帝后元二年(前87),珠崖太守孙幸因强征并贪征广幅布被杀。甘露元年(前53)有九个县的黎族民众联合起来抗争。黎族民众不断的抗争,致使海南长期处于动荡不安的状态。初元三年(前

46)，珠崖郡山南县的黎族民众又一次举行暴动，汉元帝召开文武大臣商议对策时，面对朝堂上增兵镇压与撤军撤郡的激烈争论，皇帝采纳了后者贾捐之的建议，认可了他提出的以下种种理由①：

汉朝疆土廓地泰大，已长期征伐不休，今又逢关东大灾，民众久困，连年流离失所，已成"社稷之忧"，"今陛下不忍悁悁之忿，欲驱士众挤之大海之中，快心幽冥之地，非所以救助饥馑，保全元元也"。且海南非"冠带之国"，岛上的"骆越之人父子同川而浴，相习以鼻饮，与禽兽无异，本不足郡县置也。颛顼独居一海之中，雾露气湿，多毒草虫蛇水土之害，人未见虏，战士自死"，况"又非独珠崖有珠犀瑇瑁也，弃之不足惜，不击不损威。其民譬犹鱼鳖，何足贪也"。"臣窃以往者羌军言之，暴师曾未一年，兵出不踰千里，费四十余万，大司农钱尽，乃以少府禁钱续之。夫一隅为不善，费尚如此，况于劳师远攻，亡士毋功乎"？

海南地理位置的特殊与遥远、自然环境的恶劣，以及天灾及政府财政的困境，加之黎族人民不屈不挠的抗争使之无法顺利攫夺珍玩是汉朝中央政权放弃海南的外在原因，而汉中央政权在海南设立郡县后，对官吏疏于管理、经管失责才是其不得不弃的内在原因。

其实，早在汉昭帝始元五年(前82)，汉政权即撤销了儋耳郡，将其辖区并入珠崖郡，到汉元帝初元三年(前46)，撤销了珠崖郡后，西汉王朝基本放弃了对海南黎族的管辖。到东汉光武帝建武十九年(43)，海南仅属于合浦郡(包括徐闻、高凉、合浦、临允、珠崖五县)中的一个名义上的县而已。东汉初年的交趾太守锡光，曾悉心教授当地骆越民众铸造铁制农具，推广牛耕，兴办学校，因而深受拥戴。但苏充任交趾太守时则为政苛刻，激起不满。东汉建武十六年(40)，交

①[汉]班固：《汉书》卷六四下第三十四下《贾捐之传》，中华书局，1962年，第2833页、第2834页。

趾鹿泠县征侧、征贰正式起兵一举攻下交趾郡后,九真、日南、合浦民众纷纷响应,岭南六十余城很快被占领,征侧自立为王。建武十八年(42),光武帝刘秀拜马援为伏波将军,征交趾。建武十九年(43)四月,马援攻破交趾,斩征侧、征贰。后岭南悉平。东汉明帝永平十七年(74),儋耳之民又重新"慕义贡献"于东汉王朝。但是,直到东汉末期,海南仍然只有一个珠崖县,岛上的多数汉人也已经内迁大陆,海南的黎族人民又过上了自管自立的生活。

二、三国至隋朝时期

汉朝以后的数百年间,从三国、晋朝、南朝(宋、齐、梁、陈)至隋朝统一全国之前,正是中原大陆战乱频仍、民众颠沛流离的时期,各中原政权均不同程度地沿袭了汉朝对海南黎族的放任统治。因天下大乱,统治者无法认真考虑海南的建置问题,仅是因循旧制。如学者所言,"建置初期,事属草创。虽设官治理,但未建整套官僚机构。其治理政策的总原则是:意在'羁縻',实行松散统治"①。

建安元年(196)曹操把汉献帝(东汉最后一位皇帝刘协)迎到许昌(今河南省许昌市东)定都后,东汉政权名存实亡。三国时期的魏(220—265),史称"曹魏",主要占据今淮河两岸的中原地区;蜀(221—263),史称"蜀汉",主要占有今四川、云南、贵州等地;吴(222—280),史称"孙吴"或"东吴",主要占有今长江中下游和岭南地区,以公元222年孙权在建业(今江苏南京)称吴王为标志。黄龙元年(229)东吴的孙权在武昌(今湖北鄂城)称帝,立国号为吴,迁都于建业。三国鼎立的格局形成之后,海南归吴国的交州(州治治所东汉时期在龙编县,即今越南北宁省仙游东)管辖,后移治广信县(即今广西梧州),又移治番禺县(今广州市),后又移治龙编县管辖。东吴

①吴永章:《黎族史》,广东人民出版社,1997年,第24页。

据有江南富庶之地,造船技术亦发达,因此孙权力排全琮和陆逊的劝谏,于赤乌五年(242)遣将军聂友、校尉陆凯率兵三万进兵珠崖、儋耳,但士众因疾而死者众,不得已撤兵,只在雷州半岛南端合浦郡的徐闻县内另立朱崖郡和朱庐、朱官两县,遥领海南。而"长吏之设,虽有若无……县官羁縻,示令威服"①。

晋朝(包括西晋和东晋)历时一百五十余年,其时海南先是归交州合浦郡管辖,后又因恢复珠崖郡的设置,归珠崖郡管辖。"但置郡之后,仍然遥领,海南仅属羁縻而已"②。

按传统的说法,南北朝时期始自公元 420 年(宋武帝)刘裕灭东晋建宋,终于公元 589 年(隋文帝)杨坚统一全国。公元 420 年刘裕灭东晋建立宋王朝后,又有齐、梁、陈等朝,历史上称之为南朝,历 169 年。北朝则有北魏、西魏、东魏、北齐、北周,始自公元 386 年终于公元 580 年,共历 194 年。在这一历史时期,海南先后归属南朝的宋、齐、梁、陈这四朝统治。宋时于交州复立珠崖郡。宋朝元嘉八年(431)重设的珠崖郡归交州管辖,统领徐闻、朱庐、珠官三县,郡治在徐闻县境内,但不久又撤销了珠崖郡的设置。南朝齐始于公元 479 年萧道成称帝,终于公元 502 年,短短二十三年里历六帝,对边远地区的管理粗疏,仍宋制,以朱庐、珠官二县属越州。值得一提的是梁朝,始于公元 502 年萧衍起兵夺取帝位,改国号为梁,都建康,终于公元 557 年陈霸先代梁,历四帝。在这一时期,岭南政治舞台上产生了一位深刻影响海南的杰出的政治家和军事家,她就是俚族首领冼夫人,亦称冼太夫人。这位冼夫人为高凉人,生于南越国的一个世族首领之家,因与高凉太守冯融的儿子冯宝喜结连理,始被尊称"冼夫

---

① [晋]陈寿:《三国志》卷五三《吴书八·薛综传》,中华书局,1959 年,第 1251—1252 页。
② 唐玲玲、周伟民:《海南史要览》,海南出版社、南方出版社,2008 年,第 47 页。

人"。她文武双全,助夫保境安民,深受越人的拥护与爱戴。其夫也因此受到俚人的信任与尊重。梁大同年间,冼夫人带兵平定了海南岛的黎族动乱,使归附者众,她在梁大同五年(539)奏请梁武帝在海南设立了崖州,统属于广州都督府,恢复了中原政权对海南的实际统治,她也接受皇帝任命,亲自主持海南的归属与重建等工作,奠定了此后历代中央王朝有效管辖海南的基础,此后海南出现了近一百一十多年的较稳定的政治局面。南朝的陈朝,始于公元557年陈霸先自立为皇帝,改国号陈,仍都建康,终于公元589年为隋所灭,共历五帝,经三十三年。陈朝在海南的建置基本上与梁朝相同,海南岛仍归广州都督府管辖。

公元581年,杨坚代北周称帝,建国号隋,开皇三年(583)定都大兴(今陕西西安),开皇九年(589)灭掉了南朝最后一个国家陈,统一全国。隋朝虽然力图在海南有所作为,但可惜的是隋朝仅仅经历了隋文帝、隋炀帝两代,短短三十八年后便迅速灭亡。

隋文帝建国之初即简化地方行政机构,以州统县,实行州县两级制,在重要的州设总管府。崖州总管,是隋朝统领海南的最高行政职务,并设有总管府。冼太夫人因平叛番禺首领王仲宣有功,其已逝的丈夫冯宝被追赠为广州总管、谯国公,冼夫人因此成为谯国夫人,并置"谯国夫人幕府,置长史以下官署,给印章,听发落六州兵马,若有机急,便宜行事",后"番州总管赵讷贪虐,诸俚僚多有亡叛",冼夫人又"招慰亡叛",并"亲载诏书,自称使者,历十余州,宣述上意,谕诸俚僚,所至皆降"。隋文帝遂"赐夫人临振县汤沐邑一千五百户。赠仆(冼夫人长子冯仆,584年死)为崖州总管、平原郡公"[1]。整个岭南(包括海南)实归冯冼氏家族统治。

仁寿四年(604),隋炀帝杨广即位后,加强了对海南的管理。大

①[唐]李延寿:《北史》卷九一,中华书局,2000年,第1994页。

业三年（607），隋炀帝"罢诸总管"，"改州为郡"，崖州也改称珠崖郡，领义伦、武德、临振、颜卢等五县。大业六年（610），又置儋耳、临振两郡，连同珠崖郡，在海南岛上共设置三郡十余县，直接由中央政权所管辖，意图削弱冯冼氏家族在琼势力。

三国至隋朝时期，出现了为避中原大陆的战乱而来海南的新移民潮。他们带来了中原地区先进的农业生产工具、先进的耕作方式以及先进的礼仪和文化观念，进一步促进了海南黎族地区的社会发展。此时封建制度在岭南地区已得到巩固，原来的南越王国的土著居民中，逐渐出现了各个以姓氏为部族标志的强大部落集团。居住在今广东西南部的大批"俚僚"人随冼夫人迁入海南岛，同化了海南的土著黎族人。海南俚人的基本社会组织是以"洞"（峒）为单位的。这一时期，俚人（黎族人）的纺织技术继续发展，纺织品，以及明珠、大贝、流离、翡翠、玳瑁、犀、象及蕉、邪、龙眼等珍奇仍是朝廷的重要贡品。

总之，在三国、两晋、南北朝至隋朝近四百年的动荡岁月中，远离大陆政治中心的海南黎（俚）族因中央的松散管理及三国以来中国经济中心的南移，发展了社会生产力，大部分俚人（黎族人）的原始社会组织逐渐解体。

第二节　唐、五代、宋、元、明各朝代
对海南黎族地区的治理

一、唐朝及五代时期

（一）唐朝时期

唐朝以前，中央政权在海南的统治力度明显不足，唐朝则一改"遥领"与"代管"，开始在海南推广封建管理体制，加强中央政权对海南(黎族)的直接控制。

唐朝(618—907),从唐高祖李渊称帝到唐哀帝李柷帝位被夺,历二百九十年,是我国封建社会的鼎盛时期,也是海南的经济、社会、文化发展较繁荣的阶段。唐朝在海南共设立了五个州、二十余县,并在黎族聚居区设立镇州、忠州和落场县、落屯县等州县一级的行政区划,由中央直接选派官吏专管黎(俚)人事务。

唐朝在海南的建置几经改变。冼夫人的孙子冯盎曾在隋亡后回到岭南,吞并各部,自立为总管,但在唐高祖武德五年(622)七月归唐,唐高祖便在海南设置崖、儋、振三州,归高州总管府管辖。唐高祖授冯盎为上柱国、高州总管,并封越国公;拜其子智戴为春州刺史,智彧为东合州刺史。唐太宗则在贞观元年(627)划全国为十道,道设采访处置使,下设都督府。海南归岭南道管辖;崖州设都督府;改颜城县为舍城县、改平昌县为文昌县、析昌化置吉安、析颜城县的一部分置琼山县、析延德县一部分置吉安县,并于贞观五年(631)增设万安、富云、博辽三县,属琼州;于贞观十三年(639),分琼山、澄迈的一部分置曾口、颜罗、容琼三县,属琼州;而原琼州所辖万安、富云、博辽归崖州管辖;唐高宗龙朔二年(662),在万安县设置万安州,领万安、富云、富罗、博辽四县;显庆五年(660)置乐会县。唐玄宗天宝元年(742),改崖州为珠崖郡、儋州为昌化郡、振州为延德郡、琼州为琼山郡、万安州为万安郡。到唐肃宗至德二年(757)时,改万安郡为万全郡,万安县为万全县〔唐德宗贞元元年(785)改回万安县〕。乾元元年(758),又将珠崖郡、昌化郡、延德郡、琼山郡、万全郡分别改称为崖州、儋州、振州、琼州和万安州。唐德宗贞元五年(789),岭南节度使李复平黎乱收复琼州后,朝廷准其奏,废崖州都督府,升琼州为都督府。

唐朝在黎族聚居区的建置:唐高宗永徽元年(650)在吉阳县的黎族聚居区置落屯县,属振州管辖;在乐会黎族的聚居区设置南管县。唐肃宗乾元年间(758—760)设置落场县。据李勃先生考证,"镇州都督府当置于元和元年或元和二年初。其罢废之年及其属县名称，现已无考"①。唐懿宗时期，辛、傅、李、赵四位将领奉命进兵琼山南境黎峒(今定安县西南)，并擒住了黎人首领蒋璘等人，于是，咸通五年(864)朝廷允准四将的奏请在其地置忠州。但七年之后因将士伤亡甚多而撤兵，忠州被弃置。

　　唐前期在军事上实行的是兵农合一的府兵制，唐玄宗开元年间改行募兵制。唐朝在海南驻军的总兵力达十万之众，并开始在黎区募兵，但唐朝主要采用招抚政策统治黎族地区，并不轻易用兵。

　　唐朝很注重对海南黎族的政治统治，但对于设置在山区的一些县治，如儋州的洛场，振州的吉阳、延德，万安州的博辽、富云等地，疏于治理，有的地方甚至有治无城，且并不重视黎族经济、文化的发展。唐朝对海南的开发，仅限于环岛地带，其时黎众大多仍处于刀耕火种阶段，但唐朝时黎族民间的手工编织产品花纹精美，万安州黎族的服饰已闻名全国。唐朝人段公路曾在《北户录》记载："琼州出五色藤，合子书囊之类，花多织走兽飞禽，细于绵绮……出红篁……椰子坐席、蒲褥、笋席。"②藤编织品图案多样，连铜鼓上的花纹纹饰亦别具一格，甚至椰雕的雕饰也是"斓斑锦文"③。黎族用树皮制作生产的有纹饰的"斑布"，到唐朝时成为振州的贡品。唐中期以前，赋税按人头征收；唐德宗建中元年(780)，朝廷废租庸调制，颁行两税法，保留户税和地税，赋税征收标准由税丁转向税产，但唐朝在海南尚未形成统一的的赋役制度，往往以贡品代赋税，对耕地的黎族给予更优惠的政策，"生黎"则不必供赋役。

　　自唐朝贞观年以后，海南崖州、儋州、琼州、万安州的州县所在

①李勃：《海南岛历代建置沿革考》，海南出版社，2005年，第215页。
②[唐]段公路：《北户录》卷三《五色》《红藤草》，丛书集成初编本，第41页。
③[唐]段公路：《北户录》卷三《五色》《红藤草》，丛书集成初编本，第41页。

地,均立州县学,由州县司吏儒师掌理,讲解经义、章句;但并无官办的黎族学校。只是,因唐朝统治者把岭南作为贬官和罪犯的主要流放地,唐朝时海南的贬官数量远超以往各朝,多达60余人,其中被贬来的宰相就有十余位,这在客观上造就了海南的"贬官文化"。这些贬官及其后代,自觉不自觉地传播了中原文化,促进了黎汉的民族融合。如唐朝贞观年间,王义方被贬到儋州后,任吉安县丞,他召集各黎族首领,聚集生徒,亲自讲经,行释奠之礼,成为有史以来第一次专门为黎族子弟办学校的作为。清朝张庆长的《黎歧纪闻》曾记载:"唐相李德裕贬崖州,其后有遗海外者入居崖黎,遂为黎人,其一村皆李姓,貌颇与别黎殊,唐时旧衣冠闻尚有藏之者。"①唐德宗贞元年间,岭南节度使李复遣兵收复琼州后,曾教黎民作陶瓦,并劝导百姓,变茅屋为瓦舍。

（二）五代时期

大梁(907—923)建立后,历史又进入五代十国南北割据的分裂状态中。五代指在北方先后出现的梁(907—923,史称后梁)、后唐(923—936)、后晋(936—946)、后汉(947—950)、后周(951—960);十国指在南方和山西地区先后出现的吴(902—937)、南唐(937—975)、吴越(907—978)、楚(907—951)、闽(909—945)、南汉(917—971)、前蜀(903—925)、后蜀(933—965)、荆南(924—963)、北汉(951—979)。其中的南汉政权始于清海军节度使刘隐之弟刘䶮公元917年称帝(都广州,国号越,后又改为汉),终于公元971年(为北宋所灭),历四帝,历五十五年,史称南汉。南汉政权的辖区包括如今的两广及海南,其对辖下的疆土实行路、府、县的三级行政区划管理。南汉在海南的州县设置为琼州、万安州、振州、崖州、儋州五州及十四县。

---

① [清]张庆长:《黎歧纪闻》,广东高等教育出版社,1992年,第117页。

南汉政权腐败不堪,赋税剧增,加重了海南暨黎族地区人民的负担,但唐朝生殖日繁的汉民,尤其是五代十国时期,为避难而来的大规模代表先进的生产力的大陆移民,在客观上加速了海南黎族的发展进程。

二、宋朝

宋沿唐制,但宋朝对海南的管理,比以往各朝代更趋于正规化,并在黎族聚居区设立专门管理黎族的机构。宋朝治黎以羁縻安抚为主,通过笼络黎族上层首领达到以黎治黎的目的。宋朝羁縻州峒的长官皆为当地的大土地所有者。

(一)北宋时期

北宋始于后周显德七年(960)赵匡胤(宋太祖)称帝建立宋王朝,终于靖康元年(1126)金兵攻入京都开封,共历九帝,经一百六十七年。

北宋初年的行政区划基本上沿用了唐和南汉的设置,将统治区域分为十五路,以后有十八路、二十三路,每路设帅、漕、宪、仓等司,海南属岭南路管辖。宋太祖开宝四年(971),令琼州辖儋、崖、振、万四州,广州择官分知州事。次年,置琼管转运司,以琼州知州兼任琼管转运司事。宋太宗淳化四年(993),岭南地区成为一个地方行政区域,被统称为"广南路"。宋太宗至道三年(997),又将"广南路"分成广南东路和广南西路,海南隶属于广南西路,治所在今广西桂林。路的长官称安抚使,掌管军事和民政。北宋熙宁年间(1068—1077),改海南儋州为昌化军、崖州为朱崖军、万安州为万安军。宋徽宗崇宁五年(1106)复置延德县,治所在乐东县尖峰镇白沙村南,归朱崖军管辖。宋徽宗大观元年(1107),在黎母山腹地置镇州(州治在今东方市东方镇),辖昌化、感恩县,并改延德县为军,又置通远县为军治。但因镇州出产货物不多,距黎峒偏远,往还人少,便在宋徽宗政和元年(1111)撤销。在黎族腹地设置州级政府仅仅存在了四年。

宋王朝授黎族峒首以低微的官职和封爵,被认为是史上首开土官治黎制度。据吴永章先生考证,宋朝黎族授官爵者有北宋时3人,南宋时13人①。经济上,宋王朝对黎族人民多采用较为宽松的"民不服役,田不输赋"政策,减免租赋,并鼓励黎族耕种农田。宋代的文献,多以"黎"字称海南的土著民族,并出现"生黎"和"熟黎"之分。宋代周去非的《岭外代答·外国上·海外黎蛮》记载:(黎人)"海南有黎母山,去州县远,不供赋役;外为熟黎,耕省地,供赋役,而各以所迩隶于四军州"②。宋朝廷鼓励移民在黎族居住区内的荒地上开垦耕种,居住久了便被黎化而成为"熟黎",但"熟黎,多湖广、福建之奸民也,狡悍祸贼,外虽供赋于官,而阴结生黎以侵省地"③。宋朝海南黎族土特产最有名气的当属土产的名香、槟榔、椰子、小马、翠羽、黄蜡、苏木、吉贝等。宋代赵汝适的《诸蕃志》曾记载,黎人"无盐、铁、鱼、虾,以沉香、缦布、木棉、麻皮等就省地博易,得钱无所用也"④。

文化上,汉族移民,包括到海南任职期满后落籍海南的官员及被贬谪的官员,传播了先进的中原文化,海南黎族的文化也因此得获影响。军事上,宋廷亦不轻易用兵。因"羁縻政策",宋朝时海南社会相对稳定,整个宋朝黎族的反抗活动仅有十余次。《续资治通鉴长编》曾记载,"真宗大中祥符二年十一月,琼崖等州同巡检王钊言:黎母山蛮递相仇劫,准前条约,不敢擅领军马直入掩袭,即委首领捕捉到为恶蛮人,悉还剽夺赀货及偿命之物,饮血为誓,放归溪洞,皆已平静。上曰:'朕常诫边臣,无得侵扰外夷,若自杀伤,但用本土之法,苟以国

---

① 吴永章:《黎族史》,广东人民出版社,1997年,第66页。
② [宋]周去非:《岭外代答》卷二《外国上·海外黎蛮》,丛书集成初编本。
③ [宋]周去非:《岭外代答》卷二《外国上·海外黎蛮》,丛书集成初编本。
④ [宋]赵汝适:《诸蕃志》卷下《海南》,冯承钧校注,中华书局,1959年,第147页。

法绳之,则必致生事,羁縻之道,正在此尔。'"[1]宋真宗之诏道破"羁
縻"之精髓,地方官则遵循"羁縻之道",依据黎族习惯得当地处置了
黎族内部的劫掠仇杀。

(二)南宋时期

南宋始于宋高宗建炎元年(1127)赵构在南京(今河南商丘)称
帝,终于祥兴二年(1279)为元所灭,存世153年。因金兵的不断南
侵,南宋首都从南京(开封)到扬州,再到建康(今南京),再到临安
(今杭州)。南宋治理海南因循北宋,建置上仅在宋高宗绍兴六年
(1136)废昌化军为宜伦县、万安军为万宁县、吉阳军为宁远县,使皆
归琼州管辖。绍兴十三年(1143),又恢复宁远县为吉阳军、宜伦县为
昌化军、万宁改为万安并为万安军。宋理宗端平二年(1235)改昌化
军为南宁军。

随着南宋的建立,皇室成员大批从中原南迁。南宋海南的汉族
移民继续增加,被贬谪的官员中,以李纲、李光、赵鼎、胡铨最为著名,
其中胡铨在海南曾为黎族民众办学传播中原文化,深得黎民敬重;而
定居海南的戍边将士、来海南的经商者或普通务农者等也皆为传播
中原先进的技艺、文化做出了一定的贡献。

三、元朝

金泰和六年(1206)成吉思汗建立蒙古汗国,金贞祐五年(1217)
忽必烈建立元朝,至元十六年(1279),元灭南宋,统一全国,定都大都
(今北京),至正二十八年(1368),朱元璋领导的农民起义军攻入大
都,元朝灭亡。

与宋朝相反,蒙古族统治者建立的元朝对海南的统治基本以武
力征剿为主,平黎之后治理不善。元朝继续推行"以黎治黎"的土官

---

[1] [宋]李焘:《续资治通鉴长编》卷七二,中华书局,1993年,第1641页。

制度,却因"滥用土酋",致黎首拥兵自重,遗"土酋之患"。但是,元朝从军事与政治上都比前朝强化了对黎族的统治。

元统一中国后,创建行省制,海南隶属于湖广行中书省,海南的三个军(即南宁军、万安军、吉阳军)和十三个县,基本延续了宋朝的建置。至元二十九年(1292)六月,元朝将新附519个黎峒划分出来,增设会同县,并将琼山县之一部划出设立了定安县。

元朝在海南设立了较为复杂的管理机构:元初在雷州设立海北海南道宣慰司掌管军政,隶属于湖广行中书省,治所在雷州路(今广东海康县),辖有海南琼州、南宁军、万安军、吉阳军;至元三十年(1293)置海北海南道肃政廉访司(至元二十八年改称肃政廉访司初称为提刑按察司),隶属于江南行御史台,掌管纠察属下地方官吏,并兼劝农事。每道设廉访使、副使各二员,秩正三品,另有金事、经历、知事、照磨兼管勾各一员。肃政廉访司与宣慰司为同级机构,互不隶属。治所与辖区相同。元朝还立琼州路安抚司,主管少数民族地区军民事务,隶属于海北海南道宣慰司管辖,长官称安抚使。后改称为琼州路军民安抚司。

元朝的统治是以军事征服为先导的,往往派重兵对海南黎族民众进行血腥镇压,以使黎民"归顺""降服",使黎峒及地方豪强归附,然后再行军事控制。万户府是元朝设立的统领军队的机构,在各路设万户府,各县设千户所。兵有蒙古军、探马赤军。万户府分三等,统兵七千以上者为上万户府,秩正三品;五千人以上为中万户府;三千人以下为下万户府。元朝在黎族集中居住的地区还设立了专管黎族事宜的"黎兵万户府",兼管黎族民兵和事务,治所在今海口市府城,归海北海南道宣慰司都元帅府管辖。"黎兵万户府"下辖千户所(正五品),千户所下有百户所(正七品)。五原、仁政、遵化、义丰、潭揽、文昌、奉化、会同、临高、澄迈、永兴、乐会、万安各设一所,全岛共十三所千户所。其官职自万户以下都任用黎族"峒首",并世袭其职。

千户所不仅统率属下"黎兵",还兼管地方上的军事和民政。

至元二十八年(1291),湖广行省平章阔里吉思、都元帅陈仲达、副都元帅朱斌以及廉希恕、陈谦等率兵讨伐诸黎峒,至元三十年(1293),割琼山南境置定安县;天历二年(1329),升定安县为南建州,原属定安境域改为州地。定安县被升为南建州是有因缘的。元英宗至治元年(1321),蒙古亲王图帖睦尔曾因皇室争斗而被贬至琼州,他在琼期间,黎族峒主王官事之以礼。到了泰定元年(1324)正月,他被诏回朝,天历元年(1328)继承帝位,第二年十月,他就下诏改琼州军民安抚司为乾宁军民安抚司,并升定安为南建州,隶海北之帅府,以南建峒主王官知州事。任知州的黎族首领王官,是自宋以来黎族被朝廷任命的最高级别的官员。

元朝的官吏绝大多数是蒙古贵族,统治者虽然对黎族奉行武力征服的原则,但尚不能对之实施有效的直接统治,便在政治上继续推行宋朝的土官制,试图通过笼络黎族"酋长"在黎区"以黎治黎"达到巩固统治的目的。元朝授予黎族首领较高的官职与官阶,允准世袭,且允其在管辖范围内有较大的自治权。多数黎族首领,为了巩固自己的权力,也愿意"归附",并接受元统治者给予他们的各种官爵,元统治者便大加封赏,甚至滥加封赏,以致黎首拥兵自重,尾大难掉,遗下"土酋之患"。文化上,元朝统治者虽不重儒学,科举制度也时兴时废,但却在黎族聚居区设立"寨学"训谕诸峒,体现安抚怀柔的一面;经济上,元政府赋税名目繁多,赋税较重,且要求无论"生黎""熟黎",皆供赋役,与齐民等同,增加了黎族的负担,造成"黎乱"频发。在元朝九十年的统治期内,黎族的反抗活动竟有二十余次,大举剿黎不下十次。如至元二十八年(1291)至至元三十年(1293),元政府派湖广行省平章阔里吉思派都元帅陈仲达(是年十一月仲达病卒,其子接任,次年七月由副都元帅统领),动用兵力两万余人,镇压五指山、黎母山各峒黎族人民,历三年,黎民暨海南全境降附。明嘉靖年间的

《广东通志》卷六八曾记载:"(至元三十年)春,刻石五指黎婺而还。是役凡三历年,剿平各州县清水等峒符十九、符察、陈萃、梁六犊、王郎、王嗣、陈子渊、黎福平等渠魁,降附者不可胜数。得峒六百,户口二万三千八百二十七,招收户口一万三千四百九十七。"①

元朝为解决军队给养问题,在海南实行屯田制。元统二年(1334)十月,在海南设立黎兵屯田万户府,统千户十三所;原十二翼,增万安翼,共十三所。每所有兵千人,屯户五百,皆为土著之人。官方给予田土、牛、种、农具等,并免其差徭。黎族通过屯田开发了大量土地。

四、明朝

明朝也注重加强对海南黎族的军事控制;政治上则土流兼治、严密基层组织,但土官之患、土舍之祸、黎患几乎终明一朝。

明朝始于洪武元年(1368)朱元璋在南京称帝,终于崇祯十七年(1644),经16帝,历时277年——未包括明朝残余势力在江南和东南沿海先后建立的弘光、隆武、鲁王、绍武、永历、定武等南明政权。

明太祖朱元璋提高了海南的地位,取消了海南流放岛的称号,在海南实行府、州、县三级管理体制。洪武元年(1368),改乾宁安抚司为琼州府,作为海南最高地方政治机构,统领全岛州、县。洪武二年(1369)六月,朱元璋又设定广西海南府隶广东省。从此,海南岛开始归广东省管辖。

在政权巩固之后,朱元璋实行了一系列强化中央集权的措施,继承元朝的行省制,但又设置"三司",将行省之权一分为三:改行中书省为承宣布政司,掌行政、财政;设按察使司掌刑法;设都指挥使司掌

①[明]戴璟修,张岳等纂,[明]黄佐纂修:《嘉靖广东通志·琼州府》(二种),海南出版社,2006年,第520页。

军事。"三司"互不统属,而直属于中央。为强化对地方的军事控制,在地方设专门的军事机构都指挥使司外,遍设卫所,形成一套严密的军事控制与防范体系。海南也实行了卫所制,军士有军籍,世袭为军,大部分屯田,小部分驻防,即所谓屯军防黎,屯田养军。卫,约5600人。卫下设千户所,约1120人;百户所,约112人。百户所设总旗2个(每旗辖50人)、小旗10个(每小旗10人)。始置于洪武五年(1372)的海南卫指挥使司受广东都指挥使司统管,是海南最高军事兼屯田的领导机构,治所在琼州府城,下辖左、右、中、前、后五个千户所和清澜、万州、南山、儋州、昌化、崖州、水会七个守御千户所。明朝海南的卫所与屯田制度,保障了海南的地方安定,亦促进了中原农耕技术的传播与生产的发展及黎汉的文化交流。但明朝中期以后,屯田将领贪腐,屯田士兵大量逃逸,黎族田地被大量侵占,激发了黎汉矛盾。明朝时海南的兵种还有民壮和土舍黎兵。明朝还设置许多寨、营驻防,以加强海防并控御黎族地区。

明朝在海南建立起比较完备的基层组织乡、厢、都、里、图等,加强对黎族的政治控制。都、图作为行政区划之名始于明朝,一乡若干图,图下若干都。明朝,海南"熟黎"被编入都图共二十八都七十五图一百五十五峒,纳粮编差。各峒设峒长或黎总、哨官,村又设黎甲等管理黎众。

明朝在建国之初,鉴于元朝"任用土人之弊"而废除了黎族土官制度,但到洪武末年又予以恢复。到明成祖时,开始全面推行土官制,利用土官大量招抚黎人。明朝在琼州府设流官知府和推官各一员专职抚黎,并在黎区普遍设置土官,以州、县、峒各级文职土官及永乐年间增加的武职土官(也有称土舍的),专职抚黎。明朝海南黎族按照皇帝要求,每三年派人朝觐和进贡一次,贡物有严格规定。如永乐三年(1405)抚黎知府刘铭就曾率各州县土官入贡马匹、黄蜡、土香、蚋蛇皮、良姜、益智子等。因黎族土官对大批黎民"向化"、维持黎区稳定起到重要作用,因此土官或黎首每次朝贡,都获得钞币、布帛、绢衣等回赐,价值远超贡品。但随着黎族土官的增多和势力的强大,其与中央政权的矛盾也日益突出。宣德四年(1429),明政府便以"峒黎多侵扰"为由,撤销了抚黎流官的设置。正统五年(1440),又撤销了土官设置,以黎人总归于府。

土官制度只是中央王朝对少数民族进行统治的一种手段,是利用黎族中的"峒长""黎首"等上层人物来实现间接控制而已,目的在于加强统治;而"峒长""黎首"或迫于威慑,或为借势,或为图利,亦根据情势决定叛服。因此,中央与土司之间原本是既联合又斗争的妥协关系。土官既革,革官子孙却心有不甘,犹称土舍,仍统旧黎,继续剥削黎众以自肥。由此土舍之祸继起,黎民反抗日烈,终致弘治十五年(1502)大规模的符南蛇起事。明王朝与黎首之间的关系进入紧张状态,黎首的朝贡停止。由于对黎区控制乏力,明孝宗只得许诺原土官子弟复其祖职,以利用他们参与镇压符南蛇的反抗活动。此后,土舍之势愈炽。土舍之为害,并不亚于土官,他们利用在黎区的号召力操纵黎人,扩张势力,利用管理之权加重或隐瞒代为征收的钱粮,据为己有,这显然是攘夺了明政府的收入,也必然加重黎人的负担,增加社会不稳定因素。于是,万历四十四年(1616),明朝再革去土舍。革除土舍,直接损害了土舍私利,遭到土舍的抵制与反抗,双方矛盾更加激化。

明朝虽然在军事、政治上着力加强对海南黎族的控制,但终明一朝,黎族的反抗斗争不断。如洪武二年(1369)永嘉侯朱亮祖征伐海南之初,乐会小踢峒峒首王官泰就聚兵抗拒,各地黎人纷纷响应。洪武七年(1374),永嘉侯朱亮祖带兵进剿五指山地区,行至铁砧岭,先锋莫宣宝被黎人射死,朱亮祖被迫撤兵。洪武二十八年(1395),光螺、樵木等地黎人再次起事。弘治十五年(1502)七月,儋耳七方峒黎民不堪苛重的赋役,在符南蛇领导下,掀起了三州十县诸黎峒皆闻风响应、规模空前的黎族联合反抗官府的起事。闰七月，围儋州。八月，围昌化县。九月，分兵攻打临高县。官军调 2 万余人镇压，却被黎人打得死伤无计。朝廷又急命两广总兵毛锐统兵 10 万至儋州。弘治十七年（1504），又有鹦鸪啼峒郑那忠为首的黎族造反，并杀死督备指挥谷泰。正德元年（1506）光螺图峒首曹英造反，正德七年（1512）攻破太平营汛，杀百户李廷杰等官兵 24 人。嘉靖十三年（1534）三月，沙湾、居林、居禄等峒（今黎母山、松涛地区）首领黎佛二（一作黎福二）等聚众反。万历十四年（1586），万州长田峒黎反。万历二十七年（1599），黎首马矢首倡，率居林、居禄、沙湾三峒黎民起义。不胜枚举。

　　总之，由于明初的治黎政策注重安抚不扰民，促进了黎区的稳定和发展；但天顺年间以后，海南也和全国一样政治腐败，汉族官僚豪强和黎族上层不断兼并土地，致使海南黎族反抗不断。因此，在朝官员不断向朝廷献策。历史名人海瑞，就在《治黎策》中提出了在黎区开通十字路、设县建城池、招民、置军、设里、建学、屯田、设巡司、置驿递等一系列治黎措施。虽未被采纳，但他的在黎族聚集区设县、开通十字路以通商贸易、加强黎汉交往等建议，可谓见识卓著。

第二章 "勘黎"

——清初对海南黎族的征服与治理

明万历四十四年(1616),即后金天命元年,满族人爱新觉罗·努尔哈赤建国称汗,国号大金,史称"后金"。明崇祯九年(1636)即清崇德元年,清太宗皇太极称帝,改国号为"清"。明崇祯十七年(1644),即清顺治元年,李自成的大顺军攻占北京,明朝灭亡;驻守山海关的明将吴三桂降清,清摄政王多尔衮指挥清军顺利入关,灭大顺政权,清顺治帝迁都北京,从此清朝成为中国历史上第二个由少数民族(满族)建立并统治全国的封建王朝。

海南是明朝势力延续最久的地区之一。虽然在顺治四年(1647),清军的总兵官阎可义等人带兵攻入了琼州,但彼时海南岛只不过是在名义上归属了清王朝。八年之后的顺治十二年(1655),清政府才任命了朱之光作为清朝海南的第一位琼州府知府;到康熙元年(1662)时,清政府才算基本上剿灭了海南的反清势力;但直到康熙十八年(1679)的八月,琼州府重造了县学新印,并将之颁发到各县时,才可以说清朝在海南的统治基本上稳定下来。而康熙十九年(1680),郑成功的部将谢昌、杨义再一次在海南登陆,还一度攻克澄了迈与定安两个县城,不久,其被清军剿灭,此后,清朝便逐渐地稳固了在海南的统治①。其间,黎族抗清暴动此起彼伏。因此,这一阶

①参见刘冬梅、欧阳洁:《清初海南黎族勇武抗清原因分析》,《史学集刊》2012年第6期。

段,针对海南抗清黎民,清初中央政府执行的是剿抚兼行、以剿为主的勘黎政策。勘,克也,征讨使服从的意思;勘黎,指用武力平定、镇压黎族的叛乱。此时的"抚",主要是指清政府顺势而为、因势利导地依前制治理。

第一节　从顺治年间到康熙十九年
对海南黎族的武力征服

一、顺治年间的征服与反征服

顺治二年(1645),清军占领南京后,开始分兵追杀农民起义军及弘光、鲁王、隆武等南明政权。先是消灭弘光政权,继而向西南剪灭鲁王政权。顺治三年(1646),明朝的桂王朱由榔监国于广东肇庆成立永历政权;唐王朱聿𨰼监国于广州,并抢先称帝,建立南明绍武政权。但清将佟养甲、李成栋收复福建、灭除隆武政权后,率师突袭广州,朱聿𨰼自缢死。顺治四年(1647),清军攻陷广州后,清军总兵官阎可义等攻占琼。其间及此后,黎族的暴乱、民变等抗清暴动此起彼伏,清初海南地方政权的建立历经艰难。

顺治年间的"黎乱"几乎历年不断,不绝于书:

如"顺治元年,土匪黄德华勾结黎酋符万冈,攻破临高县城,毁官廨、库狱,屠训导翁吉爌家三十七(口),并杀闽人侨居者数十人而去"①。"(顺治)二年三月,临高黎贼符元豪反,围县城二日。署知县陈震祥击之,歼其魁,余党奔溃"②。土舍拥有武装,在明末清初局势混乱之际,他们也趁势发动武装叛乱。如顺治二年(1645)七月,"土

---

① [清]明谊修,张岳崧纂:《道光琼州府志》,海南出版社,2006年,第894页。
② [清]明谊修,张岳崧纂:《道光琼州府志》,海南出版社,2006年,第894页。

舍符顺道署藤桥营,夺取募村黎榔园。黎人不许,顺道杀之。黎首苏九容遂聚众作乱,焚藤桥营市,村落一空,杀商民二百余人。掘顺道父冢及居宅,得金累累。州守丁家进以闻。顺道坐激变,论死。明年二月,九容就抚,藤桥平"[1]。

当顺治四年(1647)二月总兵官阎可义等攻入琼州时,虽然海南各郡归顺,但就在迎降后不久的四月,定安诸生吴履泰募得壮勇三千、六千黎歧民众,于五月份水陆并进,斩杀数以千计的清军,后遭清骑夹击而败。关于此事的记载见于[清]屈大均的《皇明四朝成仁录》卷一〇:"定安死事传。"[2]清军初入海南即遇众多的抗清黎汉民众。也是这年的四月,万州士民曾于十三日剃发归诚,以戴纶知州事,朱九锡为州吏目,到五月,曾降清的故明千户曹君辅以"反剃发"为号召联合黎哨陈朝、曾镰而率众入城,杀死了戴纶及朱九锡。之后,儋州、临高、陵水等县皆乱,故明千户洪廷栋、镇抚胡永清聚众反。到"六月,清崖州知州于有义莅任,胡永清迎降。此时,州城尚未置守兵,人情汹汹,于有义率五厢乡民及多港、抱怀黎合三千人,进攻乐安,不克"[3]。到顺治四年(1647)冬,李腾、何而强等迫明季知县赵幼文"坐儋,遣乱兵三百余人围破昌化城"[4]。

顺治五年(1648)三月,(清崖州知州)于有义传檄崖州土民,剃发效顺,但遭到彭信古率崖州罗活黎众反抗,于有义兵败自刎。是月,明将陈武自号"总兵","挟崖、昌、感恩流民数千从感恩古镇州抵崖州乐安营据镇,以伪参将许大材渡海据琼,以流寓名宦朱国相署昌

---

[1][清]钟元棣创修,张㒞等纂修:《光绪崖州志(外一种)》,海南出版社,2006年,第363页。

[2][清]屈大均:《皇明四朝成仁录》卷一〇,《广东丛书》编印委员会,1948年。

[3][清]张㒞、邢定纶、赵以谦纂修:《光绪崖州志》,广东人民出版社,1983年,第285页。

[4][清]方岱修,璩之璨校正:《康熙昌化县志》,海南出版社,2004年,第65页。

化县事"①。"顺治五年戊子春,伪官赵幼文据儋,招党千余抵七坊峒,调诸黎岐,联络土舍符应全、符梦豾、符其珍、王启雄等。昌邑横遭荼毒,无所倚赖"②。顺治五年(1648)四月,曹君辅再度纠合黎勇攻万州,"郡旗鼓官在陵水者闻之,率兵赴援,君辅复遁黎峒"③。

顺治六年(1649),崖州抱亚黎聚聚数百人反,杀死学正袁康侯;黎人马蹬根、李花脸出掠琼山、澄迈、定安,知府梅南远率兵攻之,"马蹬根走免。时琼州初定,明将吏借监国遗号复叛,据郡城。诸州县多从乱,黎海剧寇乘间窃发。明年,(万州)曹君辅复及(应为"反"),其子宏九被获,伏诛"④。本年八月"定安奸民程九娘、谢九等结众贼为内外应,袭破县城,焚掠殆尽……顺治九年八月,官兵渡海,恢复琼州,参将马正龙以兵五百定万州诸黎"⑤。

顺治七年(1650),陈武自儋州回昌化,"杀昌署章应忭、伪立知县林亨,开征钱粮"⑥。陈武派遣其妻蒋氏率众到崖州,故明千户洪廷栋、镇抚胡永清迎入,允蒋氏纵众掠杀。但是,顺治六、七年间,清军重新占领湖广和广西,全国性的反清斗争转入低潮。顺治八年(1651),陈武自儋州统众数千,并其部领陈德、杨廷等水陆并进,纵焚民舍,入据崖州。郡地闻急,遣将程鹏、蔡茂分讨陈武。陈武败,逃入乐安。是时,故明副使朱由真自郡来州考试,海寇王吉由潭门上岸,率兵千余人入城,执朱由真及郡中差官二十余人。曹君辅之子宏锡、宏九夜攀城救朱由真,朱由真加辅父子官职,以曹宏锡为监军理刑。

①[清]方岱修,璩之璨校正:《康熙昌化县志》,海南出版社,2004年,第66页。
②[清]方岱修,璩之璨校正:《康熙昌化县志》,海南出版社,2004年,第65页。
③[清]明谊修,张岳崧纂:《道光琼州府志》,海南出版社,2006年,第894页。
④[清]张延标编辑:《光绪琼山乡土志》,海南出版社,2004年,第1282页。
⑤[清]明谊修,张岳崧纂:《道光琼州府志》,海南出版社,2006年,第895页。
⑥[清]方岱修,璩之璨校正:康熙《昌化县志》卷五《兵防志》,海南出版社,2004年,第66页。

顺治九年（1652）三月，陈武率众攻陈廷献，"武大败，衣甲弓马遗弃殆尽"①。陈武及陈德、杨廷仅身免，遁去儋州。陈廷献入崖州②。后陈武被迫率陈德、杨挺领兵削发降清，"泊海随征"③。

　　顺治九年（1652）八月，清兵渡海再度恢复琼州，但仅为表面征服。顺治十年（1653），广东南韶道参议林嗣环出使琼州道。曹君辅、曹宏锡"解琼州府伏诛"④。也是顺治十年（1653）"澄迈黎出掠水北等处，总兵高进库讨平之"⑤。顺治十一年（1654），万州"复被黎贼劫掠"⑥。顺治十一年（1654）七月，故明晋王李定国率众南下，陈武自请攻海南，他先据昌化，（彭）信古等响应。八月，遭游击马可任击溃。邢圣经等率妻子逃入吊帽岭，后被马可任招降，邢不久被杀，陈武亦被斩首送郡。陈虎及桂王琼州知府黄士谔，逃入彭信古等所据乐安，但遭马可任围攻。后受总兵高进库招降，其党卫任斌等开门出降。黄士谔、陈虎、彭信古逃入办铳黎峒，而罗活、抱由、官坊、头塘、抱怀诸峒之黎相继投顺。

　　但好景不长，顺治十二年（1655）六月，抱鼻村谭亚枕一再作乱，游击马可任率兵攻之，"枕逃入生黎"⑦。顺治十二年（1655）八月，逃入黎峒的谭亚枕"纠罗葵、罗蓬、红花诸村黎，大肆猖獗，焚劫田寮、三

①［清］张嶲、邢定纶、赵以谦纂修：《光绪崖州志》，广东人民出版社，1983年，第286页、287页。

②［清］张嶲、邢定纶、赵以谦纂修：《光绪崖州志》，广东人民出版社，1983年，第287页。

③［清］方岱修，璩之璨校正：《康熙昌化县志》，海南出版社，2004年，第66页。

④［清］胡瑞书总修，杨士锦、吴鸣清纂：《道光万州志》卷七《前事略》，海南出版社，2004年，第429页。

⑤［清］明谊修，张岳崧纂：《道光琼州府志》，海南出版社，2006年，第914页。

⑥［清］胡端书总修，杨士锦、吴鸣清纂：《道光万州志》，海南出版社，2004年，第429页。

⑦［清］明谊修，张岳崧纂：《道光琼州府志》，海南出版社，2006年，第914页。

亚、番村、妙山、羊栏诸村落殆尽,男妇死者三百余人"①。本年"喃唠黎寇王进忠等闻城守王合害民,统贼数千逗遛北河一昼夜。城池危急。适有琼水师张彪提兵万州巡剿,陵告急。彪带兵下自南峒至县一带,尽剿平之"②。顺治十三年(1656),"抱婆黎出掠东厢"③。厢勇及官兵共击下,黎众弃弓矢逃。此年昌化王翁村的生黎亦"屡出抱驿都劫掠"④。顺治十四年(1657)"因逃民久居黎境,导落洒诸黎侵扰乡村"⑤。

顺治十六年(1659)三月,侵宇黎王亚锦、亚畏等纠合罗葵诸黎复叛,却在游击马可任率兵进剿下溃逃入拖劳岭,结寨自保。马"纵兵搜山谷,不可得。四月,贼复纠岐黎数千人来攻营。可任出骑兵逐之。贼尽弃弓矢,遁入深歧(应为岐,误记)。锦遣子亚捐出降。可任数其罪,抚平之"⑥。顺治十六年(1659)十一月,久居办铳黎峒的黄土谔、彭信古等,闻延平王郑成功攻陷江南诸郡,复率办铳、抱牒、头塘、官坊、罗活、抱由、抱怀诸黎起应。游击马可任上书告急。顺治十七年(1660)正月,总兵高进库橄儋、万营协剿,先攻溃抱牒,次攻破头塘,官坊、罗活、抱由、办铳黎则皆率众出降。黄士谔、彭信古等被擒后函其首以献。

可直到顺治帝驾崩那年的顺治十八年(1661),托都陈仔纠合二

①[清]钟元棣创修,张嵩等纂修:《光绪崖州志(外一种)》,海南出版社,2006年,第373页。
②[清]潘廷侯纂修:《康熙陵水县志》,海南出版社,2004年,第47页。
③[清]钟元棣创修,张嵩等纂修:《光绪崖州志(外一种)》,海南出版社,2006年,第373页。
④[清]明谊修,张岳崧纂:《道光琼州府志》,海南出版社,2006年,第895页。
⑤[清]陈坤:《治黎缉要》卷四,中山文献馆手抄本。
⑥[清]钟元棣创修,张嵩等纂修:《光绪崖州志(外一种)》,海南出版社,2006年,第374页。

千余人劫掠,受理刑姚士升招抚后复叛,总兵高进库命守备李奉云、千总许实、把总周雄等统兵进剿,"贼匿深山。时许实只带随兵三十余人,入山搜捕,突遇贼众千余,许实身先士卒死战,无不一当百,斩首不计其数。贼首陈仔中枪逃命,寻搜山擒获。余党奔散,地方悉平"①。此年六月,"临高生黎王忠、吴卿等纠结熟黎为乱出掠。知县蔡嘉正会同儋、澄牧令并参将岳某进捣其巢,擒斩无数,余党奔溃"②。

十几年来,几乎年年"黎乱",不胜枚举。

彼时南明的桂王朱由榔永历政权正辗转奔逃于两广之间,而海南的降叛不定正与此相关。

顺治五年(1648)四月,明朝降将李成栋被清廷授以广东提督总兵官奉命征永历帝,谋任两广总督而不得的李成栋却心生怨望,遂挟佟养甲等人又背叛了清朝,引兵前往粤西辅佐南明桂王政权,并请迎永历帝入广东。随后,海南的前明将吏裹挟黎人也乘机反叛,便有了曹君辅纠黎攻万州,败后遁入黎峒,后又攻破万州城,并驱逐知州郑士廉等人,以及陈武自命总兵,占据崖、昌、感各州县等事。"自此地方多故,垂三四年方得宁息"③。如上所述,"故明官将据郡城,海南州县皆从乱焉"④。

总之,时局动乱及"黎乱"频发几乎贯穿了整个顺治年间,两股势力之间征服与反征服的角斗从未罢手。"海南岛成为南明政权的将领们战败后逃奔的临时避难所,他们在这里联合海南民众,抵抗清

---

①朱为潮等主修,李熙、王国宪总纂:《民国琼山县志》,海南出版社,2004年,第552页。

②[清]明谊修,张岳崧纂:《道光琼州府志》,海南出版社,2006年,第914页。

③④[清]胡端书总修,杨士锦、吴鸣清纂:《道光万州志》,海南出版社,2004年,第428页。

军,离反无常。政治情况十分复杂"①。

二、康熙年间的继续征服与最终征服

清朝顺治年间的"黎乱"虽多,但黎族在康熙年间起事的次数才是最多的,几乎达到整个清朝海南黎族起事总次数的三分之一,其引发因素包括天灾、人祸、仇杀、劫掠等,而源于反对清政权统治的则多发生在康熙早年。

康熙元年(1662)时,清政府就已经基本上剿灭了海南的主要反清势力,是年,活动于乐万地区黎峒的黄士昌投顺于清。但直到康熙十九年(1680)之后,清朝才逐渐稳固了在海南的统治。而此前,包括黎族抗清在内的暴动几乎从未间断。如,康熙四年(1665),昌化县玉翁村黎首符从星率众反,进攻松梶、赤又诸村。此属于恃强劫掠的"黎乱"。康熙五年(1666),昌化扫蛮黎首王廷魁等劫掠大小崿诸邻峒妇女、牛只无数。此则属于族群间的仇杀与劫掠性质的"黎乱"。"邻峒黎人告发,副使马逢皋申督抚,命琼镇右营易知诱出,擒斩之"②。又如康熙八年(1669)定安大河土舍王之诜等起事,"知县杨天授申知府牛天宿咨总兵崔世荣,令中军游击丁月桂、千总杨廷、把总陈飞龙统兵抵巢与战,杨廷死之,随军遇害者数人。飞龙躬先士卒,奋勇力战,贼溃奔窜。月桂厚赏旁峒黎人,授以方略,俾诱渠魁斩之"③。此次叛乱,黎民杀死了千总杨廷,而中军游击丁月桂通过分化瓦解等计谋划致使大河土舍王之铣被害。康熙八年(1669)十二月,(崖州)东西黎因定安县"乱黎"传箭,"纠合作乱,远近蠢动。知州张擢士、游击张德远集兵剿捕。先遣人入谕祸福,一时抱显、抱怀、

---

①唐玲玲、周伟民:《海南史要览》,海南出版社、南方出版社,2008年,第250页。
②[清]萧应植修,陈景埙纂:《乾隆琼州府志》,海南出版社,2006年,第840页。
③[清]萧应植修,陈景埙纂:《乾隆琼州府志》,海南出版社,2006年,第840页。

德霞、小营、止强、罗葵、亩感等生熟黎三十余峒赴州就抚,州赖以安"①。此次"黎乱",因定安县黎传箭纠合,三十余峒黎民响应,最终因当局"剿抚"并用而平息。

到康熙十二年(1673),降清的明朝将领平西王吴三桂首先在云南发动叛乱,再度引发海南政局动乱:"遣开平伪知县韩浚侦探粤东水陆地方情形,引西贼马雄入寇。安达公尚之信迫父身殒,从逆,琼属三州十县亦皆降逆。昌化知县高日旦先故,训导莫恒吉、城守卢仪、典史叶拱宸俱受伪职,缴印。"②吴三桂宣告反叛之后,尚之信、耿精忠,以及桂、贵、川、湖等地握有重兵的汉族巡抚、总兵亦相继起兵反叛,这就是史称的"三藩之乱"。"三藩之乱"后,琼州所属的三州十县亦叛清。康熙十四年(1675),汉人韩文德逃亡至乐会黎区,构生熟黎寇杀人夺牛,并造反,形势炽盛。康熙十六年(1677),又有琼山县黎首那叉、那嘎等党蹂躏州县,"琼山西南境受害尤甚"③。在清政府调集重兵打击,并实施政治上的分化瓦解之后,耿精忠、尚之信又先后再度降清,福建、广东与江西等省先行平复。康熙十六年(1677)丁巳七月庚子,平南王尚之信疏报,原任镇守琼州总兵官佟同卿,举城归正④。琼属三州十县也随之"归正"。康熙十八年(1679)八月,琼州府重造并颁发县学新印到各县。

"三藩之乱"时期,郑成功一直在东南沿海一带进行抗清,康熙十九年(1680)十二月,一直在海上坚持抗清活动的郑成功部将谢昌、杨二等在琼山、文昌、澄迈沿海一带登陆。"更诱黎贼韩有献即羊胡子

---

①[清]钟元棣创修,张嶲等纂修:《光绪崖州志(外一种)》,海南出版社,2006年,第364页。
②[清]李有益纂修:《光绪昌化县志》,海南出版社,2004年,第222页。
③[清]明谊修,张岳崧纂:《道光琼州府志》,海南出版社,2006年,第914—915页。
④《清实录》卷六八《圣祖康熙实录》,中华书局,1985年影印本,第872页。

等为乱"①。那叉、那嘎的余部韩有献(又名羊胡子)再次与之联合起事。到次年二月,所攻打的海口城水师守备黄世贤开城迎之,所攻打的澄迈县知县遁逃,所要攻略的定安县知县亦携眷逃亡,韩有献等占据了定安城,并分兵控制各村庄——海南岛北部沿海各县尽入义军囊中。但琼州总兵派重兵攻打定安,韩有献在黄竹兵败;到三月清军舟师渡海增援,起事队伍大败,谢昌、杨二等远走海外,余部茅向荣等随黎人退守黎峒,韩有献亦返撤回琼山县南峒。此次黎汉联合的抗清起事,余绪数年,"(康熙)二十二年正月,巡道程宪遣定安城守刘任招韩有献党,伪总兵曾英相等一百二十人赴郡投诚。二十三年五月,刘任招诱韩有献至郡,以病死。自是黎患始息"②。而之前的康熙二十年(1681)时,(崖州)"头塘村黎作乱。千总赖日胜率兵剿捕,遇害。伤官兵数十名。明年,万州营官兵讨平之"③。另外,康熙二十二年(1683),台湾为清军攻占,郑成功之孙郑克塽战败投降。

总之,从康熙初年至中叶以反清政治斗争性质的起事为多,正如吴永章所言,这时起事的主要特点是:"因清王朝在海南的统治地位尚未巩固,明末以来的反抗斗争仍在蔓延,明朝的残余势力仍在进行反清活动,各种反清力量汇合在一起,形成了入清之后的首次黎民反抗高潮"④。

的确,清初是海南黎族勇武助南明政权积极抗清,并悍然袭击州城的,但所有的"黎乱",无疑都遭到清军的无情裁剿。清初政权就是使用"血与火"的手段,迫使各民族包括海南黎族"归顺"与"降服"的,

①[清]明谊修,张岳崧纂:《道光琼州府志》,海南出版社,2006年,第896页。
②[清]明谊修,张岳崧纂:《道光琼州府志》,海南出版社,2006年,第896—897页。
③[清]钟元棣创修,张寯等纂修:《光绪崖州志(外一种)》,海南出版社,2006年,第374页。
④吴永章:《黎族史》,广东人民出版社,1997年,第440页。

然后再对其实行严密的军事控制。清政府不仅设有专门的地方军事机构控制地方,而且还渐形成控御体系。

通过对征讨战况的了解得知,戡平海南"黎乱"最重要的军力来源都是清朝的正规军。清朝的主力军队是八旗兵,驻扎在全国各要冲地带,由中央直接掌管;清朝的地方军队则是绿营兵,因使用绿色旗子而得名,与八旗兵同为清朝常备兵,大部分分驻各个省,以一省或数省为军区,以总督或兼提督衔的巡抚为最高军事长官,提督则为一省绿营兵的最高武官。广东省除了广州、惠州、肇庆有总督或巡抚、提督各标驻守外,在江海要地还设立了兵防七镇,琼州镇就是其一,镇设"镇守总兵官"一员,地位仅次于提督。绿营兵由最高到最低逐级实行标、协、营、汛编制。"镇守总兵官"及以上将帅均建"标",包括督标、抚标、提标、镇标等。协为第二级编制单位,长官为副将。下一级编制单位"营"则由参将、游击、都司、守备统兵分防。汛是基层编制单位,由千总、把总、外委等分别统领。海南的琼州镇始设于顺治八年(1651),当时称为"琼州水师镇",治所在琼州府城西门内,是清朝海南最高军事机构;其长官称"琼州镇水师兼陆路总兵"或"琼州镇总兵官",简称"琼镇"或"总镇",正二品,掌理一镇军政,是清朝驻守海南的最高军事长官,受两广总督、广东水师提督和广东陆路提督节制。而琼州镇标以及儋州营和万州营还受"广州将军"(广东八旗最高长官)节制。琼州镇总兵官下设副将、参将、游击、都司、守备、千总、把总、经制外委、外委把总、额外外委等官。琼州镇总兵官先后统辖一标镇、二协(琼州水师协、龙门协),共十营,士兵共有八千多名。面对每次"黎乱",官府都派遣镇守琼州的正规军或地方官府首长率兵进剿,以强大的兵力速战速决;在戡平的力度、频度与规模上,清军武器先进,又往往调集足够兵力进行剿杀,势如破竹,频度大、规模高,占有明显的优势;清朝对黎族的武力征服手段强硬,对反叛者几乎皆格杀勿论,"戡黎"的成效亦显著,彰显出满族新崛起民族以及新生政权的无情。虽然在抗清的决绝与意志力上,黎族勇武几乎可与之平分秋色,但就综合实力考量,清军更胜一筹。

三、清初海南黎族勇武抗清原因分析

在海南,从顺治四年(1647)到康熙二十年(1681),清军与南明军携黎族勇武之间的斗争,持续了三十四年;若算到康熙二十三年(1684),这段时间则为三十七年。尤其是在顺治朝,双方势力的角斗形如拉锯,降叛反复,胜败复反。导致清朝在海南统治的确立与稳固艰难的原因,主要在于南明政权残余势力及其他反清力量,尤其是海南黎族勇武的存在。

"明朝在海南的政权,对于海南人民的统治期间,清廉官吏为民造福者有之,但贪官污吏残暴欺压百姓者不在少数,因而引发明朝大规模的黎民大起义,明朝将领也对起义队伍进行惨无人道的大屠杀"①。既然如此,那么清初海南黎族勇武为什么要抗清呢?黎族抗清所反映的问题何在呢?

笔者在《清初海南黎族勇武抗清原因分析》②一文中对此进行了详尽的阐释,概述起来大致有如下几个原因:

(一)清初海南黎族勇武抗清与明朝的治黎政策有关。尽管明朝中后期统治者对黎族的抗争者残酷镇压,但明朝的治黎政策总体看还是体现出怀柔的一面,使海南黎族从心理上更愿接受明朝的统治,从而反抗新的统治者。

正是从明朝开始,海南有了"南溟奇甸"的美称;也是从明朝开始,贬谪现象开始销匿声迹。明朝时对海南的重视度明显提高,区划

---

① 唐玲玲、周伟民:《海南史要览》,海南出版社、南方出版社,2008年,第254页。
② 刘冬梅、欧阳洁:《清初海南黎族勇武抗清原因分析》,《史学集刊》2012年第6期。

设置的调整、各项措施的施行,促进了海南社会经济与文化教育事业的全面发展。从朱元璋"天下一家""以化导之"的怀柔治黎思想,到明成祖朱棣对这一政策的延续,黎族地区与内地的联系获得空前加强。一套比较完备的管理黎族的制度的建立,以及一系列有利于海南及黎族生产发展的措施的颁布,促进了海南土地的开发与农业的发展。黎汉文化的交流,促使海南黎族的纺织业达到了辉煌的阶段。海南的府学、州县学、书院、社学和义学等学校,也数量众多,黎族聚居区还建有社学。吴俸任琼州府抚黎通判期间,于万历二十九年(1601)在水会所建的社学,专门招收黎族儿童习读。到明朝中叶以后,政治腐败,黎族上层也和汉族的官僚豪强一样,大量地侵夺占取土地、奴役黎民,黎族抗暴事件开始频发。明朝政府一面镇压黎民起义,一面采取了加强约束甚至惩处贪赃枉法官吏与军人的措施,并发布与实施了诸如"不得妄杀良民""宽以驭之""不得纵军扰民"、将违反者"坐罪"或"问斩"等一系列命令在内的安民之策,一定程度上缓解了广大黎民的处境与社会矛盾。

(二)清朝的势力初入海南便大为不同。除了清初一系列惨绝人寰的屠城事件,如苏州之屠、扬州城之屠、江阴之屠、嘉兴之屠、嘉定之屠、海宁之屠、江西宁都之屠、广州之屠等传至海南,影响极其恶劣之外,清朝还严厉地推行了"剃发令",严重伤害了黎族人民的自尊心,激发了他们的反清情绪,从而走上反清之路。

要知道,黎族人一直以来很重视头部的装饰。黎族男女一般将头发盘结于头顶或脑后成椎髻。清朝以前历代中央王朝,都没有干涉过黎族的发式问题,清廷却严厉推行"剃发令",强制黎族男子剃掉前额之发,于脑后垂辫,导致黎族人群起反清,崖州的抱鼻、罗活、抱显、头塘、官坊,及定安与琼山境内的黎族的抗争尤其激烈。受到伤害的汉族人民,也掀起反剃发斗争。"留头不留发,留发不留头"的暴力统治政策,成为海南黎汉联合抗清的有力动因,但清初统治者却一味坚持强制之道迫使广大黎民顺服,继续通过屠杀完成对"黎乱"的勘定。

(三)清初海南黎族勇武抗清,也有被占据海南郡域的南明势力利用的因素。清军势如破竹地消灭系列南明政权、势不可挡地向广东推进时,海南成为南明永历政权官员的退路。

顺治四年(1647),清军攻陷广州后,两广总督佟养甲曾奏报:"广东内地九郡俱已陆续底定,奏报外止有琼州一郡隔在海南,原有黎峒盘据腹心,五指珠崖最为险恶,又有桂王伪军门逆贼洪天擢等拦截海南,罄掳船只,抗拒我兵,我兵久驻除闻海滨,不得渡海。"①待到四月份提督副将阎可义率兵渡海入琼州后,洪天擢等弃城逃跑,但清军马上遭到本土的各种力量的反抗。

南明势力利用黎民之勇进攻,利用黎地之险幽退守。无论是顺治元年(1644)土匪黄德华勾结黎酋符万冈攻破临高县城,还是顺治四年(1647)的万州叛将曹君辅纠结黎哨陈朝、曾镶等入城,败后曹君辅遁入黎峒,并复纠黎男攻万州,遭攻后,再复遁黎峒,以及顺治十一年(1654),遭清军围攻的黄士谔、陈虎、彭信古等逃入办铳黎峒,还有康熙元年(1662),活动于乐万地区黎峒的黄士昌;康熙十五年(1676)时逃亡至乐会黎区,勾结黎人造反的汉人韩文德;康熙十九年(1680),勾结琼山县黎族民众起义响应郑成功部将登陆海南的韩有献等,都体现出清初的抗清残余势力依靠深入黎峒来保存实力,依靠勾连黎众反击清军的特征。

从前,黎人起事,多因柴桂米珠,"总之为一己口腹之计,快一时剽掠之私而已,非有争城夺地之志也"②,但清初政权统治海南的这

---

① "中研院"史语所编:《明清史料》丙编,第六本《两广总督终养甲揭贴》,上海商务印书馆发行。

② [清]吴应廉创修,王映斗总纂:《光绪定安县志》,海南出版社,2004年,第762页。

一时期,"黎乱"有因经济等原因起事的,但到处可见黎族攻城掠地,狼烟遍地,且多与南明官将纠联,以致其斗争的性质具有了"反清复明"的政治性。

南明官将与黎族勇武纠合反清的情形,几乎一直贯穿于清朝立国初年。大多数前明的官员,以及南明的将领,他们所谓的忠于故主之心其实值得怀疑,他们的顺叛也完全以个人利害与形势变化为转移,而他们着意拉拢利用的黎族人,则在此一联合中处于附属的地位。正如唐玲玲所言,"南明官将占据海南郡域,海南诸州县都由他们指挥,有的是借故明监国遗号,成为乱世英雄,并非忠心故主。最具代表性者如陈武,浮海至海南岛,对清军时附时叛,时遁时战,在海南坚持抵抗清军达十一年之久,一直至顺治十一年(1654年)以失败被斩首而告终"①。

总之,正如《清初海南黎族勇武抗清原因分析》一文中的论述所言,"海南岛黎民在明末清初持续抗争的史事表明,清统治者在征服以及治理海南岛初期阶段,所实行的军事与行政管理措施尚有缺失,对少数民族地区的政治复杂性考虑不足"②。

第二节　从顺治年间到康熙二十年
对海南黎族的政治治理

从顺治年间到康熙二十年(1681),"黎乱"一直不断,海南黎族社会动荡不安。因此,针对海南黎族,清政府主要施行以剿为主的武力征服行动。但在政治策略上,清政权还兼行招抚政策,且采取了顺势而为、因势利导地依前制治理黎族的原则。

---

①唐玲玲、周伟民:《海南史要览》,海南出版社、南方出版社,2008年,第254页。
②刘冬梅、欧阳洁:《清初海南黎族勇武抗清原因分析》,《史学集刊》2012年第6期。

一、制度上及理念上依循明朝治黎

清朝在开国初期,依循前朝明制治黎。

由于清初黎族的暴动频繁,尤其是以定安、琼山境内的黎族为甚。因此,顺治年间,清政府应该是未及在黎区设官。有学者即认为,"清政府对海南黎族地区的统治,在顺治年间,尚未设官和正式纳入地方行政管辖范围"①。在《明清〈实录〉中的海南》一书中仅有:"顺治六年五月壬午,升工部郎中卢六艺为广东布政使司左布政使,刑部郎中杨名显为广东布政使司右布政使,工部郎中曹国柄为广东按察使司按察使(中略)……顺治十七年八月戊戌,升……河南彰德府同知谢宸为广东按察使司佥事、琼州道。"②却未见清朝顺治年间在海南黎区设官的记录。

清政府的文武官员,在兵荒马乱中征服并统治了海南。到顺治十二年(1655),清廷才任命朱之光为清朝第一位琼州府知府,七年后就进入康熙统治时期了,但直到康熙二十年(1681),清朝在海南平复叛乱才真正地告一段落,此后清政府逐渐稳固了在海南的统治,而此前的康熙十五年(1676)、康熙十八年(1679)之际尚存严重的内部隐忧及外部隐患。因此,顺治年间对黎族的武力征服及黎族的反征服战乱中,清政府未在黎区设官、未将之正式纳入地方行政管辖的可能性基本是存在的。当然,也未能找到相反的佐证资料。

而关于清朝在海南统治稳定的时间,吴永章认为,顺治九年(1652)八月,清兵渡海再度恢复琼州,清朝在海南的统治,初步建立起来,但他认为,直到康熙三十八年(1699),"在此之后,清朝在黎区

---

① 唐玲玲、周伟民:《海南史要览》,海南出版社、南方出版社,2008 年,第 255 页。
② 唐启翠辑录点校:《明清〈实录〉中的海南》,海南出版社,2006 年,第 105 页、第108 页。

的统治地位,才得以巩固下来"①。李勃则认为是康熙十六年(1677),"从康熙十六年(1677)五月……海南岛的反清势力被平定,本岛复归清朝统治……此后,由于广东等地反清势力被消灭和吴三桂之乱被平定,清朝对海南岛的统治才逐渐稳固"②。唐玲玲却认为在康熙十五年(1676)③,无论吴永章、李勃、唐玲玲,还是笔者认为的康熙二十三年(1684)左右清政府才稳固了在海南的统治,都说明顺治及康熙初年海南的不安定政治局面的存在,这是清政府在这一时期采取顺势而为、依前朝体制治理黎族原则的背景及前提。

(一)政区建置上的依循

明朝在海南岛实行的是府、州、县三级管理体制,海南隶属广东省管辖。琼州府是海南最高的地方政权机构,统领全岛的州、县。明朝海南的基层行政组织有乡、都、里、图等。一乡若干图,图下若干都。明朝海南"熟黎"都被编入都图管理,纳粮编差,归入封建统治秩序中。黎族各峒设峒长或黎总、哨官,村又设黎甲等管理黎众。明朝时海南的兵种还包括土舍黎兵。

清朝顺治及康熙初年,海南的建置,仍循明制。"府、州、县、卫所名目:琼郡领州三、县十:琼山、澄迈、临高、定安、文昌、会同、乐会、儋州、昌化、万州、陵水、崖州、感恩。卫所四:海南卫在府城内。万州、南山所在万州城内。今南山所归并万州所。崖州、儋州所在崖州城内。今儋州所归并崖州所。清澜、昌化所在文昌县境。今昌化所归并清澜所。皆顺治十八年二月归并"④。另据道光《琼州府志》载:

---

① 吴永章:《黎族史》,广东人民出版社,1997年,第344页。
② 李勃:《海南岛历代建置沿革考》,海南出版社,2005年,第374页。
③ 唐玲玲、周伟民:《海南史要览》,海南出版社、南方出版社,2008年,第254—255页。
④ [清]焦映汉修、贾棠纂:《康熙琼州府志》,海南出版社,2006年,第11—12页。

"国初仍明制,以按察司副使金事分巡琼州兼提学。康熙十三年改设分巡雷琼道。"①笔者较认可李勃的考证:康熙二十二年(1683)"改为分巡雷琼道。"②即以《清圣祖实录》卷一一〇所记为准。因此,从顺治年间到康熙二十二年(1683),清政府在政区建置上基本是属于无为而治。其实清朝在海南很长一段时间里都依循明制,三州十县,且都隶属于广东,所以政区建置变化不大。

清政府在海南设置了琼州府以及军事机构琼州镇,初以按察司副使金事分巡琼州兼提学,后改设分巡雷琼道。琼州府治所仍驻琼山县。清朝海南三州(儋州、万州、崖州)无属县,隶属琼州府。长官设一员,称知府,掌全府之政。设置海防抚黎同知署:琼州府的属官之一府同知,正五品,主要职责就是管理抚黎、防海事务的。海防抚黎同知署是清朝海南最高抚黎机构,与琼州府同时设立,负责抚黎的府同知,正五品③。所以说,虽未在黎区设官,但却设置了管理黎区的专任官员。首任琼州府知府为朱之光,首任琼州府同知为郭玉升,皆顺治十二年(1655)到任。府通判,正六品,职掌基本同于府同知。琼州镇始设于顺治八年(1651),当时称为"琼州水师镇",治所在琼州府城西门内,是清朝海南最高军事机构。职官设置上,与明朝比变化不大。

同时,清朝初年也依循明朝黎族的基层组织形式,"熟黎"依旧归入都图管理,纳粮编差,以黎峒为单位,利用峒长、黎总、哨管等人员对黎民进行行政上的管理。而"生黎"的聚居区,则既无行政建置,亦不归土官管辖,仍是一个自立自主的、封闭的"化外生界"。

---

① [清]明谊修,张岳崧纂:道光《琼州府志》卷一二《政经志·文职》,海南出版社,2006年,第551页。
② 李勃:《海南岛历代建置沿革考》,海南出版社,2005年,第376页。
③ 李勃:《海南岛历代建置沿革考》,海南出版社,2005年,第391页。

　　(二)"以黎治黎"管理思想的依循

　　清朝开国初,顺其自然,按明朝"以黎治黎"的管理思想对黎区实行统治。

　　1. 对土官、土舍等的沿用

　　(1)对土官沿用的原因、目的及隐忧

　　清朝沿用了明朝黎族的土官制,利用峒长、黎总、哨管、黎甲、黎首等土官对黎民进行行政上的管理,目的是有利于清政府对黎峒的控制。其实土舍,也应是土官之一种,不过是武职土官而已。这里对之则既有综指,又有专指,因握有兵权的土舍威权更重、危害更大。

　　对黎族地区采取"以黎治黎"的统治形式,即土官制度,此制首开于宋朝,是由统治者的羁縻政策衍化而来的,在元、明两朝得以推行、强化与完善。

　　据前章所述,元朝利用土官治黎,可谓措置失当。而明朝呢,"综观有明一代黎政,洪武初虽力革元代土酋之弊,然不旋踵而有土官之患,迨革去土官,而土舍之祸又作,其政之弊,比元之土酋有过之而无不及,故终明之世,黎患亦无日也"①。明朝土官制度及土舍制的废启反复,说明此类制度绝非废启这么简单。

　　土官制度只是中央王朝对少数民族进行统治的一种手段而已,利用黎族中的"土酋"与"峒长"等上层人物来体现统治者的"王化",体现中央的权力与意志,目的在于加强对边疆僻角黎众的政治统治。虽用武力征服了黎族各区,但清初政权还很不稳固,海南社会也一直处于动荡之中,还不能对这些黎区实施有效的直接统治。因此,清初政权在海南黎区没有施行大的举措,只是基本沿用了明朝的土官制度,由原来各地土官、土舍等继续料理当地事务,赋税亦听其自纳。可以说,清初沿用明朝土官制度乃至土舍等制度只是中央政权的权

---

① 王兴瑞:《历代治黎政策检讨》,原载《珠海学报》第 1 集,1945 年 5 月。

宜之计,是斗争手段,是一种妥协形式罢了。

如前所述,面对海南的动荡,顺治九年(1652),清军在重新占领湖广和广西后,方派兵渡海恢复琼州。当时镇守琼州的总兵高进库奏:"孤岛海环,其在陆也,则有云路山、㟖、大小五指等山,为生熟黎岐之老巢,土宄峒官之深窟也,极恶穷凶,挟招要赏,久居奇货。及王汉诸贼,与夫负隅残寇,盘踞东西。而全琼百姓土一流九,间稍桀骜者,非食明粮,即授伪札,以为护符,狐假虎威,髓吮良善,以致春夏石米百金,善死恶生十之七八。虑罪贯盈,则啸聚深山,加之投诚官杜永和、张月等部下逃脱不少悍将强兵,此类不少。然在海邦初降,招之贰疑不出,剿之人心动摇,宽之势联决裂,是在陆之大费预防者也。"①高进库的奏本忠实地记述了当时严峻的形势。

作为镇守琼州的总兵,高进库根据当时的形势,并顺应情势,提出了他治黎的建议:"若夫以寇灭寇,因黎抚黎,固命脉以通咽喉,周内安以防外侮,因时制宜,因地制□□□□□务令海波不扬,则职必誓竭驽钝以上抒我皇上南顾忧也。"②因时因地制宜地"因黎抚黎"、以黎治黎,即利用土官(包括土舍)来治黎,以达安内攘外,这是总兵高进库的治黎建议。当然,这最终成为当时清政府的治黎策略。

在土官统治下,黎族地区的土地和人民都归其世袭所有,并各自形成一个势力范围,这便埋伏下民族内部隔阂、仇恨和争战的隐患。而各黎区的内部主要阶级矛盾就是"土官"与黎众的矛盾。

而中央政府与土官之间,是既相辅相成又相反相斗的关系。既有联合,也有斗争。说两者相辅相成,是因为中央王朝需借助土官之

---

① "中研院"史语所编:《明清史料》丙编,第九本《琼州总兵高进库揭贴》,上海商务印书馆发行。
② "中研院"史语所编:《明清史料》丙编,第九本《琼州总兵高进库揭贴》,上海商务印书馆发行。

力来"守疆土",并"靖边情",及"抚夷民"与"防民乱",安定黎区暨海南边疆;土官则需借助中央政权之威"统慑地方"及"驾驭夷民",保障其治民的合法性。说两者相反相斗,则是因为,中央集权与地方分权的矛盾历来存在,随着土官实力的逐渐增强,其一旦成尾大不掉之势,必威胁到中央权威与权益;而中央集权的逐渐加强也必然损害土官在地方上的利益,两者之间往往难免矛盾与冲突,有时甚至一触即发,酿成战祸。

(2)清朝初年,仍沿袭土舍制,利用土舍的权威统治黎区。

土舍往往狐假虎威、勒索黎民物力、贿卖黎头、贿卖官吏、敲诈勒索、敲骨吸髓、中饱私囊、不可一世、拥兵自重、欺凌黎民、武装叛乱……总之,为非作歹。应该说,清统治者不难发现土舍制对于王朝基层统治的不利。

在这段历史时期,因土舍号令或土舍苛责而致"黎乱"发生的事件也不在少数。如上文所述的顺治二年(1645)七月,清兵未渡海之前,土舍符顺道署藤桥营,夺取募村黎人椰园,黎人不许便杀人而导致的黎乱;如顺治十二年(1655),陵水县喃唠峒黎首王进忠以城守土舍害民为由,统众数千引发的黎乱;还有康熙八年(1669),定安大河土舍王之铣等的谋变等。清初,拥有武装的明朝土舍不仅欺压百姓,还一再制造混乱,是海南社会稳定的隐患。那清初因何未废除土舍制,并削弱土官势力呢?只能说,形势尚不允许。黎区地势险要,黎勇据险联结南明官将威胁着清朝统治;土舍积累多年,拥兵自重,往往势力强大,尚非清朝廷所能控制。

其实,像康熙八年(1669)定安大河土舍王之铣等谋叛时,统兵进剿的千总杨廷战死,随军遇害者亦数人等事件,是中央王朝绝对不能容忍的,只是在等待时机而已。

顺治十三年(1656),昌化王翁村生黎屡出抱驿都劫掠。当年平乱后,昌化城守何玉命各黎刻箭为誓,许诺遵守五条规则:"勿要路掳掠,一也;勿焚村仇杀,二也;勿盗牛畜,三也;勿隐逃民,四也;勿抗逆土官,五也。黎酋得归,感恩畏法,自是数年不敢出。"①

从此处可见当时土官已经为清政府效力了,并处于清政权的保护之下。而明朝故土舍,亦为清政府所利用来稳定黎区的社会秩序。

如顺治十四年(1657),"因逃民久居黎境,导落洒诸黎侵扰乡村,县令、城守觅得故土舍王启英之母张氏至黎峒传谕。明年,氏带落洒、峨茄、拐锁、可邦、婆梅五村人数百赴县投诚,仍令刻箭立誓如前。诸黎悦服,遂搜逐逃民导黎为患者萧三、蒙大、蒙四、苏民仰、符兆麟等正法,自是汉奸之患稍息"②。

清政府利用故土舍的威望与影响力招抚黎人,并通过黎民抓捕逃入黎峒的汉族反对者的史实,可见清初之所以承袭明土舍制的原因及意义。清初对土舍的沿用,客观上巩固了清王朝在黎区的统治。

当用则用,当除则除。"康熙四年,王翁黎复近扰松榈、赤又诸村,县令严于於屏治其西长符从星,解报道府,黎岐遂服"③。康熙八年(1669),定安大河土舍王之铣等谋叛时,中军游击丁月桂"厚赏旁峒黎人,授以方略,俾诱渠魁斩之"④。是年冬,土舍王之铣被斩首。这是清政府利用邻峒黎人通过厚赏及传授计谋处理谋叛故土舍的实例。

在明末清初局势较混乱之际,清朝利用土舍统黎丁、黎兵防守要地。史载,康熙年间昌化县,"土舍黎兵。土舍二名,所辖黎兵原无定额,遇警调发防御,平时约束熟黎,把扼峒口要害"⑤。陵水县,"黎兵无额"⑥。康熙年间临高县"林司峒,在(罗定州州治)城南八十里,设

---

① [清]明谊修,张岳崧纂:《道光琼州府志》,海南出版社,2006年,第895页。
② [清]明谊修,张岳崧纂:《道光琼州府志》,海南出版社,2006年,第895页。
③ [清]明谊修,张岳崧纂:《道光琼州府志》,海南出版社,2006年,第895页。
④ [清]萧应植修,陈景埙纂:《乾隆琼州府志》,海南出版社,2006年,第840页。
⑤ [清]方岱修,璩之璨校正:《康熙昌化县志》,海南出版社,2004年,第56—57页。
⑥ [清]潘廷侯纂修:《康熙陵水县志》,海南出版社,2004年,第42页。

有土舍,又西南为南定营,距县一百里,俱分兵汛守"①。

　　清初也曾经在黎区设土舍。如康熙《陵水县志》的"兵防"篇记载,国朝设"土舍三名"②。根据情势判断,时间大抵应在康熙十九年(1680)前或离康熙十九年(1680)不远的时期。当然,当清政权在海南黎族地区的统治日趋巩固之后,即会采取撤销土舍的措施。

　　2. 粮长、甲头等的沿用

　　除了袭前明土舍制外,清初还沿用了前明粮长、甲头等制。

　　清朝屈大均的《广东新语·人语》卷七"黎人"条记载:"粮长者,若今之里长,其役黎人如臧获,黎人直称之为官。而粮长当官,亦呼黎人为百姓。凡征徭任其科算,尽入私囊。"③清朝李调元的《南越笔记》亦有相同记载④。

　　另外,黎区也有设立甲头的,相当于粮长,但任甲头者有普通汉民或衙役充当的。如史载:道光年间崖州东八十里"有洋淋岭,地广而饶,中环村峒数十。黎性畏官,其田赋必倩民人代纳,称曰'甲头'。大率劣衿衙蠹为之包揽,甚或指官索加,收至倍蓰者。黎人不堪,谋诱生黎为乱,且杀甲头⑤。看来,道光年间还依然存在着"甲头"。

　　总之,粮长及甲头皆为黎村专门代官府征收赋税之人。他们的地位虽低,但其权力不小,且专横与苛敛之祸不亚于土舍。

　　清初以上种种沿用、妥协,当皆为权宜之计,适宜了当时的形

---

①[清]蒋伊、韩作栋等:《(康熙)广东舆图》卷一一,《黎族藏书》,据清康熙二十四年(1685)韩作栋刻本影印,第953页。

②[清]潘廷侯纂修:《康熙陵水县志》,海南出版社,2004年,第41页。

③周伟民、唐玲玲辑纂点校:《历代文人笔记中的海南》,海南出版社,2006年,第247页。

④周伟民、唐玲玲辑纂点校:《历代文人笔记中的海南》,海南出版社,2006年,第203页。

⑤[清]明谊修,张岳崧纂:《道光琼州府志》,海南出版社,2006年,第900页。

势,是清政权对黎区的统治逐渐加强的一种过渡,一定程度上维护了黎区的统一,保障了海南的安定,促进了黎汉的经济、文化交流。但是,其消极作用也绝难忽视,黎族的土官、土舍,与黎区的粮长、甲头等是作为黎族民众的压迫者与剥削者存在的,清政权亦对之如鲠在喉,将来是必定要拔除或处理的。这就是清朝康熙治下中期以后,康熙帝先顺势再造势削弱黎族土官等势力致其逐渐衰落的根本原因。

二、安抚怀柔政策的施行

明朝从开国君主朱元璋始,即秉持着"天下一家"与"以化导之"的怀柔治黎思想,到明成祖朱棣统治时曾着力继承。明朝怀柔治黎的思想及一系列有利于生产、文教发展的措施,曾一度促进了黎族的发展及其黎汉文化的交流。清初海南的文武官员,在执行征剿"黎乱"之时,亦承明制兼施了安抚的政策。

(一)"名宦"抚黎益黎。

何澄,直隶真定人,进士,顺治十一年(1654)授琼州府节推。"时当兵燹,疮痍未复,澄力以休养为己任。藩府兵骄弁横,市中谷帛荽莴之属强攫之,噤莫敢嚶。澄挟其悍者,民少安。峒黎窃发,澄领兵进讨,剿抚并行,黎乃受约束"[1]。

又如,顺治十六年(1659)三月,侵宇黎王亚锦、亚畏等纠合罗葵诸黎复叛,在游击马可任率兵进剿下,王亚锦遣子出降。"可任数其罪,抚平之"[2]。虽然他们最后受招抚,但清统治者心有余悸,"复立

---

[1][清]郝玉麟等总裁,鲁总煜总辑:《雍正广东通志·琼州府》,海南出版社,2006年,第229页。

[2][清]钟元棣创修,张嶲等纂修:《光绪崖州志(外一种)》,海南出版社,2006年,第374页。

三亚营,防侵宇黎"①。镇压后再招抚,给予其出路,但抚之亦防之御之,两手政策变换使用。

再如,高进库,陕西人,"顺治九年,总镇琼州,平服黎峒,进秩都督同知,荫一子"②。

另如,"梅钦,江南宣城人,顺治十二年知崖州。时兵燹后,民皆避乱他邑,井里萧条。钦劳来抚循,咸归复业。康熙元年,详请豁荒米一千四十七石有奇,屯米一千九十八石有奇,以苏民困。在任七年,多惠政。卒于官。州人至今颂之"③。

还有浙江人朱之光,顺治十二年(1655)知琼州府事。"抚字有方,刑平政简,居官无赫赫之名,而去后常见思。祀名宦……所属地产沉香、玳瑁诸物,守土者多取以备馈遗,之光悉榜免之。其他德政多有可称"④。

(二)晓谕、示"诚信"、招抚等方式"安黎"。

晓谕、示"诚信"为的是招抚黎民;安黎、扶黎而不扰黎;施行"德化"与文教以图化黎等,都具现了清初安黎怀柔政策的内容与目的。

1. 晓谕之例。如,"金光房,字天驷,江南吴县人,顺治己亥进士。授九江推官,以廉明称。会裁缺,改知琼山县事,益励清节,议定均贡香,黎人乐附。邻乡有欲以剿黎邀功者,光房力寝其事。镇兵哗噪,

---

①[清]钟元棣创修,张嶲等纂修:《光绪崖州志(外一种)》,海南出版社,2006年,第363页。

②朱为潮等主修,李熙、王国宪总纂:《民国琼山县志》,海南出版社,2004年,第1472页。

③[清]钟元棣创修,张嶲等纂修:《光绪崖州志(外一种)》,海南出版社,2006年,第697页。

④[清]明谊修,张岳崧纂:《道光琼州府志》,海南出版社,2006年,第1398—1399页。

单骑出谕之,军心帖然,得无他变"①。又如,"(康熙八年)是年十二月,崖州东西黎作乱,知州张擢士、游击张德远集兵征剿,遣人入谕祸福,贼众感泣,黎民大安"②。相信黎众也知趋利避害,便阐明祸福、晓以利害,不战而屈人之兵。

康熙十三年(1674),"广州人号七把刀,纠本土三亚人林大育、官塘人林运清,入黎作乱。官兵攻剿,不克。罪及林姓,族人人谕以祸福,育、清出降。擒七把刀解省,伏诛。乱平"③。

2. 护卫、安定黎民。

黎族内部,因血族复仇制、内部争权夺利的斗争,以及恃强劫掠等,都有可能引发一场场规模巨大的"黎乱"。康熙四年(1665),昌化县玉翁村黎首符从星率众反,进攻松橺、赤又诸村,就属于此类性质中恃强劫掠的"黎乱"。康熙五年(1666),昌化扫蛮黎首王廷魁等劫掠大小幄诸邻峒妇女、牛只无数,就属于族群间的仇杀、"乱黎"为害乡里性质的"黎乱","邻峒黎人告发,副使马逢皋申督抚,命琼镇右营易知诱出,擒斩之"④,每次事发,清地方政府即出兵平乱,保障了黎民安全,从而赢得黎民之心。

3. 示"诚信"。

如上文所述,顺治十三年(1656),陆观光任昌化县令时,王翁村"生黎"屡次夜出抱驿都劫抢财物,扰乱治安。他命统兵何玉连夜埋伏要口,抓捕了16人押送到黎峒,然后责令杀狗,以狗血盟誓,刻箭为凭,保证不再犯过。又组织黎民,建立乡规民约。次年,落晒峒诸黎

①朱为潮等主修,李熙、王国宪总纂:《民国琼山县志》,海南出版社,2004年,第1453页。

②[清]萧应植修,陈景埙纂:《乾隆琼州府志》,海南出版社,2006年,第840页。

③[清]钟元棣创修,张嶲等纂修:《光绪崖州志(外一种)》,海南出版社,2006年,第315页。

④[清]萧应植修,陈景埙纂:《乾隆琼州府志》,海南出版社,2006年,第840页。

又到沿海乡村扰乱行盗,他又率兵追至黎峒,数百黎人降服,对降服者给予物质奖励,并与黎首歃血盟誓、刻箭为约,感动了黎民,黎民自捉扰乱者,并鞭打示众。从此,"生黎"不敢捣乱,安心归顺朝廷。又如,李华之,字秀实,诸城人。"康熙丙辰进士,由中书历任观察粤东。时琼州峒黎猖獗,华之单骑往谕,更为布置营伍,兵黎相安,至今帖然"①。单骑前往的信任,赢取了黎族人心。布置营伍护民,则安定了人心。

4."扶黎"而不"扰黎"。

为稳定黎区统治秩序,清朝初年,政府采取了诸如招集流亡、奖励开荒、劝课农艺、减轻赋税负担等一些发展农业生产的措施,使黎区人民安心发展农业生产。

据载,"康熙六年豁免各款:一、豁免渡海牛税银二百三十七两八钱五分零。一、豁免收船税银一十两。一、豁免薪税补饷银二百三十一两二钱一分零。一、豁免比附钞钱七百文,折银一两"②。又如,丁斗柄,康熙九年(1670)任澄迈令,"省徭革耗,留心生聚,逃民复业,黎瑶向化。行乡约,勤课艺"③。康熙九年(1670),时任崖州知州的张擢士曾著《上金制军崖州利弊条款》,指出:"崖州民少黎多,素称瘠土。自陈武踞城之后,半遭杀戮,余尽逃亡。迨至剿除底定,招抚残黎,十存一二。前任知州梅钦请豁荒米一千四十七石二斗九升六合五勺七抄九撮,又经前任知州李应谦请豁杂税银四百八十两零七分三厘五毫,所存孑遗宜有更生之庆。讵小民招回复逃,每岁逋负其多。揆厥所由,当日梅知州有所据以申请者,乃有主之荒粮,而其无所凭以开报者,皆无主之绝产。职到任后,据阖州里排公查,无主荒

①[清]明谊修,张岳崧纂:《道光琼州府志》,海南出版社,2006年,第1403页。
②[清]钟元棣创修,张嶲等纂修:《光绪崖州志(外一种)》,海南出版社,2006年,第210页。
③[清]明谊修,张岳崧纂:《道光琼州府志》,海南出版社,2006年,第1402页。

绝田米三百六十七石二斗六升四合六勺六抄八撮九圭九粒三尘。实无一人可问,寸土可耕。若不亟请开除,拖欠包赔皆所不免。非独绝者不能复续,势必存者亦将尽逃。先奉司府行查,已经备具文册申报,未蒙批示。今幸俯询利弊,救民水火莫此为甚,理合开列,仰乞恩俞批行。另造荒户荒亩清册申赍,伏乞宪裁。"①从中亦可知,崖州黎民虽一再得以被减轻赋税负担,但崖州黎民仍旧身处水深火热之中。

黎地盛产珍稀物产,难免苛派之苦。康熙七年(1668),当时任崖州知州的张擢士便觉察到沉香采办不易,曾针对时弊言辞恳切地大胆上书申请免除黎人供香,可是建议被搁置。所以说,清初的"抚黎"仍缺乏深度、广度与真诚度。

5. 文教"抚黎"。

清初海南兵荒马乱之际,仍有文教"抚黎"之举。如顺治年间张凤徵知陵水县,"当兵燹之时,抚定流移,兴复学校,政教大行,黎岐三十九峒闻风向化,生黎亦无为患者"②。兴文教"抚黎",有利于黎区文教事业的发展、汉文化的传播,以及社会的稳定。

虽然清政权以血腥的手段镇压黎民,但清初的"抚黎"作为,对缓解黎族人民的处境、缓解社会矛盾、营造相对的安定局面,仍起到重要的作用。

总之,清朝初年,满、汉、黎的民族矛盾十分复杂。依循明朝"以黎治黎"的管理思想,沿用前朝土官、土舍,并于"剿黎"之际又兼施"抚黎"的策略,应该说是因势利导、稳定社会的治理作为,值得肯定。兴文教抚黎,有利于黎区文教事业的发展和汉文化的传播。

---

① [清]钟元棣创修,张㒡等纂修:《光绪崖州志(外一种)》,海南出版社,2006年,第588页。
② [清]明谊修,张岳崧纂:《道光琼州府志》,海南出版社,2006年,第1401页。

第三章 "抚黎"

—— 清朝中期对海南黎族的规划营治、经办管理

康熙十八年(1679)时有几件重要的事件。这年的正月,平定"三藩之乱"已取得阶段性胜利,康熙帝便御午门宣捷。康熙十八年(1679)三月,康熙帝御试博学鸿词于体仁阁,授彭孙遹等50人侍读、侍讲、编修、检讨等官;康熙帝令修《明史》,以学士徐元文、叶方蔼、庶子张玉书为总裁。可见,国家在全国范围内出现军政稳定的氛围。到康熙十八年(1679)八月,清政府在海南另造了县学新印,颁发到县——这是清政权在海南的统治趋于稳定的重要标志。但是直到康熙二十三年(1684),清军剿灭了在海南登陆、并一度攻克澄迈、定安两县城的郑成功部将谢昌、杨二及其余部后,清朝才基本稳固了在海南的统治。此后,清政府开始着手对海南的黎族地区进行规划营治、经办管理,一直到清末。

"黎乱"的发生,是经济危机、文化危机等社会矛盾危机的一种总爆发与集中表现,清政府在统治稳定后,开始注重使用"抚黎"方式解决海南黎族社会的矛盾危机。纵观鸦片战争前的清朝中期,清政府对海南黎族实行的管理原则及特点,概要言之,是以抚为主、剿抚兼行。

第一节 康熙中后期

康熙中后期清政府对黎族的经营要点如下:

一、渐废土舍制,并建立制约黎族土官的制度

在海南的统治稳定之后,清政府开始着手削弱土官与土舍的势力,开始建立制约黎族土官的土官制度,并逐渐罢废土舍,目的在于强化中央权威、加强对黎峒的直接控制。

康熙朝前期,清政府沿用了明朝的土舍制,以导民归顺。但是,欺上瞒下、滋事生非、敲诈勒索、尾大不掉等土舍之弊早为清政府所忌惮。如上章所述,在康熙八年(1669)定安大河土舍王之诜等起事时,"叛乱"的黎民杀死了千总杨延,但中军游击丁月桂只是通过分化瓦解等计谋才除掉大河土舍王之铣。土舍拥兵自重,为清廷所忌,但当时清政府尚需要利用土舍的权威统治黎区,且无暇顾及,因此当时只是埋下一条废除土舍制的导火索。须知,这类事件,是为中央王朝不能容忍的。当清政府稳定了大局,处理或废除土舍便提上了日程。

按照清朝雍正《广东通志》中"兵防志·黎兵附"的记载,明朝永乐初年,"琼州府设土舍四十有一所,专辖黎兵,多寡不等。遇有调发,随军进征,专为前锋,无事则派守各营,听营官调度"①。估计清朝时全岛土舍人数大约半百。清朝稳定了在海南的统治之后,相关史料中再也难寻朝廷任命黎族土舍的记载,而土舍制度也在此后渐被取缔。清政府废除土舍制的做法与明朝的屡革屡复是有本质区别的。

清朝在海南的统治稳定后的康熙三十三年(1694),陶元淳任昌化县令,后被调到崖州任职。因曾在昌化与崖州两地任过官,他深晓土舍之弊。陶元淳言其弊:"略有四端:其未为土舍也,保举则贿卖黎头,委牌则贿卖官吏,此不赀之费,将何以出也? 其既为土舍也,衙门

---

① [清]郝玉麟等总裁,鲁总煜总辑:《雍正广东通志·琼州府》,海南出版社,2006年,第130页。

之贿遗,胥役之勒索,此无限之求,将何取偿也? 官派一而私派十,官取百而私取千,而无不责之于黎,酒浆鸡黍,所至为之一空,花藤皮蜡,所见皆为己有,此其吸黎之骨髓者一矣。出入乘轿,则索扛抬,营运林木,则索人夫,官府虽曰雇觅,而黎人苦于中饱,黎人正欲耕种,而土舍督令办工,至于时晚务闲,而黎之土亩已荒,俯仰已无所资,钱粮已无所出矣,此其竭黎之筋力者一也。然其害犹未及于民也。自黎人转徙入山,而土舍所辖之地,半为民居,民与土舍等也,非有统辖之权、君临之分也。今乃擅受民词,擅理民事,甚者擅用刑罚,擅行科敛,而其害及于民矣。然犹未及于邻邦也。自符南蛇作乱于前,符梦熊兼并于后,蚕食邻峒,惟力是视,官斯土者,苟常相安于无事,隐忍不言,而朝廷之疆界,不可复清矣……是四者皆地方岷黎之害,而一设土舍,必不能免,今又从而复之,虎而附之一翼,能禁其不搏噬乎?"①陶元淳详细列举了土舍的产生及所作所为的弊害,他们大肆贿赂得职后再大肆掠夺黎区;他们借征收官派之名,随意敲诈勒索;他们作威作福,飞扬跋扈,为所欲为;不仅侵占邻区,扩充实力,甚至擅自越权管理汉民事务,致使黎民不得安生,埋下动乱的隐患。总之,土舍制不仅危害着王朝的基层统治,而且因其势力强大,朝廷都难以控制。既然这些弊端只要"一设土舍,必不能免",今又何必"从而复之、为虎添翼"呢? 因此,陶元淳适时建议废除土舍制,削弱土官势力。随着清政府对黎区统治力量的增强,废除土舍具备了历史可能并成为必然,但显然,在康熙三十三年(1694)时尚未有行动。

完成于康熙三十年(1691)的《康熙昌化县志》卷五的兵防志记载"土舍黎兵"条时言:"土舍二名,所辖黎兵原无定额,遇警调发防

---

① [清]陶元淳:《议设土舍之患状》,载[清]贺长龄《皇朝经世文编》卷八八《兵政十九》,光绪十三年(1887)上海点石斋石印本。

御,平时约束熟黎,把扼峒口要害。"①到康熙三十三年(1694)陶元淳
任昌化县令后,《清史稿》卷四七六·列传第二六三·循吏传一·陶
元淳传中曾记载,"(昌化)县隶琼州,与黎为界,旧设土舍,制其出
入,吏得因缘为奸,元淳立撤去"②。短短数句,记述了土舍为害一方
的事实,表明了土舍权限为县令所制约及罢废的情状,也彰显了在大
局既定的情况下,地方政权对土舍废除的果断无犹疑。

康熙年间成书的《凌水县志·兵防》记载陵水县,"黎兵无额"③。
康熙年间成书的《(康熙)广东舆图》记载,"冯墟峒,在(儋州)城南八
十里崇山峻岭,设有土舍捍御,今为熟黎所居……七坊峒,在(儋州)
城西南一百二十里崇山峻岭,设有土舍捍御,今为熟黎所居"④。这
表明,随着康熙年间废除土舍之举,土舍统领黎兵之制也随之逐渐
消失。

陶元淳在昌化县撤去土舍后,"揭榜山峒,有冤者得诣县陈诉,黎
民乐业"⑤。从受冤屈的黎族民众可以越过土官诉之于县衙的规定
可见,撤去土舍后黎族民众也属有司管理,而彼时黎族土官的权力是
有限且受到制约的。

实际上,清政府这样的制度践行并非独创,明朝时即有过前例,
如光绪《昌化县志·原黎》卷五曾记载,"永乐三年,差通判刘锦、县
丞欧可诚,以本县峒首符翰惠、符依玉同儋州王贤佑等持敕亲临招
抚,峨娘、峨沟等峒相率入朝,授贤佑土官同知,翰惠、依玉土官主簿,

①[清]方岱修,璩之璨校正:《康熙昌化县志》,海南出版社,2004年,第56—57
页。
②周小华辑录:《二十五史中的海南》,海南出版社,2006年,第526页。
③[清]潘廷侯纂修:《康熙陵水县志》,海南出版社,2004年,第42页。
④[清]蒋伊、韩作栋等:《(康熙)广东舆图》卷一一,《黎族藏书》,据清康熙二十
四年(1685)韩作栋刻本影印,第936页。
⑤[清]明谊修,张岳崧纂:《道光琼州府志》,海南出版社,2006年,第1405页。

刘锦升知州,可诚推官,专一抚黎,不预他事。后因侵害桀骜,累经奏闻,裁革土官,黎人由是归于县"①。但明朝时的土官虽受约束,却力度不够;土舍制亦时废时复。

随着形势的发展,康熙中后期黎区仅保留了职位较低的土官,主要负责管理黎族基层民众,是否设置了新的土官,尚未找到记载。此时土官仍由黎族上层担任,各级土官权限分明,也大抵世袭,但土官职位较低,主要是对黎民进行行政上的管理,并帮助官府征发、收纳赋税。清政府就这样逐渐建立起一套制约黎族的土官制,加强了对黎峒的实际控制。

土官、土舍制作为一种统治边疆少数民族的政治制度,其本身就具有局限性及落后性,统治阶级既可以利用其权宜性和过渡性为其所用,也必然可以在形势允许时,对其进行改制或撤销。

二、编黎户齐民,纳粮编差

"编户齐民,纳粮编差",即编制黎族民众入户口,与汉民一起被纳入地方统一的行政管辖,并承担赋税差役。

清政府在地方建置的形式上,县以下,基本沿袭明朝的里甲体制。清朝在海南的统治稳定下来以后,在黎区设都图里甲以及黎峒。清朝的乡都图里甲组织,在性质上与明朝比已发生了根本的变化。查考海南方志,至康熙年间早期,海南各州县都采用随粮均丁的办法编审丁额。"论粮编丁",使方志上所记的编丁口额,转化为赋税的计算单位,包括男丁和女口的编额,其编制,不再是一种以家庭和人口为中心的组织,而是一种以田地赋税为中心的结构。这样,原是黎族地区氏族组织的峒,自此变成了清朝基层政治组织。清朝因此加强了对黎族民众的控制。

①[清]方岱修,璩之璨校正:《康熙昌化县志》,海南出版社,2004年,第60页。

　　清朝焦映汉修、贾棠纂的《康熙琼州府志》,清康熙四十四年
(1705)始修,于康熙四十五年(1706)成书。修著者焦映汉,陕西人,
监生,康熙四十四年(1705)出任分巡雷琼道;纂者贾棠,直隶河间人,
岁贡,康熙三十七年(1698)任琼州府知府。在时人时书的《康熙琼
州府志》中记载了当时各县都图的数量:

　　都图琼山县:分七乡,各领厢、都图共计一百一十……东黎一今
改开文……澄迈县:分二乡,共都三十五。(其中)黎籍,领都四附永
泰乡……临高县:分三乡,共都图五十二。(其中)黎畔都,编图九。
今改遵宪(文昌县,因文字缺失,仅存的近三乡领都图计七十四。会
同县:分一乡领都图七)。乐会县:分坊二、乡十(内一作浦),都
十……儋州:旧宜伦县今三十一图。另四乡,三十一都图。昌化县:
分厢一、乡一、都六、六图半。万州:分二厢、三十二都。陵水县:乡
六、图九。崖州:二十一里。其中……三都,系东西各里散户杂处,半
系黎户。感恩县:三都、六图半。①

　　清朝焦映汉修、贾棠纂的《康熙琼州府志》还具体记载了当时的
黎族村峒归附版籍、为害与否,以及土舍存废等状况:

　　诸黎村峒　琼山黎:东曰清水峒。嘉靖二十一年,编为东黎。今
改开文,见立里甲编差。南曰南岐、南椰、南虚、琅环、南坤、居采、岭
平、沙湾、居碌、居林九峒。前编为西黎都。今仍其旧。澄迈黎:南曰
南黎,今为一都、二都。水土平善。西曰西黎,今为一都、终都……临
高黎峒大率有八:曰坟营,曰坡头,曰那律……过此十里,则西至重
绕、坡头等峒,东至番溪等峒,南至番洒等峒。前常出为害。定安黎:
南曰南间峒。去县三百里。地平旷,民乐居之,见充里甲。惟光螺在
县西南四百里、思河在县东南三百里,原系峒出没之冲,前常出为民

---

① 参见[清]焦映汉修,贾棠纂:《康熙琼州府志》,海南出版社,2006 年,第 99—
　106 页。

害。文昌黎曰斩脚峒。治平已久,田地经丈入有司,可以不患。乐会黎曰纵横峒……儋州黎视诸处最蕃。昔梁、隋间,儋耳归附者千余峒,指此。今生、熟凡五都:曰抱驿,曰黎附,曰顺化,曰来格,曰来王……东黎属土舍峒首部领,南黎属州部领。其余自耕食,不属州。昌化黎散处山谷,不相统摄,与民杂居,不为寇害。旧有土职二员名招黎,既归有司,遂不复领于土舍。万州旧有民黎九都,熟黎九十三村……不复统于土舍……陵水黎:北有黎亭去县二十里,南有岭脚去县三十余里……又有东北峒……崖州黎,其地多于州境,其人十倍之。分东、西二界,生、熟、半熟三种……感恩黎附版籍者什九,不附者什一。与民杂居,无他志。患在崖之生黎……①

《康熙琼州府志》的记载,使后人对康熙年间海南各县大约所有的乡及都图里的数量尤其是被编户齐民的黎族数量有了大致的了解。另据李勃统计,清朝全岛黎族村峒共有 1203 个,其中琼山县126,澄迈县 137,临高县 239,定安县 111,文昌县 35,乐会县 55,儋州209,昌化县 33,万州 94,陵水县 31,崖州 92,感恩县 41②。但李勃学者的统计,应该不是康熙年间的数字。以昌化县为例,清初,昌化县县级以下的行政区划应仍沿袭明代的都图制,按清朝康熙年间方岱、璩之璨纂修及编制的《康熙昌化县志》的记载,昌化县有 2 厢 5 都,即东、西厢,英德都、北黎都、北岸都、南罗都、抱驿都及若干图。另外还录有村峒 100 个,当然,除了"北岸村"外,每村都附记着散、存数家、散过半或半存等③。其中未详注黎村名字与数量。按此《康熙昌化县志》的记载:"昌邑黎岐二峒,一曰大村峒,土舍辖黎落洒、峨茄、可邦、拐锁、金婆、水头、婆梅,一曰大员峒,土舍辖黎水尾、鸦玉、乌螺、

①[清]焦映汉修,贾棠纂:《康熙琼州府志》,海南出版社,2006 年,第 754—756 页。
②李勃:《海南岛历代建置沿革考》,海南出版社,2005 年,第 390 页。
③[清]方岱修,璩之璨校正:《康熙昌化县志》,海南出版社,2004 年,第 27—28 页。

哥孙。崇祯之季,符那恩传箭各近黎乡居,取认某黎为卫,刻箭为凭,
他黎不敢侵扰。"①可见,大村峒与大员峒,康熙年间甚或明朝即存
在,但康熙三十三年(1694)昌化知县陶元淳撤土舍后,这两个峒便不
存在了,但村还在,只是这些村的名字并不在上述 100 个村落的名字
中,那么大致可判定这些不算村,当为生黎部落。待重新设立大村峒
与大员峒后,这两个峒所辖的村落则包括生黎及熟黎。《乾隆琼州府
志》就记载:"昌化黎散处山谷,不相统摄,与民杂居,不为寇害。旧有
土职二员名招黎,既归有司,遂不复领于土舍。近立大员、大村二
峒。"②未记载大员、大村二峒的辖村。到《道光琼州府志》时则记载:
"昌化黎散处山谷,不相统摄,与民杂居,不为寇害。旧有土职二员,
名招黎,既归有司,遂不复领于土舍。近立大员、大村二峒。昌化县
诸黎村峒凡三十有三:峨高、峨掠、居炭、陀外、磨庵、居律夺、那边、陀
蛮、峨淡、居喝、包泊、盘嫌、那佗、包桥、峨吟、峨娘、陀查、哥炭、徒药、
无飘、南保、峨义、初血、那白、峨表、余雍、峨俺、广香、峨旺、峨哥、上
下协、峨爹、峨玉。"③以上村落当为不相统摄的杂居于民的黎村,因
此,接下来《道光琼州府志》又说,"昌化县黎人二峒,峒外为熟黎,峒
内即生黎。由县城东北八十里至大村峒,内有生熟黎共十村。又可、
塘村、落洒、番茄、可邦、拐锁、水头、金婆、坡梅。由县城东北一百城
至大员峒,内有生熟黎共六村。报板、歌枕、水尾、鸦玉、峨显、乌螺、
歌孙、落昧……每峒向设总管一名,哨管一名,约束黎众。东南与感
恩县黎接界,东连生歧(岐)境,南一百四十五里与崖州通,广袤四十
余里,共生熟黎峒二十六村"④。而光绪年间李有益纂修的《昌化县

① [清]方岱修,璩之璨校正:《康熙昌化县志》,海南出版社,2004 年,第 61 页。
② [清]萧应植修,陈景埙纂:《乾隆琼州府志》,海南出版社,2006 年,第 830 页。
③ [清]明谊修,张岳崧纂:《道光琼州府志》,海南出版社,2006 年,第 855—856 页。
④ [清]明谊修,张岳崧纂:《道光琼州府志》,海南出版社,2006 年,第 856 页。

志》却这样记载:"昌化黎散处山谷,不相统摄,与民杂居不为寇害。旧有土职二员,名招黎,既归有司,遂不复领于土舍。近立大员、大村二峒。昌化县诸黎村峒凡三十有三:峨高、峨掠、居炭、陀外、磨庵、居律夺、那边、陀蛮、峨淡、居喝、包泊、盘嫌、那伦、包桥、峨吟、峨娘、陀查、哥炭、徒药、无飘、南保、峨义、初血、那白、峨表、余雍、峨俺、广香、峨旺、峨哥、峨爹、峨玉、上下协。"①"昌化县黎人二峒,峒外为熟黎,峒内即生黎。由县城东北八十里至大村峒,内有生熟黎共十村:义可、塘村、落洒、莪茄、可邦、拐销、金婆、水头、坡梅;由县城东北一百里至大员峒,内有生熟黎共八村:报板、水尾、歌、鸦玉、峨显、乌螺、歌孙、落昧……东南与感恩县黎接界,东连生岐,境南一百四十五里与崖州黎通,广袤四十余里,共生熟黎二峒十六村。"②所记载的变化,仅在一大员峒,由道光年间的"内有生熟黎共六村",变为光绪年间的"内有生熟黎共八村"。因此,李勃学者的统计,估计至少在道光帝治前。

而关于康熙年间的"生黎",其他康熙年间的史籍中还有更为具切的记载,如定安县,"西至本县博曲生黎界四十里。南至本县思河都生黎界二百三十八里"③。"思河岭,在县西南生黎地,距城三百三十里。极高峻,黎人恃以为险。黎母山,即光螺岭,在县西南属生黎地,距城三百八十里……大五指山,在县正南思河都界外属生黎地,距县城四百三十余里。其高际天,其广莫测,五峰如指屹立,琼崖儋万之间,生黎居之,不入版图"④。乐会县县治"西至纵横黎峒二百四

①[清]李有益纂修:《光绪昌化县志》,海南出版社,2004年,第218页。

②[清]李有益纂修:《光绪昌化县志》,海南出版社,2004年,第218—219页。

③[清]蒋伊、韩作栋等:《(康熙)广东舆图》卷一一,《黎族藏书》,据清康熙二十四年(1685)韩作栋刻本影印,第924页。

④[清]蒋伊、韩作栋等:《(康熙)广东舆图》卷一一,《黎族藏书》,据清康熙二十四年(1685)韩作栋刻本影印,第925页。

十五里,过西俱生黎"①。"笔架山,在(儋州)城南一百里生黎界……
透暮山……外界生黎,山下设有那大营。沙锅山,在城东南一百里生
黎界,状如覆釜,极高峻"②。万州州治"西至鹧鸪啼山一百八十里,
外系生黎……西北至纵横峒黎界一百六十里"③。万州的"鹧鸪啼
山,在城西一百八十里,熟黎居之,外界生黎地……喃唠峒,在城西北
二百里,生黎"④。"小五指山,在(陵水县)城西生黎峒中"⑤。感恩
县:"小黎母山,即莪茶岭,在城东二百里生黎地,崖石崎岖,人迹罕
到。"⑥临高县治"南至生黎山界九十里"⑦。可见,康熙年间"生黎"
尚遍布于各州县。

　　清朝初年,大多"生黎"聚居区,既不归于土官管辖,也未设任何
行政建置,属于一个自生自灭的、自立自主的、基本封闭的"化外生
界"。从康熙中期开始,将"生黎"纳入统治范围的任务逐渐开始提
上日程,起码在昌化县是简单地统归了有司管辖,但尚未编户齐民、
纳粮编差;或者说康熙中期为完成"生黎"地区与当地以至内地一体
化的进程奠定着基础。

①[清]蒋伊、韩作栋等:《(康熙)广东舆图》卷一一,《黎族藏书》,据清康熙二十
　　四年(1685)韩作栋刻本影印,第932页。
②[清]蒋伊、韩作栋等:《(康熙)广东舆图》卷一一,《黎族藏书》,据清康熙二十
　　四年(1685)韩作栋刻本影印,第936页。
③[清]蒋伊、韩作栋等:《(康熙)广东舆图》卷一一,《黎族藏书》,据清康熙二十
　　四年(1685)韩作栋刻本影印,第940页。
④[清]蒋伊、韩作栋等:《(康熙)广东舆图》卷一一,《黎族藏书》,据清康熙二十
　　四年(1685)韩作栋刻本影印,第941页。
⑤[清]蒋伊、韩作栋等:《(康熙)广东舆图》卷一一,《黎族藏书》,据清康熙二十
　　四年(1685)韩作栋刻本影印,第944页。
⑥[清]蒋伊、韩作栋等:《(康熙)广东舆图》卷一一,《黎族藏书》,据清康熙二十
　　四年(1685)韩作栋刻本影印,第950页。
⑦[清]蒋伊、韩作栋等:《(康熙)广东舆图》卷一一,《黎族藏书》,据清康熙二十
　　四年(1685)韩作栋刻本影印,第952页。

三、抚黎

清朝顺治年间在海南设置的琼州府,治所仍驻琼山县。琼州府长官设一员,称知府,掌全府之政。其属官府同知,正五品,管理抚黎、防海事务。府通判,正六品,职掌基本同于府同知,但康熙年间裁撤。清朝海南三州(儋州、万州、崖州)无属县,隶属琼州府。三州长官为知州,俱从五品,掌一州的治理,以刑名、钱谷为要。十县长官为知县,正七品,掌一县的治理。州的属官曾设州学学正、州学训导、州吏目、州仓大使(仅儋州设)等;县级属官设县丞(仅琼山、澄迈、文昌、临高县设)、县学教偷、县学训导、县经历(仅琼山县设)、县典史。诸职官都由朝廷从大陆派遣。可见,在职官的设置上,与明朝相比变化也不大。

康熙中后期,清政府治黎依然采用征、抚两手兼施的政策,但是已经以抚为主,对抗争者进行无情镇压之时及其之后,执行招抚怀柔政策来稳定黎族社会。抚黎政策,创设了黎区相对安定的局面。

(一)招抚黎人。

清军在平定"三藩之乱"和收复台湾之后,对黎民进行了几次大规模的招抚。

如上所述,康熙二十三年(1684)刘任招降了韩有献。自康熙十九年(1680)年末,谢昌、杨二等在琼山、文昌、澄迈沿海一带登陆时,那叉、那嗄的余部韩有献(又名羊胡子)与之联合起事,来年年初,韩有献在黄竹兵败;待清军渡海增援致使谢昌、杨二等远走海外后,韩有献亦撤回琼山县南峒,直到康熙二十三年(1684)五月韩有献最终接受招抚,结束了此次轰轰烈烈的黎汉联合起事。

康熙二十五年(1686),"琼山喃唠及陶家坠峒诸黎酋王乾雄等出劫定安、乐会二县,琼州镇吴启爵、副使程宪遣人招抚。事平,因议复设水会所、新关坡、定乐诸新旧营,分兵屯要隘,以防黎患"①。关于琼州镇吴启爵招抚黎众之事,另据《道光琼州府志》卷二二《海黎志·防黎》详载,康熙二十八年(1689)三月,总镇吴启爵进兵陵水,"招降四百余人"②;同年八月,吴启爵又率众攻破生黎母葵、母赞叛乱,"共招抚生黎十七峒,黎首那八等率黎人五百三十五户归降"③。

又如,康熙四十二年(1703)黄友瓒任崖营游击,"奉命抚戢生熟黎瑶。往来岚瘴间,勤劳而卒"④。一介游击,亦鞠躬尽瘁地抚黎至殁!

(二)以德立政。

康熙中期,海南继续涌现一些有德官吏,践行着清政府以德立政的抚黎原则。

如康熙二十九年(1690),璩之璨任昌化县知事,时当兵乱后不久,祸不单行,昌化县境又遭台风袭击,田淹城毁,公署民房都遭到损毁。璩之璨到任后,自己居住的公署顾不上修补,谢绝士绅的助修请求,自己动手搭建简陋的寮屋,居民舍,入黎峒,助民修房,并与典史陈汉"捐俸"复修城池、庙宇。"典史衙门在堂左,旧堂厅瓦屋三间,后寝室瓦屋三间,川堂一座。飓风之后,破落无存。典史陈汉自行捐俸创修于县衙之南,草堂三间,寝室三间,前门一座,后厨三间,仅蔽风雨栖身而已"⑤。他们以德行获得了黎族民众的赞赏。康熙三十年(1691)闰七月二十五日,"飓风倾颓雉堞、城楼,知县璩之璨、典史陈汉捐俸补修完固"⑥。

①[清]明谊修,张岳崧纂:《道光琼州府志》,海南出版社,2006年,第897页。
②③[清]明谊修,张岳崧纂:《道光琼州府志》,海南出版社,2006年,第897页。
④[清]钟元棣创修,张巂等纂修:《光绪崖州志(外一种)》,海南出版社,2006年,第470页。
⑤[清]方岱修,璩之璨校正:《康熙昌化县志》,海南出版社2004年,第23页。
⑥[清]方岱修,璩之璨校正:《康熙昌化县志》,海南出版社,2004年,第22页。

康熙三十三年(1694),陶元淳任昌化县令。他到任后即撤去害民的土舍,且"揭榜山峒,有冤者得诣县陈诉,黎民乐业"①。且"一权量,定法度,黎人便之。城中居人,旧不满百家,至此户口渐蕃。元淳时步行闾里间,周咨疾苦,煦妪如家人"②。而且他生活节俭,"元淳自奉俭约,在官惟日供韭一束"③。昌化县的黎族民众纯朴善良,却常因不懂货物价格,不明商业规则受到奸商愚弄与欺骗。据说,陶元淳离任时,给昌化县黎族民众留下二件宝:秤及铜锣。此二物应该意味着他对黎族民众的嘱托:要黎民学会看秤,学会规则,并遵守规则,或者说要求黎民办事像秤一样公平;要黎民懂得解决众事,定要团体鸣锣去争取。陶元淳不仅抚黎能力高强,且平易近民,廉洁奉公,其德声远播,深受黎族民众敬仰。

陶元淳(1648—1698),字子师,江苏常熟人,是一位不仅有功于昌化县黎族民众,且有功于昌化县广大百姓的廉吏。康熙二十七年(1688),陶元淳中进士,康熙三十三年(1694)任昌化县知县,后代理崖州知州,虽官位不高,任期不长,薪俸不高,却爱民如子,关心黎族民众疾苦,品德高洁,能力高强,最终因积劳成疾而亡于任上,名留《清史稿》,入选"循吏"之列——能入选"循吏"的,皆是有德、有能、有廉的模范官员。

又如沈澄,浙江山阴人。"康熙间由岁贡历官雷琼道,清介自守,表率有方,多善政。凡所属有徭黎者,必语其官司,示以诚信,由是皆率俾焉"④。

正是这样的有德官吏的存在,安定并发展了落后的黎区,体现着

---

① [清]明谊修,张岳崧纂:《道光琼州府志》,海南出版社,2006年,第1405页。
② 周小华辑录:《二十五史中的海南》,海南出版社,2006年,第526页。
③ 周小华辑录:《二十五史中的海南》,海南出版社,2006年,第526页。
④ 朱为潮等主修,李熙、王国宪总纂:《民国琼山县志》,海南出版社,2004年,第1457页。

清政府的抚黎德政。

（三）严禁文武官吏、军弁扰黎。

康熙帝为稳定黎族聚居区，明文严禁官吏、军弁扰黎，并直接罢免对激起黎族民众叛乱负有重责的地方官员，同时对扰黎者处以重罚严惩，此亦是他对海南黎族的德政之一。

康熙年间官吏、军弁、吏役扰黎状况的存在，从陶元淳所著的《请禁崖州营将肆虐状》与《请严职守详文》等文章中可见一斑，从中亦可见当时的官场现状。

陶元淳从昌化县知县调任代理崖州知州后，亲见职掌混杂、军兵骄纵的状况。如当时崖州"代理游击"余虎纵容下属作恶；守备黄镇中草菅人命、贪得无厌地盘剥黎民。陶元淳把百姓上告的百多条罪状归纳成六款进行上诉，这就是著名的《请严职守详文》。他反映的当地守军虐害汉黎民众的六大祸害为：侮文之害，即当地守军将领越权擅政、殴打地方行政官吏；征粮之害，指本应由地方行政办理的征收任务，守军却直接参与征粮，从中谋利；占丁之害，即营将把民众纳入兵营管理，以逃避政府赋役谋利；保村之害，则指在黎村中设"粮长"，搜刮民脂。"窃照钱粮完欠，系有司考成，与营将无与。独崖州黎村设有粮长，或系营将行赂钻谋，或系州牧徇情批委。委牌卯簿，假托姓名，其实皆系营将霸占。查余弁管有浮浅、官坊、抱由、焕道、浮风、窑下、抱古等村，黄弁管有谭寨、德霞等村，陈把总管有抱别等村，罗百总管有下高等村，居然自谓粮长，额粮一石，私收数倍。毒加骨髓，祸及鸡豚"①。还有虐黎之害——强行要求黎族百姓缴纳当地的特产等物品。"每岁余、黄强买盐斤，运入黎地。凡有米之家，派盐一盘，征米四盘。大村派至四五十盘，小亦二三十盘，必尽夺其米而

---

① [清]钟元棣创修，张寯等纂修：《光绪崖州志（外一种）》，海南出版社，2006年，第593页。

后止。又乐平营兵每岁称奉余副爷差票,各村责办獭皮四五张、灰炭数石不等。东黎远美、芭芒、产填、石板、黑坭、罗休、新村、大案、浦漏、匿才、抱抛、抱浩、浦夏、抱信、高村等十五村,每岁洒派各村木料、稻草、灰炭、大竹、小竹等,送入营内,谓之答应公务。黎人财产尽于诛求,筋力困于差役,而为将者视为分所当然"①。再是役黎之害,营将到黎村贸易时,恶意讹诈和欺压黎胞,"一入黎村,辄勒索人夫,肩舆出入。酒浆鸡黍,攘攫罄尽。每岁装运花梨,勒要牛车二三十辆,所过村落,责令黎人放牧。或遇崇冈绝岭,花梨不能运出,则令黎人另采赔补。至于擅锁平民入营拷打,畜养无赖狗偷鼠窃,民黎畏其凶威,有司不敢致诘,而营将坐视恣睢,以为得意"②。

仅从崖州种种侵官溺职、危害黎民的行为,可管窥豹见当时整个海南的大致情形。虽上有所禁,但下时有所为。陶元淳为了崖州老百姓的利益,不畏手握兵权的守备淫威,更不怕开罪琼州府上级;为改良地方行政事务,用心写文章提建议,并着力践行,但这样的清官却在德政的道路上步履维艰。

虽然清政府严禁文武官吏、军弁扰黎,但官吏与兵将扰黎的问题,不引发"黎乱",便不足以得到关注与切实解决。如康熙三十八年(1699),兵丁王履平等扰害黎民,游击詹伯豸、雷琼道成泰慎等文武官员则差人采取花梨、沉香等物,把总姚风向黎人勒索牛只,致使此年"十二月,琼山指马峒首王振邦等为乱,杀水尾哨兵,转掠薄沙、宝停、乐安等汛,诸峒黎首应之"③。康熙亲自过问了此事。

据《清实录》记载,康熙三十九年(1700)十二月丙子,礼部左侍

①[清]钟元棣创修,张寯等纂修:《光绪崖州志(外一种)》,海南出版社,2006年,第593—594页。

②[清]钟元棣创修,张寯等纂修:《光绪崖州志(外一种)》,海南出版社,2006年,第594页。

③[清]明谊修,张岳崧纂:《道光琼州府志》,海南出版社,2006年,第897—898页。

郎凯音布、内阁学士邵穆布,被差往广东察审黎人王镇邦侵犯及启衅文武官员事宜。上谕之曰:"尔等至彼鞠审时,如官员有苛酷处,即行拿问,其内有升调者,亦行调审。倘总督有应取供之处,亦行勘问。今彭鹏调补广东巡抚,尔等会同广东总督石琳,巡抚彭鹏,赴琼州鞠审。"①康熙三十九年(1700)十二月丁丑,刑科给事中汤右曾便疏参广东广西总督石琳、广东提督殷化行等,徇庇雷琼道成泰慎、游击詹伯豸等纵兵至黎人地方扰害,致生事端。震怒的康熙,将把总姚凤除职待纠;将詹伯豸、成泰慎解职待查,还要追究广东督抚的责任。康熙四十年(1701)八月壬申,吏部等衙门议复:"奉差广东审事礼部左侍郎凯音布等疏言,广东督、抚,平日不严约束文武官弁,以致骚扰黎岐,殊属不合。应将总督石琳、巡抚萧永藻各降二级调用,提督殷化行降一级留任,琼州总兵官今调镶白旗汉军副都统唐光尧降四级调用。俱应如所奏。"②结果按旨,革职的革职,降级留任的降级留任。

　　康熙的做法虽然在一定程度上扼制了官吏及弁兵对黎族人的侵扰,但却不能从根本上杜绝此种盘剥的再度发生,康熙朝以后类似事件的频发便是明证。因此,吏治建设、监督等制度的建设亟待加强。而吏治建设岂是一日之功? 官将的跋扈、官场的不良环境、吏治的败坏,以及廉官勤吏的凄惨下场,从康熙年间任昌化县知县并在第二年又代署崖州知州的陶元淳(1646—1698)的经历即可略见一斑。署崖州知州的陶元淳发现崖州军将多骄横违法后,便"列款以上",而试图贿赂陶元淳未遂后,余虎就大肆诽谤陶元淳,并刻意让广东总督石琳风闻,致总督下文琼镇总兵调查。陶元淳上书申辩的同时,果断地将黄镇中下狱。而因元淳的倔强总督欲废黜他,但史载,巡抚萧永藻虽

①唐启翠辑录点校:《明清〈实录〉中的海南》,海南出版社,2006年,第113页。
②唐启翠辑录点校:《明清〈实录〉中的海南》,海南出版社,2006年,第114页。

初授事,却言:"吾初下车,便劾廉吏,何以率属?"①总督曾一直找借口定陶元淳的罪名,陶因得到朋友相助才得以赦免。不久,总督又想找其他借口罢免他,陶又在当时刚到任的巡抚萧永藻的保护下得免。但最终,陶元淳"屡乞病未果,竟以劳卒于官"②。

(四)经济上宽黎。

康熙当政,在经济上采取轻徭薄赋、与民生息的政策。政府先是规定垦荒者三年内免税,后又改为六年内免税;到康熙十二年(1673)又规定新垦荒田十年后征税。这些政策激发了农民垦荒的积极性,使全国的耕地面积迅速增加。康熙还在陕、贵、云、川、粤等全国二十多个省区蠲免钱粮、丁银及通赋,其中重大蠲免超过三十多次。康熙五十一年(1712)开始,在全国范围内普免钱粮,同时规定凡遇蠲免之年,免业主七分佃,户三分,使佃农也能相应得利。

清初的赋役制度沿袭明制,征收"田赋"和"丁役"。海南的赋税,依据顺治初年编订的《赋役全书》,配合丈量册,又称鱼鳞册(详载上中下田则),以及黄册(岁记户口登耗)执行,但是各地各级官府在执行的过程中,却因无法有效地掌握百姓人口的增减,尤其是流动人口的数量,使这种根据人丁编审的赋役制徒具形式。因此,康熙便改革了按丁征收丁税的方法。清政府开始编审丁口,而不再做"户"的统计。康熙诏令康熙五十一年(1712)二月以康熙五十年(1711)的丁额为基础,此后滋生人丁,永不加赋,这样丁税额数便固定下来;到康熙末年的康熙五十五年(1716),清政府又开始在广东、四川等省实行地丁合一。"摊丁入亩"的改革,即丁银由按丁征收改为按地征收,将丁银摊入田赋银中统一征收。雍正元年(1723)以后,此法相继在各省普遍推行起来。但是,"摊丁入地"实行后,并未收到好的效

①周小华辑录:《二十五史中的海南》,海南出版社,2006年,第526页。
②周小华辑录:《二十五史中的海南》,海南出版社,2006年,第526页。

果。所谓滋生人丁"永不加赋"的规定,在执行中也难以兑现。

1. 康熙对海南(黎族)实施减赋税等利农政策。

清初,海南的土地至少荒芜三分之一,农业发展滞后。顺治年间及康熙年间一再实行蠲免赋税、奖励垦荒、组织军队屯田、大力招民复业、兴修水利等积极恢复与发展农业经济的政策,尤其是康熙一代把恢复农业经济放在首位,把招民复业和垦荒多寡作为对地方官考核和升黜的标准,通过在制度与政策层面建立评议机制保障农业发展与社会安定。

康熙年间,农业在黎人的生活与生产中已占据主要地位。清政府为稳定黎区的统治秩序,也继续采取了一些发展农业生产的措施。康熙中期陶元淳知昌化令时,"度隙地,立墟市,招流亡,劝开垦,予以牛、谷,不起征"①。通过这些措施,使土地得到充分利用,并使农民附着在土地上,安心发展生产。

《明清〈实录〉中的海南》曾载,"康熙二十九年六月丙戌,谕户部:朕抚育蒸黎,勤求民瘼,务期休养,渐至阜安,闾阎间有疾苦,朕衷时切轸念。近见广东高、琼等府,地丁各项钱粮,历年逋欠。如系官役侵渔及豪强顽梗,抗不输纳,自应严追。倘因丁缺地荒不能输纳,仍行征比照例考成,则小民既困追呼,有司复罹参罚,徒滋扰累,终无裨益。着该督抚以各州县旧欠钱粮不能办纳情由,详悉察明具奏。康熙三十年四月辛巳,广东巡抚朱弘祚疏言,高州府属吴川县,琼州府属临高、澄迈二县,自康熙十八年起至二十八年止,未完地丁银一十二万八千六百两有奇,实系户口稀少田亩荒芜所致,应请尽行豁免。从之"②。《康熙昌化县志》曾记载:"国朝豁除荒芜无征税六十八顷二十三亩八分零三毫七丝三忽九微,荒米二千零四十七石一斗

---

① [清]明谊修,张岳崧纂:《道光琼州府志》,海南出版社,2006年,第1405页。
② 唐启翠辑录点校:《明清〈实录〉中的海南》,海南出版社,2006年,第111—112页。

四升一合一勺一抄二撮。"①从康熙初年起,清廷多次蠲免广东赋税,仅康熙六十一年(1722)全省三次普免,八次积欠被蠲免。

清朝以蠲免作为恩赐的工具。蠲免赋役,早在顺治帝时就开始了。康熙帝以恭俭为本,实行蠲免较其他各帝都要多。而通过重农崇本改良社会条件,也是积极的救荒安民措施。古代社会经济的基础在于农业,清朝提倡"农本主义"是正途,农政上的主要工作就是厉行劝课、督课农桑政策,垦荒位列要政之一,"但增加的垦田,大部分都归豪强占有。即使能安插少数农民,也因豪强的榨取,并不能促进农业的生产力,徒然加重农民生活恶化的程度。而且地方官吏,多喜粉饰,并不努力实行,往往还要妄报加赋,反而增加农民的负担。积弊所及,大失垦荒的本旨。这种情形,在清代表现得最为明显"②。所以,真正有效的垦荒与救荒政策,在清朝实际上是不可能不打折扣地实现的。

2. 名宦在经济上的宽黎。

康熙三十三年(1694),陶元淳任昌化县令,彼时因罹兵祸,册籍全被烧毁,豪强无赖趁机霸占田地,百姓逃亡,乡村凋落。他莅任后不仅"度隙地,立墟市,招流亡,劝开垦,予以牛谷不起征"③。他还重新清丈土地,制定鱼鳞册,厘定赋税,把应服的徭役均衡到田赋上,再把各种实物田赋统一为交纳稻米。同时,他裁撤了各种杂税,驱使百姓争相以努力耕种为业。他不仅撤去辖境内限制黎族人出入、勾结官吏害民的土舍,还为了保护及方便黎族民众,统一了测定物体轻重大小的器具。城中居民,原来不满百家,到此时户口渐渐增多。他的作为对昌化县的社会稳定和恢复农业生产起到了积极作用,而昌化

①[清]方岱修,璩之璨校正:《康熙昌化县志》,海南出版社,2004年,第122页。
②邓拓:《中国救荒史》,武汉大学出版社,2012年,第329页。
③[清]明谊修,张岳崧纂:《道光琼州府志》,海南出版社,2006年,第1405页。

县大的环境的改善也使广大黎族民众悦服、乐业。

　　昌化县另有一件事值得一提。陶元淳微服民间体察民情时，发现昌化县额田 400 余顷，一半被水淹没，赋税不到二千，而超额的田赋占到三之一，查实为明朝弘治十四年（1501）时的自然灾害造成，虽无法耕种，清朝的官府却仍旧按照明朝的"黄册"连年征收赋税，致使民众无法承受，逃离异乡。其实明朝末年苛捐杂税繁重，还预征了几十年的税收，什么门摊、槟榔税、会试水手银、园税、县额编兵饷连年的旷缺等都已征收殆尽，甚至花梨、沉香等，虽非昌化土产，每岁仍被要求设法上供，这造成清初的官府几乎无税可征。因此康熙八年（1669）十月时广东总督即提出解决昌化县虚浮税粮的问题，但一直无反馈。康熙二十九年（1690）的昌化县知县也曾积极为民请命，可是仍未获皇帝批准，各上级衙门仅表同情，却无人敢下令免除昌化县的虚浮税粮。对此，新到任的陶元淳组织人员清丈田地，编户造册，以实际田亩数据为依据，著了《浮粮考》，呈请上官免除超额的田赋，虽无果却屡次申诉。总之，现实中黎民的真正减负从来艰难。"自置县以来，制度亦屡新矣，而鄙寒如故，有其举之而复废之，抑废之而不复举耶？ 无亦赋额虚悬，百物凋敝"①。陶元淳为解决"赋额虚悬"的问题，可谓殚精竭虑，但直至他离世朝廷也没有解决此事。康熙四十年（1705），昌化县知县何子澄（贵州开州举人）上任后，也深入黎峒，与民同居，了解黎众疾苦，他亦深知百姓困苦之因在于虚粮过重，故丈量土地，查出丢荒 68 顷 32 亩 8 分，呈请减免税粮，但亦无果。可以想见，虚悬的赋额难免转嫁到黎族民众头上，必加重黎民的负担，或导致黎族民众的逃亡。此事一直等到乾隆三年（1738），做了朝中御史的陶元淳之子把这件事报告给了皇帝，最终方得旨免除了这些

---

① 见治平碑碑文上所书。现代立的治平寺碑位于昌化镇新城村村口小庙旁。碑文为清朝陶元淳所撰写。

超额的田赋。"乾隆三年,元淳子正靖官御史,疏以入告,竟获俞旨免焉"①。可见,几代人为解决"赋额虚悬"的问题所做的不懈努力终于结果,这对减轻当地汉黎民众的负担,对恢复社会秩序,功不可计。由此也看到,即便正直的地方官几代人坚持解决民生问题的正道,也终靠得有机会上达天听方获善果,这是君主专制制度自带的痼疾所无法克服的弊病。

　　朱宏祚,字徽阴,山阴高唐州人。康熙十七年(1678),巡抚粤东,疏陈嵯政之弊,一清陋规以励臣志,一禁换埠以靖奸风,一定盐价以杜横索,一专缉捕以免株连。语语剀切,商民德之。琼郡远居海外,兵燹后,澄迈、临高二邑钱粮逋欠七万一千九百两有奇,宏祚为疏免其累②。是否"免其累",不得而知,被纳粮编差的黎族民众确否获免得益也难判,但朱宏祚在嵯政上的所为,却确实使黎人获益。嵯政指盐务,即经管有关食盐的事务。海南因特殊的海岛环境,遍地产盐,灶丁自煎自卖,并无发帑收盐配引转运等事。清朝海南各县均有盐田。清前期的盐税,基本上沿袭明制,分为场课和引课两大部分。场课即是对灶户征收的税,包括灶户的人丁税和晒盐的盐摊税两大门类。海南的盐税,在康熙及乾隆年代作过几次调整。康熙二十六年(1687)初,设立两广巡盐御史,康熙二十八年(1689),有商人在盐院衙门运作欲充琼州总埠,琼州府张万言恐累民,曾具详两院批准不设埠。于是各廒设廒总一人,催收盐课,交纳到府州县,大小英、感恩场及三村马袅场、永和廒的盐课送琼州府,万州新安场内岭脚的盐课送到陵水县,其他各盐场的盐税交纳也各有所属。朱宏祚的"一定盐价以杜横索",无疑是护黎之举。张万言则力倡不设盐商以护黎。"张

---

① 周小华辑录:《二十五史中的海南》,海南出版社,2006年,第526页。
② 朱为潮等主修,李熙、王国宪总纂:《民国琼山县志》,海南出版社,2004年,第1453页。

万言,奉天人。康熙二十六年由监生知府事,洁己爱人,尤善教养,民有懿行,奖之以劝其余。三十年,新设两广盐院,议设琼商配引加饷。琼民周介文等呈称琼郡环海,在在煮盐,自古未设盐商,灶户自煎自卖,若设商,小民贵贩难卖,黎人淡食难堪,恐生不测。万言力为详请,具题邀免。是岁大饥,发府仓积谷六千余石以赈饥,奉文追补还仓,万言捐赀赔补"①。从这段记述中得见地方官张万言"宽黎"的懿德嘉行以及"治黎"的思虑深远。

虽然不乏地方官员关心黎族民众疾苦,减税粮忧民患,切实解决其经济问题,但实际上,清朝黎族不仅背负沉重的赋税负担,而且还常常遭到地方官将花样翻新的盘剥。陶元淳在给朝廷的《请禁崖州营将肆虐状》中曾痛心地说:"乐平营兵,每岁称奉营票,各村责办獭皮四五张、灰炭数石不等。其他村,或每岁洒派各村稻草、灰炭、大竹、小竹等,送入营内,谓之答应公务。"②康熙三十年(1691),崖州嘉合村黎族群众因不堪忍受加征加派钱粮而"抗粮"起事,并在之后将把总姜通济奉差带领的去催逼粮饷的十余人(除一人逃跑外),全部杀死。"把总姜通济奉差,带十余人催之,尽遇害,仅一名脱回"③。

康熙二十二年(1683),方岱(顺天宛平人)任昌化县令,他经过调研发现本县自唐朝时就有贡奉金、糖、沉香等的记载,宋朝时还要贡高良姜、元丰银,到明清两朝,按照惯例,仍要向朝廷进贡黄花梨、沉香和金银等所谓当地土产,其实这些本非昌化县土产,现在"即奉檄严催梨、香二供,既明知非土产,只得遍觅之邻村黎峒深处,重价始

---

① 朱为潮等主修,李熙、王国宪总纂:《民国琼山县志》,海南出版社,2004年,第1454页。

② [清]陶元淳:《请禁崖州营将肆虐状》,载[清]贺长龄《皇朝经世文编》卷八八《兵政十九》,光绪十三年(1887)上海点石斋石印本。

③ [清]钟元棣创修,张嶲等纂修:《光绪崖州志(外一种)》,海南出版社,2006年,第374页。

办,不诚难乎？其为岁输哉"①？ 却只有慨叹始作俑者之遗祸,但历代的痼疾只得一任其发展,"上诉"无门。

　　像陶元淳、方岱、何子澄等能体恤当地黎汉百姓疾苦,或努力查清事实,或重新厘定赋役,使民复业,力行节减行政开支,尽力减轻百姓的负担的廉吏者,在康熙年间的同一个县竟会频出,也说明了一定的问题。即清官及力争做好官的有之,甚至不在少数,但是成事难,难在制度建设的乏力,因此,能名留青史者仍屈指可数,解决的根本在于解决体制问题,而这又是封建社会无法解决的弊端。

　　3. 墟市的建立。

　　焦映汉修,贾棠纂的《康熙琼州府志》详尽地记载了康熙年间的墟市名称及地点,如:琼山县有托都的那柚市、宅念都的石桥市等 31 个墟市,不包括已经废弃的博庵市等 7 个墟市。澄迈县有多峰市、石塔市等 12 个墟市。临高县有县门市、东门市、四洲市 3 个墟市。定安县有县前市、县后市等 27 个墟市。文昌县有南门市、东瓜市、白延市等 24 个墟市,不包括已经废弃的马门市、铺前市 3 个墟市……会同县有县门市、鸡坡市、坡塘市等 13 个墟市,其中大路市及东关市,乃康熙八年(1669),知县曹之秀招设。乐会县有县门市、朝阳市、南门市等 6 个墟市。儋州有松林市、长坡市、木堂市、郎芋墟、归姜墟等 11 个墟市,不包括已经废弃的十字街市等 6 个墟市。昌化县曾有中和市、西门市 2 个墟市,已经俱废弃。万州有东门市、周村墟、后昼墟、莲塘墟等 6 个墟市,不包括已经废弃的林村墟等 5 个墟市。陵水县有古设的十字街市及近设的东门外市、北门外市 3 个墟市。崖州有西门市、东门市、水南市、三亚市、藤桥市、九所市、黄流市 7 个墟

---

①[清]方岱修,璩之璨校正:《康熙昌化县志》,海南出版社,2004 年,第 49 页。

市。感恩县的墟市在县前街,人少,不通舟楫,贸易亦寡①。

墟市之设,尤其是在毗邻汉族的黎族地区增辟的许多墟市,促进了汉黎的经济交流及黎族地区的经济发展。上述资料并未标注哪里是黎汉交界处的墟市,但从像定安县所有的官峒市高山都、南峒市南远都、潭黎市西厢一里、古爽市博曲二里、南闰市南闰二里、居草市光螺都、岭背市光螺都等这样的文字记载中,可大致判定是属于黎汉交界处的墟市。判断的依据是"定安县西至本县博曲生黎界四十里"②,及"南闰岭,亦名三尖岭,在城西南二百里,高千余丈,连绵十余里,熟黎环居其下,此处设有营汛……黎母山,即光螺岭,在县西南属生黎地,距城三百八十里③"等史料所载。康熙年间黎汉交界处的墟市还是不少的。

只是,事有利弊,奸商及假冒的客商,往往利用墟市危害黎民利益,甚至引发黎族起事或煽惑黎众闹事。因此,康熙年间的同知姚哲曾详议:"商人之深入黎境宜禁。黎人各守产业,相安耕凿。其忽然蠢动者,皆因无籍棍徒利欲熏心,深入黎境,鱼肉百端,不可枚举。更有一种奸徒,犯罪脱逃,无处潜踪,因有假冒客商,深入黎峒。始则藉以藏身,久则教唆煽惑,勾引黎人为非,以致生乱。应请严禁客商人等,不许深入黎境。凡货物往来,止许盘顿峒口两相交易。仍责令该州县官不时严查,如违,照光棍律拟罪。则黎人既得交易之利,亦无骚扰之害,反侧之变势所必无。此诚抚黎之要道也。"④清政府在原

①参见[清]焦映汉修,贾棠纂:《康熙琼州府志》,海南出版社,2006年,第181—185页。

②[清]蒋伊、韩作栋等:《(康熙)广东舆图》卷一一,《黎族藏书》,据清康熙二十四年(1685)韩作栋刻本影印,第924页。

③[清]蒋伊、韩作栋等:《(康熙)广东舆图》卷一一,《黎族藏书》,据清康熙二十四年(1685)韩作栋刻本影印,第925页。

④[清]瞿云魁纂修:《乾隆陵水县志》,海南出版社,2004年,第240页。

则上的确是严禁客商深入黎境的,仅允许有限的交易,这样无疑是因噎废食之举,客观上阻碍了黎汉的交流与经济发展。

(四)文教抚黎。

应该说,清朝以前,历史上海南黎族的教育,到明朝时进入到较高的阶段。明朝政府以强力推行黎族子弟就学,弘治十六年(1503),明政府下令,"以后土官应袭子弟,悉令入学,渐染风化,以格顽冥。如不入学者,不准承袭"①。彼时黎族子弟,主要是黎族土官和首领的子孙向学,他们接受教育的学校主要是府州县学和社学。社学始创于洪武八年(1375),至弘治年间(1488—1505),最为发达,其中最为著名的是万历二十九年(1601)琼府抚黎通判吴俸在水会城所创办的水会社学,就在如今的琼中县境内。

清朝的学校,沿袭明制,有府(儒)学、州县(儒)学、书院、社学、义学等,数量较多。从康熙年间始,清初遭到不同程度损坏的学校又被地方政府修葺或重建起来。海南的一府、三州、十县普遍建立起儒学。儒学是学生取得科举考试资格的场所,其教学内容以钦定的或中央御纂的儒家经典以及各种圣谕为主,经费主要来源于地方财政开支,儒学学田的田租收入也是其经费的一个来源。

为了黎族社会的稳定,清政府要求各地方官学招收黎族子弟读书,也主张在黎区兴办学校。但是能够进入府州县学的仍是黎族的上层子弟,一般黎族子弟多在义学和社学读书。社学是在乡村进行初等教育的学校,一般以乡为单位设置,凡近乡子弟十二岁以上可入学。义学是私立的学校,但清前期的义学多是地方政府出资兴办的,各省府、州、县多有设立。据史载,康熙二十五年(1686),"奉谕设都县义学,以广教化佐文明,并颁行乡约,每月朔令宣讲上谕十六

---

① [清]张廷玉等:《明史》卷三一〇,中华书局,1974年,第7997页。

条"①。清朝前期在崖州、儋州、万州、定安县、昌化县、感恩县及陵水县的黎族地区遍设义学,教化黎族子弟。按规定,在义学结业的黎族子弟,可进入府州县学,之后可参加科举考试。

由于清政府对汉官和汉族知识分子的笼络及一定程度的重用,清朝海南道、府、州、县的主要官员大多是进士、文人出身的汉官,因此他们比较重视地方文教事业,注重兴学育才,注重以中原文化教育黎族民众,顺治年间如此,康熙年间亦如此。如史载:"康熙四十六年,(澄迈县)知县高魁标捐俸买地购材,创造讲院为义学。"②"高魁标,号仙裳,直隶沧州人,康熙三十八年知澄迈县。慈谅易直,惠爱黎元。尝招流民垦辟荒田二十余顷。创建南离社学,集邑中子弟,躬亲讲课,人称为'父母师'。保葺城垣、学宫暨各祠庙、桥道,纂修邑乘。凡诸义举率皆捐俸成之,口碑至今犹籍焉"③。又如,"姜焯,字曦陆,山东昌邑岁贡,由学博令感恩。清白自持。邑故荒陋,以振兴文教为己任,创义学,士类蒸起。城池坛宇多建置,晓黎众以礼义,一时向化,邑人德之。在任十三年,擢江南徐州"④。海南最著名的书院是康熙四十九年(1710)由雷琼巡道焦映汉创建的琼台书院。焦映汉也是清朝时比较有名的学者,他将琼台书院建在与行政道署、军事机构呈三足鼎立之势的琼州府的市区,体现了他对文教的重视。琼台书院的主讲都是当时琼州府的一流学者。琼台书院的学生,开始时是由各州县派送,后改为严格的考试招生,阅卷封闭,张榜公开。所招生徒,最多时达到八十多人,要求全年连续学习十个月。书院同官学一样,经常选派学生参加科举考试。这样的规格与规定,黎族子弟能

①[清]谢济韶修,李光先纂:《嘉庆澄迈县志》,海南出版社,2004年,第172页。
②[清]谢济韶修,李光先纂:《嘉庆澄迈县志》,海南出版社,2004年,第173页。
③[清]明谊修,张岳崧纂:《道光琼州府志》,海南出版社,2006年,第1407页。
④[清]明谊修,张岳崧纂:《道光琼州府志》,海南出版社,2006年,第1407页。

有资格入书院读书的应该难有。陶元淳在昌化县任上时不仅关注民生,亦重视文教。他"喜接诸生,讲论至夜分不倦"①。治平寺原是唐朝时昌化地区的一个小佛教寺庙,到了清朝,治平寺逐渐破落,康熙三十五年(1696)昌化知县陶元淳筹捐重建了治平寺,撰写了"治平寺碑"碑文,内容包括重修治平寺的原因、过程和维持地方治安的训示等。中有"东坡先生自昌化双溪馆下步寻溪源,至治平寺,赋诗二章,以《王梅溪诗注》证之。双溪馆在县治前,考,宋县在今之昌化村。溪水发源五指,经德霞枕水岗而下,至县之东境分为南北两溪,故曰'双溪'。(双溪馆、治平寺如今其地皆黄沙白草)……盖古迹沦废已三百年矣"②。所以恢复重建之。虽然昌化县的黎族村峒不多,但大的文化环境的创设肯定会逐渐对他们起到潜移默化的作用,尤其是像陶元淳这样为黎民着想并深受黎民爱戴的县令的所为。昌化县在海南的建置较早,对黎族的教化事业可追溯到唐朝,唐贞观二十三年(649),被贬为吉安县丞的王义方就曾深入黎峒,开陈礼乐,敷扬文教,使昌化黎人悦顺。宋朝时庆历四年(1044),海南始办琼州府儒学,昌化在旧县之东也办了儒学。绍圣四年(1097),苏东坡别驾昌化军,居儋之中和,曾巡游昌化山水,向黎民传播中原文化。方岱出任昌化知县时,也较重视文化教育事业,与教谕郭腾、训导陈成协力捐修了社学4间、义学2间。康熙二十九年(1690),璩之璨任昌化知县时,也增设了3所义学。

四、否决建州县治黎

《光绪崖州志》载,"康熙二十八年,陵水定安黎乱,总镇吴启爵

①周小华辑录:《二十五史中的海南》,海南出版社,2006年,第526页。
②见治平碑碑文上所书。现代立的治平寺碑位于昌化镇新城村村口小庙旁。碑
　文为清朝陶元淳所撰写。

攻破之。两次深入黎峒,熟悉黎情,请于督院,愿领本际官兵,自裹行粮,略定黎地,顺抚逆剿,一二年间可以廓清全琼,听朝廷设立州县,为久安长治之计。寻以议非万全而止。乃议开十字道,直通诸州、县。于民黎交错处,如琼山设水尾营,定安设太平营,儋州设薄沙营,崖州设乐安营,陵水设宝停营,皆据黎岐腹心"①。

吴启爵因经常深入黎地,非常熟悉黎情,因此他向督院请求自领本标官民入山略定黎地,又上奏朝廷在黎区筑建城墙添设官兵,设立州县,但其建议最终被清政府否决。康熙三十一年(1692)五月癸酉,兵部议复,认为黎区丁田无多,不便设立州县。康熙支持兵部意见,曰:"阅琼州舆图,周围皆服内州县,而黎人居中。如果此处应取,古人何为将周围取之,而在内弹丸之地,反弃而不取乎? 不入版图必有深意。创立州县,建筑城垣,有累百姓。部议不准,良是。"②

康熙认为创立州县的建设工程有累百姓,筑城墙、修筑城池、添设官兵,设立州县,无疑会增加黎族民众负担。看来,康熙帝是把否定在黎区设县建城的决定当作抚黎措施来实施的,而清朝的封疆大吏否决在黎地立州县地的理由主要是考虑黎地广阔,但人烟稀少,土地缺乏开垦,"丁田无多",设立州县无多少经济利益。更令人想不到的是,康熙帝居然还把从前朝代未在黎区设州县的做法作为强有力的否定理由。虽时代在前行,他却依然承续不变。"不入版图,必有深意"这句话尤其让人疑惑:"熟黎"在清朝以前已经有入版图的记载,而康熙年间编黎户齐民的工作亦已在进行中。唯一可解释的理由应当是黎族民众既入版图,即不再把他们当作黎人来看了吧。

不久,奏请在海南黎区设立州县的吴启爵被调走,"康熙三十二

①[清]钟元棣创修,张嶲等纂修:《光绪崖州志(外一种)》,海南出版社,2006年,第364页。
②唐启翠辑录点校:《明清〈实录〉中的海南》,海南出版社,2006年,第112页。

年四月壬午,调广东琼州总兵官吴启爵为直隶天津总兵官。康熙三十二年四月己亥,调广西江左总兵官唐光尧为广东琼州总兵官"①。

　　明朝时海瑞等人就力倡在黎区设立州县、开通十字路,化黎为民,却得不到最高统治者的支持,结果,恶性循环,黎区发展迟滞,"黎乱"难以根除,间发不断。历朝历代的"黎乱"不靖,与黎区的州县之不设,是有关系的。那么,清朝的康熙帝也枉被称为雄才大略吗?其实,在清朝建国初期及前期,清政府对边疆少数民族地区的治理一直秉持着"因俗而治"与"分而治之"的治边理念,实行多样化的治理措施,大部分边疆地区享有一定程度的自治权。虽然这样做导致中央政府部分功能的弱化、中央与边疆地区的统属关系弱化,但是这种治边理念与措施在清朝统治之初对于安定边疆是发挥了巨大作用的。区域问题的解决,有赖于正确处理中央统一性和区域相对自主性之间的关系,更有赖于正确分析与恰当把握两者的权重。清政府在将海南黎族地区纳入统一国家政权的治理过程中,为减少统治阻力,不在黎区设立州县,也许就是康熙帝权衡的结果,很可能这是当时的最佳选择。当然,清政府出于加强中央集权统治的考虑,对海南及海南黎区采取内地化与一体化的统治措施也一直是清政府努力践行的方向。无论是户籍管理制度,还是基层组织建设,从整个清朝经营黎族的成效上看,也是颇有成绩的。这些为将来在黎区设县奠定着坚实的基础。

五、康熙中后期黎族起事、黎乱的发生原因及其处理

　　黎族的起事,与起义相类,可释义为:被迫进行武装抗争或为正义的目标武装起来反抗;而"黎乱",则更多是指黎族民众起来闹事,包括抢劫、仇杀等。史料记载中的"黎乱",出于统治阶级的立场,将"黎族起事"与"黎族闹事"混为一谈,统称为"黎乱"。本书在引用或

---

①唐启翠辑录点校:《明清〈实录〉中的海南》,海南出版社,2006年,第112页。

使用时一律加引号予以标识,读者需注意其不同含义。

康熙年间黎族的起事及"黎乱"比较多。据唐玲玲先生统计,"清代(海南)黎族武装起义共有 84 次,顺治年间 12 次,康熙年间 31 次,乾隆年间 3 次,嘉庆年间 6 次,道光年间 7 次,咸丰年间 7 次,同治年间 7 次,光绪年间 24 次,宣统年间 1 次"①。从这些统计数字可见,海南黎族在清朝康熙年间起事的次数最多,几乎达到整个清朝海南黎族起事、闹事总次数的三分之一,下文即分析出现这种情形的具体原因及其处理状况。

海南黎族在清朝康熙初年的起事基本源于反对清政权的统治,抗清原因、经过与结果上章已详述。康熙中后期,清政权在海南的统治稳定下来,但尽管勉力经营,黎族起事、"黎乱"的发生却仍旧持续不断,其发生的原因大致有如下几种。

(一)"黎乱"发生原因在于黎族族群间的仇杀、劫掠以及因被当局平乱后的"报仇"或"报复"。

黎族本身的内部因素,如血族复仇制、内部争权夺利的斗争以及恃强劫掠等都有可能引发一场场规模巨大的"黎乱"事件。如康熙四年(1665)时,昌化县玉翁村黎首符从星率众反,进攻松梘、赤又诸村,就属于此类性质中恃强劫掠的"黎乱"。康熙五年(1666),昌化扫蛮黎首王廷魁等劫掠大小崦诸邻峒妇女、牛只无数,就属于族群间的仇杀以及"乱黎"为害乡里性质的"黎乱","邻峒黎人告发,副使马逢皋申督抚,命琼镇右营易知诱出,擒斩之"②。以及"(康熙)二十五年丙寅,喃唠陶家坠诸酋王乾雄等又出劫定安、乐会二县地方,掳掠男妇。

①唐玲玲、周伟民:《海南史要览》,海南出版社、南方出版社,2008 年,第 258 页。
②[清]萧应植修、陈景埙纂:《乾隆琼州府志》,海南出版社,2006 年,第 840 页。

琼镇吴启爵、副使程宪遣人招抚,始释掳民归"①。到康熙二十八年(1689)三月,陵水陶加坠黎首王国臣、梁圣奇以报仇为名,焚劫大潜、多艾等村,残暴杀掳,也都属于黎族族群间的仇杀所致的"黎乱"。总镇吴启爵统兵进剿,王国臣、陈晋等三十二人被杀,并"救回被掳十三名口,班师而归"②。但当局的平乱往往又引发复仇性质的"黎乱",康熙二十八年(1689)八月,"又有生黎母葵、母赞等村聚众三百余人,声言为喃唠峒、陶加坠报仇,出犯营汛"③。总兵吴启爵又一次率领镇标官兵攻破母赞,杀伤十余"乱黎"。随后便有"母葵、打喃、母合、母农、母老、站牙、喃唠、仔八村黎首那入、那瑾等投见输诚,次日又有母赞上、母赞下、母阳、母、顿、母刺、母寝、番裁、南分、南溪、老九村黎首那唱、那湿等归顺"④。此次平乱再次赢得黎民之心,"是役共招抚生黎一十七村,黎人五百三十五家。"⑤。总兵吴启爵顺势在汉黎交错地带设立水尾、太平、薄沙、宝停四汛,并旧设乐安共五汛,分兵防守,为善后计,强化了黎区的治安管理。

"(康熙)四十年,岐黎王镇邦、张飞三、老虎四等,纠东西黎作乱。二月,掠州东罗休村。五月,掠盐灶村。八月,入郎典村,杀冯君弼一家。督部闻警,遣总镇吴某率五营官兵会崖营征剿。贼酋镇邦等七人就擒,解省正法。黎悉平"⑥。对于此类"黎乱",清地方政府都能迅速出兵平乱,保障了更多黎民的安全,从而一再赢得大多数良

①朱为潮等主修,李熙、王国宪总纂:《民国琼山县志》,海南出版社,2004年,第623页。

②[清]萧应植修,陈景埙纂:《乾隆琼州府志》,海南出版社,2006年,第841页。

③[清]萧应植修,陈景埙纂:《乾隆琼州府志》,海南出版社,2006年,第841页。

④[清]萧应植修,陈景埙纂:《乾隆琼州府志》,海南出版社,2006年,第841页。

⑤[清]萧应植修,陈景埙纂:《乾隆琼州府志》,海南出版社,2006年,第841页。

⑥[清]钟元棣创修,张嶲等纂修:《光绪崖州志(外一种)》,海南出版社,2006年,第374页。

黎的民心。

（二）黎族起事的原因在于天灾。

自然灾害往往是引发黎族起事的间接因素。据《乾隆琼州府志》卷一〇杂志篇灾祥类记载,清朝康熙年间,除个别年份之外,几乎年年都有自然灾害,包括水灾、旱灾、飓风、地震,以及因此导致的大饥、疫病等。如"(康熙)八年,文昌地震。二月二十七日、三月初六夜、十一月十五日,凡三震"①,"(康熙)十一年闰七月,飓风六至,二十七日尤甚……十三年,飓风作,海水大溢,沿海居民漂没入海,人畜死者无算。崖州海溢尤甚。八月十三、十九日又作。是年大饥"②,"(康熙)十四年三月,地生白毛,长寸余。十六年九月初五夜三更,地震"③。如此等等,不胜枚举。

在自然灾害频仍的年代,黎族起事爆发的频率往往也较高。如康熙二十年(1681)正月,崖州因天灾岁荒民饥,西黎头塘等十余村即因无法及时交税、纳粮,只得起事造反。千总赖日胜率领兵丁及乡勇前去镇压,却因骄纵轻敌,为黎人所败,于是黎族起事声势益烈,东黎亦起而响应,而且黎族起事的队伍还得到汉族广大饥民的广泛支持。此次起事持续年余,后为万州营官兵所讨平。然而,康熙二十二年(1683),崖州东黎侵宇峒黎首王亚锦等复反,喃旁、抱笼、亩喇、亩感、指波、指麻等峒黎纷纷响应,崖州游击张安庆发兵进攻反被击败。清政府派镇标左右营及儋万营官兵联合进攻,王亚锦撤退,官兵追击,黎人截击,双方相持难下,直到十一月,王亚锦才率领各峒受抚。

总之,持续的严重自然灾害以及沉重的借贷负担往往使得黎民

---

① [清]萧应植修,陈景埙纂:《乾隆琼州府志》,海南出版社,2006年,第1112页。
② [清]萧应植修,陈景埙纂:《乾隆琼州府志》,海南出版社,2006年,第1112—1113页。
③ [清]萧应植修,陈景埙纂:《乾隆琼州府志》,海南出版社,2006年,第1113页。

普遍积怨,反抗情绪暴涨。

(三)海南黎族起事的原因在于人祸。

康熙时代的中后期,农业等生产有所恢复和发展,封建统治阶级的劣根性却随之越加暴露,地方官吏对黎族人民的剥削、压榨日益加剧,尤其黎地盛产珍稀物产,必难免苛派之苦。清朝在海南的统治稳定之后,海南黎族的起事大多是由于吏治败坏引起的抗争。

1.黎族因反压榨、抗苛派而起事。

如上文已述,康熙三十八年(1699)琼山县指马峒王振邦领导的黎族起事就是典型的例子。其时,游击詹伯豸、雷琼道成泰慎等官属役令黎族百姓采集沉香等香料,砍伐花梨、紫檀等木料,并役令黎族百姓就地开沟采金,索取无度。在此情形下,琼山县指马峒黎族峒首王振邦及其弟那言、其侄那佛愤而于康熙三十八年(1699)十二月号召黎族起事进行反抗,他们宰牛传箭,杀水尾哨兵,转攻薄纱、宝停、乐安等汛,而后其他黎族峒首王盆东、王思义、王履平等也在其号召下聚众响应,另外,感恩县石头峒黎陈章烈也相呼应,因此这次起事规模较大①。广东广西总督石琳委肇高廉罗道李华之赴琼,会镇臣唐光尧察审。"抚黎同知何斌误堕贼计,坚执招抚,土棍借抚黎为名,出入黎峒,潜通消息,致官兵进退失据。万州吏目宛培英入黎抚渝,反为所害"②。当局一时无法用招抚的方式平定起事,最终迫使清政府于康熙三十九年(1700)十月派总兵唐光尧统兵由定安县新关北路峒口进军,分三路由儋、万、崖三州夹攻围剿,始获绥靖。"不十日,黎酋就擒正法,诸黎慑服,文武官以激变议罪有差。时感恩生黎陈章烈

---

① [清]明谊修,张岳崧纂:《道光琼州府志》,海南出版社,2006年,第897—898页、第915页。

② [清]明谊修,张岳崧纂:《道光琼州府志》,海南出版社,2006年,第898页。

亦乘机出掠附近村市,为邻境熟黎所杀"①。

康熙年间,在琼山县,地方"文武官属役黎采香藤、花梨、紫檀等物"②。康熙五十八年(1719),监生邢克善入黎村,"取吴十所遗花梨。知州董桓祚欲分,弗得,捕克善。善遂遁入黎峒,纠黎抗拒。桓祚会游击刘升率兵追捕。克善遂纠州西民黎缴犁耙,罢耕散村。桓祚以乱闻。巡道卞之纶及总镇遣五营兵征剿不克,伤兵百余人。越六十一年,巡道沈澄至崖,克善自出伏罪。解省安插"③。此次黎民起事源于崖州知州董桓祚勒索黎人花梨木,监生邢克善率诸峒黎人反,采用了"罢耕"以示抗议的特殊起事方式。当局派五营兵征讨受挫,伤兵百余人,直至康熙六十一年(1722)起事始平,可见黎民对"勒索"怨恨之深重。

人祸所致的"黎乱"还有:康熙五十三年(1714),"万州黎吴十八招诱诸峒黎为乱,官兵剿捕平之"④。康熙六十年(1721),"文昌监生邢克信入黎作乱,经官兵剿平,克信自出投诚"⑤。

能予人口实纠黎作乱的理由,往往是人祸引发,地方政府只有体察民苦,消除榨取苛派之事,方可消弭此类"黎乱"隐患。海南黎地盛产珍稀物产,难免苛派之苦。如黎区的沉香寸香寸金,致使求者贪婪,官府亦穷征暴敛,常常引发黎民抗暴事件,史不绝书。康熙年间代崖州知州的陶元淳在《请严职守详文》中曾述及崖州"每岁装运花梨,勒要牛车二三十辆,所过村落,责令黎人放牧。或遇崇冈绝岭,花

①[清]明谊修,张岳崧纂:《道光琼州府志》,海南出版社,2006年,第915页。

②[清]吴震方:《岭南杂记》,齐鲁书社,1997年,第22页。

③[清]钟元棣创修,张寯等纂修:《光绪崖州志(外一种)》,海南出版社,2006年,第374—375页。

④[清]明谊修,张岳崧纂:《道光琼州府志》,海南出版社,2006年,第915页。

⑤[清]胡端书总修,杨士锦、吴鸣清纂:《道光万州志》,海南出版社,2004年,第435页。

梨不能运出,则令黎人另采赔补"①。康熙年间官吏及兵将对黎区珍稀资源贪求无度,往往导致海南民族关系紧张,这是康熙朝的历史教训之一。早在康熙七年(1668),当时任崖州知州的张擢士便觉察到沉香采办不易,曾针对时弊言辞恳切地大胆上书请免供香:"(沉香)千百年而一结……自康熙七年奉文采买,三州十县,各以取获迟速为考成之殿最……近因采买艰难,催提纷纷,本年春夏初犹银香兑重,及至逼迫起解之时,甚有香重一倍而银重二倍者……况琼属十三州县供香百觔,而崖独有十三觔之数。嗟!崖荒凉瘠苦,以其极边而近黎也。且香多则解费亦多。籍日产香,岂又产银乎?"②文辞恳切,多真知灼见,但只见呼吁,却未见供香被免、赋贡征收起解流弊被除,反而有增。比如,《嘉庆澄迈县志》记载:"土贡折色起运……沉香七斤八两。系近派。本县无香,每岁每斤派价银三十二两。又于本年当差米,每石起解脚银三钱。民图照现年米石起科。四黎图遍年派排户出,俱礼房收缴,本府汇解赴司,间有官价按数给发。康熙四十三年,奉部新添香三斤一十二两。"③统治者的贪婪是此类黎族起事难以禁绝的原因。

2.黎族因"抗粮"、反盘剥等起事。

康熙三十年(1691),崖州嘉合村黎族民众抗粮。"把总姜通济奉差,带十余人催之,尽遇害,仅一名脱回。事闻部、院,遣琼州府游击率兵会崖营及王弘贵黎兵征剿。擒逆首亚救、亚九等,凌迟示众。黎平"④。无论"黎乱",还是黎族起事,只要打乱了清政权的统治秩

①[清]钟元棣创修,张嶲等纂修:《光绪崖州志(外一种)》,海南出版社,2006年,第594页。
②[清]宋锦增辑,黄德厚分修:《乾隆崖州志》卷一〇,广州中山图书馆藏手抄本。
③[清]谢济韶修,李光先纂:《嘉庆澄迈县志》,海南出版社,2004年,第89—90页。
④[清]钟元棣创修,张嶲等纂修:《光绪崖州志(外一种)》,海南出版社,2006年,第374页。

序,黎民必遭征剿与屠戮。正义的起事遭到当局残酷的杀戮,黎首亚救、亚九等人皆被凌迟处死。

黎民的赋税负担实际上是大大超过定额的,就因为有甲头的存在。甲头往往以包揽代纳钱粮之名,加收至数倍,他们从中盘剥,尽入私囊;而官员与武夫,更是勒取粮赋,"凡有米之家,派盐一盘,征米四盘。大村派至四五十盘,小亦二三十盘,必尽夺其米而后止"①。同时还巧立名目,任意摊派,肆意诛求。清统治者的残酷掠夺与盘剥还包括繁重的徭役。黎族人被征派参加修筑城池等公役之外,还常被地方官员任意役使,难堪其苦。陶元淳《请禁崖州营将肆虐状》即载:"乐平营兵,每岁称奉营票,各村责办獭皮四五张、灰炭数石不等。其他村,或每岁洒派各村稻草、灰炭、大竹、小竹等,送入营内,谓之答应公务。"②

除了上述各种横征暴敛,广大黎族群众还受到黎族土官的苛敛,以及汉族地主、奸商和高利贷者的盘剥,这些也是迫使陷于困境、生活难以为继的黎民起事的重要引发因素。

姜焯,康熙三十七年(1698)任感恩县知县。他著文《详郡议》就曾言及:"琼属有等外来恶商,影借声势,本地土豪罔恤枌榆。遇有贫民急需,偶向此辈借贷,无不加二、加三,重利盘剥。未及周年,利浮于本,一时无力清偿……每每准折子女、畜产偿人者。"③

康熙年间的同知姚哲也曾言:"黎人各守产业,相安耕凿。其忽然蠢动者,皆因(商人中的)无籍棍徒利欲熏心,深入黎境,鱼肉百端,

---

① [清]钟元棣创修,张嶲等纂修:《光绪崖州志(外一种)》,海南出版社,2006年,第593页。

② [清]陶元淳:《请禁崖州营将肆虐状》,载[清]贺长龄《皇朝经世文编》卷八八《兵政十九》,光绪十三年(1887)上海点石斋石印本。

③ 周文海:《民国感恩县志》,海南出版社,2004年,第300—301页。

不可枚举。"①

因反抗加征加派钱粮、加重徭役等剥削而引发的起事在清朝中后期数见不鲜,这是康熙朝未能解决的政治及管理问题所带来的遗患。制度的腐朽性、劣根性导致的压榨欺凌及徭役繁重,使规章制度的弹性之大超过预期。

六、军事防黎

清朝在海南驻扎有大量军队,清朝在海南军事机构的设置及军事布防也处处虑及防黎。琼州镇镇总兵官统辖琼州府水陆七营,守兵共5300多名。营下设汛分防。其中陆路有:镇标左营分防定安、文昌、太平、赤草4汛;镇标右营分防澄迈、会同、水尾3汛;儋州营分防临高、薄纱、南定、昌化、那大、将军6汛;万州营分防宝停、乐会、陵水3汛;崖州协陆路营分防新沟营、下马岭、三亚、小桥、旧营、藤桥、沙坦、酸梅、黄流、感恩、岭头、北黎、沟口、土坛、榕尾、抱兴、乐安、乐平、抱蕴、柚柑坡、新沟21汛。合计陆路共有37汛。清政府在海南设重兵镇守的主要目的,在于对付沿海的"海盗"和内陆的黎、汉人民。

康熙年间,清政府在海南就完成了陆上的五营建制——琼山水尾营、定安太平营、崖州乐安营、儋州薄沙营、陵水保亭营,由绿营兵驻守,重点用来防范黎族暴动。

康熙二十五年(1686),总镇吴启爵统兵镇压喃唠峒王乾雄聚众造反后,为加强治安管理,"因议复设水会所、新关坡、定乐诸新旧营,分兵屯要隘,以防黎患"②。同时还增加了驻军,加强对黎民的统驭。另据《道光琼州府志》记载,康熙二十八年(1689)三月,平定陵水熟

---

① [清]瞿云魁纂修:《乾隆陵水县志》,海南出版社,2004年,第240页。
② [清]明谊修,张岳崧纂:《道光琼州府志》,海南出版社,2006年,第897页。

黎王国臣等引发的"黎乱"后,议"于民黎交错处,如琼山设水尾营,定安设太平营,崖州设乐安营,儋州设薄沙营,陵水设宝停营,皆据黎岐腹心,自是不能为患"①。可见,清朝在海南全岛的陆上兵力总部署,是由康熙时州总镇吴启爵在"深入黎境,具悉形势"的条件下建立起来的,其矛头所向,亦是一目了然。营下设汛分防。清朝时,今琼中地区在"康熙二十八年(1689),太平汛驻兵127名,由于把统领;水尾汛驻兵153名,由于把统领;长沙汛驻兵30名,由外委带管"②。从此可大致了解各"营""汛"的驻兵情况。

除了常备军绿营兵的布防外,清政府还在海南招募乡勇哨兵,寓兵于民,协助绿营兵,乡勇哨兵是保障治安的地方辅助武装力量,主要用于对付海寇劫掠和防范人民起义,尤其是防范黎人叛乱。乡勇哨兵的作用很是得到清政府的认可。清朝康熙年间还曾一度利用土舍统领黎兵把守关隘要地,保护地方安全,康熙三十年(1691)的《昌化县志·兵防志》卷五就曾记载:"土舍黎兵:土舍二名,所辖黎兵原无定额,遇警调发防御,平时约束熟黎,把扼峒口要塞。"③黎区所设的关卡,一般多是用竹木之类的搭建简陋的设施,称为"棚卡"。但随着康熙年间废除土舍之举,土舍统领黎兵之制也随之逐渐消失。

清政府设置的镇黎机构还有属于治安管理机构的巡检司。

巡检司设巡检,每司设一员,从九品,是地方治安管理官员,隶属于州或县,治所设立于州、县关津险要处,抓捕盗贼、诘问奸宄、管理河防。李勃学者根据清朝文献记载,得出"在清朝前期,琼州府所辖

①[清]明谊修,张岳崧纂:《道光琼州府志》,海南出版社,2006年,第897页。
②琼中黎族苗族自治县地方志办公室编,梁定鼎主编:《琼中县志》,海南摄影美术出版社,1995年,第513页。
③[清]方岱修,璩之璨校正:《康熙昌化县志》,海南出版社,2004年,第56—57页。

巡检司至少有二十所①"的结论,即琼山县有二所、文昌县有二所、澄迈县有三所、临高县有二所、儋州有二所、万州有一所、崖州有三所、感恩县有一所、陵水县有二所等。康熙年间到底设置了几所尚待确证,但从李勃学者所考证的:雍正八年(1730)至乾隆五年(1740),清政府又先后在临高、万州、崖州设立和舍、龙滚和永宁三个巡检司,用来专职稽查黎民出入的结论②,从中可对康熙年间巡检司的数量形成一个大致判断,即康熙年间设立的数量相对是居多的。

到清朝康熙中后期,统治阶级对海南黎族的认识已有所深化,防黎的重点在于防"熟黎",平黎的方式在于"抚剿并行",这个从当时海南各地"县志"的文字记载中可以明显判知。如《康熙陵水县志》有言:"陵邑有黎相为表里,生熟互异,叛顺靡当,必抚剿并行,而唇齿可破。自明至今,时出为害。初皆闽商荡赀亡命及本省土人贪其香物之利,实为主谋,予以叛敌之方,往往猖獗。官斯土者宜时防范焉。"③

清政府还在海南加强了海防力量,并针对海南特殊的地理位置,施行了特殊的政策。清初,闽粤沿海和台湾一带是抗清的重要地区,为切断浙闽粤沿海与海外的联系,清廷多次下禁海令。顺治十三年(1656)七月时,清政府曾颁发"禁海令",严禁江南、浙江、广东、福建、山东、天津等地的商民船只出海贸易,也禁止来华贸易的外国商船片帆入口。顺治十八年(1661)清政府还发布"迁界令",命令山东至广东的沿海居民内迁50里。到康熙三年(1664),清政府又下令再内迁30里。海南虽未令迁界,但在环岛沿海立界2700里,禁民外

---

① 李勃:《海南岛历代建置沿革考》,海南出版社,2005年,第388页。
② 李勃:《海南岛历代建置沿革考》,海南出版社,2005年,第388—389页。
③ [清]潘廷侯纂修:《康熙陵水县志》,海南出版社,2004年,第47—48页。

出,因此一时间,"片板不敢下海,小民不敢望洋"①。禁海政策,也属于防黎政策之一种——防止黎众与海外反清势力勾连,切断"黎乱"的外援。这一政策当然也严重影响了广大商民及靠海生活的黎族民众的经济生活。直到康熙二十四年(1685),清政府才宣布撤除"禁海令",允准"开海贸易",并设立粤海关、闽海关、浙海关、江海关四个海关,管理东南沿海的对外贸易及征收关税等事务。粤海关最高长官为粤海关监督,在粤海关下设总口七处,其中一处即为琼州海口总口。海南在海口总口之外又设有多处分口:铺前口、清澜口、沙老口(会同)、乐会口、万州口、儋州口、北黎口、陵水口、崖州口,这就是所谓的常关。这是清政府稳定了在海南统治后的改弦更张——开始注重发展正常的海外贸易了。向海讨生活的黎族民众的经济生活无疑获得了纾解。

综上所述,清朝康熙中后期随着对海南黎族的认识的深化,清廷对黎族的统治较前朝及前期更加强了。

七、治安管理"控黎"

清朝在顺治元年(1644)即开始于州县设置十家一甲长、百家一总甲的保甲制度,让民众互相监督,维护基层社会治安。到康熙年间,清政府进一步完善了保甲制度,规定保甲制度的组织形式、管理人员、编查方法及主要职责等,加强了保甲的治安防卫功能,使之成为邻里守望相助且互相稽查的制度。康熙四十七年(1708),清政府诏令十户立一牌头,十牌立一甲头,十甲立一保长,还要求各户把姓名和丁口数写在印信纸牌上,并注明出入的行踪,月底保长、牌头"出

---

① [清]钟元棣创修,张嶲等纂修:《光绪崖州志(外一种)》,海南出版社,2006年,第587页。

示无事甘结,报官备查,违者罪之"①。已经被编户齐民的黎族民众
必然同样受到保甲制度的制约与管理。通过保甲制度,康熙朝在社
会治安上加强了对黎族的控制。

八、康熙年间黎族的社会发展、生活状况

(一)黎族村落经过了由人口消散较严重到人口增加的过程。

"由于明代对黎族抗争进行了大规模的征讨残杀,再加上黎、汉
两族的融合和黎族的汉化,因此,黎区日益缩小,黎族人口也比过去
减少"②。而清初的战乱势必又使海南黎族人口锐减。

按清朝康熙三十年(1691),时任昌化县知县的方岱所创修、璩之
璨纂修的《康熙昌化县志》的记载,昌化县应有 2 厢 5 都,即东、西厢,
英德都、北黎都、北岸都、南罗都、抱驿都及若干图。另外还录有黎族
村峒 100 个,除了"北岸村"外,每村都附记着"散""存数家""散过
半""半存""无"等字样③。由此可见康熙三十年(1691)时村落人口
消散较严重的状况。上文已述,康熙年间因未解决的"赋额虚悬"问
题使昌化县人口严重流失,黎村亦同样因之人口散落、民生凋敝。导
致黎汉村落人口消散、村落废弃的原因应是多方面的,不堪清朝的苛
重赋税,因逃避赋役而迁往他处是一重要原因。而近海的昌化县屡
遭倭寇侵扰以及黎族暴动等的影响也是村落荒弃之因。正如《康熙
昌化县志》所说:"昌民自明代以来,世遭倭、黎之祸,都村日荒一日,
间阎日逃一日。考前任张君《旧志》,已亡其半,况鼎革之际,不逞之

①[清]嵇璜:《清朝文献通考》卷二二《职役二》,商务印书馆,1935 年,第 5051 页。
②唐玲玲、周伟民:《海南史要览》,海南出版社、南方出版社,2008 年,第 255—
　256 页。
③[清]方岱修,璩之璨校正:《康熙昌化县志》,海南出版社,2004 年,第 27—28 页。

徒割据屠戮,真无孑遗矣!"①而自然灾害的影响造成黎民弃村的可能性也是存在的。但如前所述,昌化县的汉、黎民众因受惠于地方官员的德政,"户口渐蕃"②,也应是必然的。而随着清政府在海南统治地位的稳固,各村寨的黎民被逐渐归入版图,随着封建管理网络的形成及加强,黎民村落的稳固性必随之加强,其繁衍生息、人口增加,势所必然。黎族人口增加的另一个不可忽视的重要的原因是清朝人口统计制度的加强,加上康熙中后期对海南黎族赋税的减轻,使原来不纳税的"生黎"也在统计数量之列,以前瞒报人口的现象也大为减少。这些都促使清朝海南黎族人口剧增。

(二)黎族发展仍旧不平衡。

《康熙昌化县志》中舆图志·风土曾记载:"昌邑东北近黎岐,高燥。民以刀耕火种为业,名曰斫山,集山木而焚之,播草蓈子、吉贝二种子于积灰之上,昌民之利尽于是矣。阅三年,即弃去。西南浮沙荡溢,垦之为田,必积牛之力蹂践既久,令其坚实,方可注水。分秧之后,民不复有家。无男妇老稚昼夜力于田事,踏风车取水灌田,或一日辍功,则无成。田边置釜,煮薯粥供给,至有襁褓之子,置筐于树,就而乳之。"③这些文字描述了康熙年间昌邑东北部黎岐的生活状况:生产方式原始——刀耕火种;生活方式传统——三几年就迁徙,这就是海南一般"生黎"较原始的存在状态。而描摹的昌邑西南部黎族的生活情形则是:虽然也"踏牛垦地",但是能"踏风车取水灌田",判断此处当为"半生半熟黎"。从"昼夜力于田事""一日辍功则无成""煮薯粥补粮之不足""置婴于筐挂树"等,可见其生存之艰辛。

"生黎"不纳赋税,迁徙随意。如果这些黎族是走出深山来到平

①[清]方岱修,璩之璨校正:《康熙昌化县志》,海南出版社,2004年,第28页。
②周小华辑录:《二十五史中的海南》,海南出版社,2006年,第526页。
③[清]方岱修,璩之璨校正:《康熙昌化县志》,海南出版社,2004年,第20—21页。

原地区耕种的"生黎",则可以想见,到清朝初年,随着封建化程度的加深,走出深山的"生黎",不但可耕种的土地不多,而且还要缴纳赋税,受官府的各种盘剥,不得已重归山林的定大有人在。但此时的"生黎"比起明朝应已明显减少,"半生半熟黎""熟黎"却逐渐增多。"昌邑黎岐二峒,一曰大村峒,土舍辖黎落洒、峨茄、可邦、拐锁、金婆、水头、婆梅,一曰大员峒,土舍辖黎水尾、鸦玉、乌螺、哥孙"①。康熙年间废除土舍后,这些"生黎"虽归"有司管理",但大多应该尚未编户齐民、纳粮编差,因此可随意迁徙,又因渐受"熟黎"及汉民的影响,而成为"半生半熟黎"。

康熙年间,被编户齐民的黎族即成"熟黎",到康熙中后期,"熟黎"渐多,而汉化的"熟黎"亦当逐渐增多。

《康熙昌化县志》记载都图:"昌化原设一十五里,明洪武三十四年并为九里,正统七年并七里,天顺五年并五里。嘉靖二十四年拨儋州抱驿补益,厢曰东西……嘉靖二十五年拨儋民附近昌化者,以南罗为界,以民不及一里定为半图,共六图有半。"②《康熙昌化县志》成书于康熙三十年(1691)左右,其记录的明末时的里图数目,估计康熙三十年(1691)时出现调整与变化的可能有,但太大的调整与变化的可能也不大。古代靠近城镇的地区曰厢,明朝嘉靖二十四年(1545)时,儋州黎区抱驿已成为靠近城镇的区域,至清朝,此地的黎族从"熟黎"逐渐汉化的可能性就肯定较大。

又如,成书于康熙二十四年(1685)的《广东舆图》记载:"冯墟峒,在(儋州)城南八十里崇山峻岭,设有土舍捍御,今为熟黎所居。又东南距县八十里有催鹿营。笔架山,在(儋州)城南一百里生黎界……透暮山,在城东一百里,高一百余丈,熟黎居之。外界生黎,山

①[清]方岱修,璩之璨校正:《康熙昌化县志》,海南出版社,2004年,第61页。
②[清]方岱修,璩之璨校正:《康熙昌化县志》,海南出版社,2004年,第27页。

下设有那大营。沙锅山,在城东南一百里生黎界,状如覆釜,极高峻。七坊峒,在(儋州)城西南一百二十里崇山峻岭,设有土舍捍御,今为熟黎所居。"①这里所言的"熟黎居之",指早已被编户齐民的黎族;而"今为熟黎所居",则指近期被编户齐民的黎族。

"生黎"与"熟黎"是可以随时转换的,这是在康熙年间即存在的现象。如《康熙陵水县志》记载,"陵邑有黎相为表里,生熟互异,叛顺靡当"②。

显然,"熟黎"的汉化在康熙年间便有所增多,因为出现"文昌无黎"的状况就发生在康熙年间。清朝文昌知县马日炳,镶红旗奉天人,监生,清康熙四十八年(1709)任修《康熙文昌县志》,此志卷八《海黎志》记载:"环琼皆海,而内地为黎。黎之盘踞,犹燕之巢于幕,螟之匿于苗也。文处郡东偏,虽无黎,而间为黎扰,往有殷鉴。"③文昌县号称"无黎",但却有黎族村峒——《雍正广东通志·琼州府》即记载,"文昌县诸黎村峒凡三十有五"④,只是因为"文昌黎曰斩脚峒。治平已久,田地经丈入有司,可以不患"⑤,即文昌县的黎族民众已经被视为汉人。

总之,在"生黎"区,还保留着原始氏族的生活状态;"半生半熟黎"区,则保留着部分原始氏族的生活状态;"熟黎"的发展则各有不同,既有等同于汉人的"熟黎",也有汉化的"熟黎";既有安心编户齐民的"熟黎",也有随时准备转化为"生黎"的"熟黎"。一句话,大部

①[清]蒋伊、韩作栋等:《(康熙)广东舆图》卷一一,《黎族藏书》,据清康熙二十四年(1685)韩作栋刻本影印,第936页。
②[清]潘廷侯纂修:《康熙陵水县志》,海南出版社,2004年,第47页。
③[清]马日炳纂修:《康熙文昌县志》,海南出版社,2003年,第187页。
④[清]郝玉麟等总裁,鲁总煜总辑:《雍正广东通志·琼州府》,海南出版社,2006年,第327页。
⑤[清]焦映汉修,贾棠纂:《康熙琼州府志》,海南出版社,2006年,第755页。

分的黎族地区,发展极不平衡,依然存在着严重的贫富差距、阶级分化及民族矛盾等社会问题。

　　(三)康熙年间对黎族性情、习性及黎族的俗世生活状况的描摹

　　1.康熙年间文献对黎族人的性情、习性等的描摹。

　　《康熙定安县志》记载:"熟黎性凶横,习仇杀。男椎髻,女绣面。亲死不哭,惟食牛肉。野合为婚,不避同姓。以击鼓为乐,以射猎为生。弓刀不释手,契约不受欺。生黎质直犷悍,不为民患。屋如覆盆,上为栏以居人,下畜牛豕。男文臂腿,女文身面。不识姓名,不知年岁。一二月即饮年酒。刻箭为信,卜用鸡骨。有杀其父祖及乡人者,易世必复仇……熟黎去邑稍近,纳粮不当差。近生黎,其俗与生黎同,近民居者与民同俗。多闽广亡命及从征至者,利其山水,迎接土黎,深入而占食其地,长子育孙,负固恃险。各置田地,立村峒,先入者为峒首,共力者为头目。性习凶横,动即仇杀。"①而(清)焦映汉修,(清)贾棠纂的《康熙琼州府志》书中,在记载"黎情"时,与上述文字叙述差异不大。(清)潘廷侯所编《康熙陵水县志》中对"生黎"与"熟黎"的叙述也与其他县的县志相类②。"熟黎"常常"争田夺地起仇衅,屠牛聚众构生黎,以为州县之患"③。"黎人时出遮道为寇,一闻炮声伏地藏匿"④。陵水"熟黎"不仅"争田夺地起仇衅"及"聚构煽惑生黎",且"时出遮道为寇",看来确为"州县之患"。《康熙昌化县志》记载,"熟黎,旧传本南、恩、藤、梧、高、化人,多王、符二姓,言语皆六处乡音。从征至此,利其山水田地,占食其间,垦土开山,负固恃

---

①[清]张文豹纂修,梁廷佐同修:《康熙定安县志》,海南出版社,2006年,第289页。

②[清]潘廷侯纂修:《康熙陵水县志》,海南出版社,2004年,第47—49页。

③[清]潘廷侯纂修:《康熙陵水县志》,海南出版社,2004年,第49页。

④[清]潘廷侯纂修:《康熙陵水县志》,海南出版社,2004年,第49页。

险,以先入者为峒首,同入共力者为头目,父死子继,夫亡妻主"①。其意是说,"熟黎"来自于今天广西的梧州,以及广东的恩平、高州、化州一带,因从军落籍于琼。康熙四十五年(1706)成书的《康熙琼州府志》亦说:"黎分生、熟二种,有此地即有此人。生黎虽犷捍,不服王化,亦不出为民害。为民害者,熟黎耳。初皆闽商荡赀亡命及本省土人,贪其水田,占其居食,本夏也而黎之。"②

很多县志中描述这些"熟黎"的生活习惯、习俗、居处等无异于黎族,但述及其来源时则认为"多闽广亡命及从征至者",看来"熟黎"者有非黎族人者,实多汉族血脉,是通黎语的汉化的其他少数民族的人或根本即汉人,"闽广亡命"者也。这也许才是黎族"叛顺无常"、能屡为"州县之患"的内因吧。

2. 康熙年间文献中黎族的俗世生活。

康熙年间的黎族俗世生活状况,可从对康熙年间对黎族的记述中知晓或解读。如从康熙三十年(1691)的《昌化县志》"原黎"的记载中,可见清朝康熙年间昌化县境内黎族俗世生活状况。

黎族人讲究信约,嫉恶如仇,"与人贸易甚有信,商人信则相与如至亲。借贷不吝,或负约,见其同乡人擒之以为质,枷以横木,必负者来偿,始释。凡负一缗,次年倍贵两缗,倍至十年乃止"③。就是说,黎族人在商业活动中特别讲究诚信,对方若值得信任,黎民视之若亲人,不吝惜借钱帮人,但若言而无信,借钱不还,(抓不到本人)则抓补其同乡为人质,以横木绑枷之待违约者偿还欠款后方释放之,且要求按年度加倍偿还。严重者可导致黎族起事的发生。康熙年间同知姚

①[清]方岱修,璩之璨校正:《康熙昌化县志》,海南出版社,2004年,第59—60页。
②[清]焦映汉修,贾棠纂:《康熙琼州府志》,海南出版社,2006年,第754页。
③[清]方岱修,璩之璨校正:《康熙昌化县志》,海南出版社,2004年,第59页。

哲因此就主张:"商人之深入黎境宜禁。"①

　　黎族人淳朴、勇武且正直,以信义为重,答应做护卫工作,便忠于职守,甚至不顾同族之情。"取认某黎为卫,刻箭为凭,他黎不敢侵扰。三年,偿黎以牛一只,盐帛若干,名曰年例。外民呼卫我之黎曰郎黎,呼外民之所认者曰仔邻黎。有参越侵扰,彼即拼命厮杀。昌之黎情如此"②。"生黎不供赋役,质直犷悍,不受欺触,嚣顽无知,不识姓名"③。从这些记载中也可看出黎汉民族关系的和睦的关键在于以诚信为本与用心经营。

　　经济生活上,黎族人多以射猎为生,随身携带武器,"木弓竹弦、铁镞无羽,出入不释手……(日常生活中的服饰则是)以单被穿中央为贯顶。结贝为衣,两幅前后为裙,阔不过尺,掩不至膝。髻插铜骨钗,花幔缠头,戴藤六角帽。女髻钗上加铜环,耳坠随肩,衣裙皆五色吉贝。无裤襦,但系裙,四周合缝,穿而系之,名曰黎桶。女子及笄,置酒会亲,女伴自施针笔,涅为极细虫蛾、花卉,而以淡粟纹编其余地,谓之绣面"④。黎族男女都文身,并仍保持着原始的发式。男子一般文臂腿,女子文身面,并椎发于额前;居住于干栏式的茅草房中,上以居人,下畜牛豕;使用自制的土釜及瓠瓢等生活用具;喜欢击鼓欢聚,以饮"椒酒"为乐;盟约上刻箭为誓;信仰上割鸡占卜;至于血亲复仇,则累世不忘。所谓"器用土釜、瓠瓢,饮用椒酒。以击鼓为乐,以射猎为生,以刻箭为信誓,以割鸡为问卜。或杀其父祖及乡人,易世必复"⑤。

---

① [清]瞿云魁纂修:《乾隆陵水县志》,海南出版社,2004年,第240页。
② [清]方岱修,璩之璨校正:《康熙昌化县志》,海南出版社,2004年,第61页。
③ [清]方岱修,璩之璨校正:《康熙昌化县志》,海南出版社,2004年,第59页。
④ [清]方岱修,璩之璨校正:《康熙昌化县志》,海南出版社,2004年,第59页。
⑤ 见[清]方岱修,璩之璨校正:《康熙昌化县志》,海南出版社,2004年,第59页。

康熙年间的"熟黎"虽好狠斗勇,但尊重女性,悦纳妻言,且无尊卑观念,人人平等。"熟黎"一般是"性习为横,一言不合,持弓刀相向,其妻当中一过,即解(。)坐无尊卑"①。这与《清代黎族风俗图·斗》中的记载相似:"黎人气习剽悍,与其同类一言不合,持弓矢标枪相向,有不可遏抑之势。若得妇人从中一间,则怡然而解,亦俗尚相沿如是耳。"②黎族各族群间虽难免仇杀,但对内,则尊重女性,这或许属于尚存的母系氏族遗风;在对外方面,黎族之间还是比较团结的。如康熙年间的黎族起事,黎人往往闻风响应,相互支持,即所谓的"纠合作乱"。如上所述,康熙八年(1669),崖州东、西黎因定安县黎人传箭,而"纠合作乱";康熙三十八年(1699),琼山县指马峒首王振邦反时,亦是"宰牛传箭",诸峒黎首"聚众应之"。这些都表明,黎人间的"纠合"往往采用传统的"传箭""宰牛传箭"的联系方式,并且不限于邻近区域,而是跨地域联合进行反抗活动。"传箭"及"宰牛传箭"等传统联系方式,极有号召力,是黎族人维护内部团结、增强凝聚力的法宝。

在丧葬方面,"生黎"的习俗是"死不哭,不粥饭,惟食生牛肉,以为哀痛之至。凿圆木为棺,葬则异榇而行,令一人前,以鸡子掷地,鸡子不破处为吉穴"③。而"熟黎"的丧葬风俗则为"病则捶牛祭鬼,丧葬则斩牛待客"④。

在婚姻方面,其习俗则是"春则秋千会,邻峒男女妆饰来游,携手并肩,互歌相答,名曰祚剧。有乘时为婚合者,父母率从无禁,婚姻不避同姓"⑤。《广东新语》是清初一部笔记体著作,该书的卷七"黎人

①[清]方岱修,璩之璨校正:《康熙昌化县志》,海南出版社,2004年,第60页。
②符桂花主编:《清代黎族风俗图》,海南出版社,2007年,第122页。
③[清]方岱修,璩之璨校正:《康熙昌化县志》,海南出版社,2004年,第59页。
④[清]方岱修,璩之璨校正:《康熙昌化县志》,海南出版社,2004年,第60页。
⑤[清]方岱修,璩之璨校正:《康熙昌化县志》,海南出版社,2004年,第60页。

条"这样记述黎族的文身:"面涅花卉虫蛾之属,号绣面女。其绣面非以为美,凡黎女将欲字人,各谅己妍媸而择配,心各悦服,男始为女文面。一如其祖所刺之式,毫不敢讹,自谓死后恐祖宗不识也。又先受聘则绣手,临嫁先一夕乃绣面。其花样皆男家所与,以为记号,使之不得再嫁。"①看来,在清朝初年,只有文过面的黎族女子,才能婚嫁,而被绣面的目的在于防止其再嫁。

而从屈大均的笔记体著作《广东新语》中也可侧面了解康熙年间海南黎母山地区黎族的生活。屈大均(1630—1696),初名邵龙,一作绍隆,字翁山,一字骚余、介子,号泠君、华夫等。性任侠,有奇才,为人雄傲自喜,成就卓然,为"岭南"三大家之一。他生于明朝末年,长于清朝顺治、康熙年间,卒于康熙三十五年(1696)。

《广东新语》一书"黎人"条记述道:"(大、小五指山)二三十里间辄有一峒,峒有数十村,土沃烟稠,与在外民乡无异。"②"黎母山……生黎兽居其中,熟黎环之。熟黎能汉语,尝入州县贸易,暮则鸣角结队而归。生黎素不至城,人希得见。岁壬子,忽有生黎二十余,献物上官,旗书'黎人向化'四字,以槟榔木竿悬之。二人负结花沉一块,大如车轮,外色白,内有黑花纹。一人抱油速一树,长七八尺。二人舁一黑猪熊,二人舁一黄鹿。貌皆丑黑,蓬跣短衣及腰,以三角布掩下体,观者以为鬼物也。当额作髻,髻有金银钯或牛骨簪,其纵插者生黎也,横插者熟黎,以此为别。"③可见,黎母山地区间或生存着黎族村峒;"熟黎"能汉语,并常入城交易,汉化程度高;"生黎"则相对

①周伟民、唐玲玲辑纂点校:《历代文人笔记中的海南》,海南出版社,2006年,第245—246页。
②周伟民、唐玲玲辑纂点校:《历代文人笔记中的海南》,海南出版社,2006年,第247页。
③周伟民、唐玲玲辑纂点校:《历代文人笔记中的海南》,海南出版社,2006年,第245页。

避世而居;"熟黎"装扮与"生黎"相类但有区别;"鸣角结队而归"很有黎族民族特色。壬子年当为康熙二十三年(1684),清朝在海南的统治稳定下来,"生黎"开始积极向化。屈大均对向化的"生黎"的装扮及向化的仪式,记述得比较具体,很是生动形象。"生黎"向化,初期或可免于赋役,但惠不及久,难免"被役"及被盘剥。该书"黎人"条亦载:"粮长者,若今之里长,其役黎人如臧获,黎人直呼之为官。而粮长当官,亦呼黎人为百姓。凡征徭任其科算,尽入私囊。"①"黎人喜官公平,乃相戒速完国课……(但不喜被官鄙视,)"或鄙其裸裎,使著衣见,彼递相传语,见者遂希,而纳粮亦怠,不得不委之粮长矣"②。这些也说明了黎区粮长存在的一个因素,黎人,尤其"生黎",尚保持着着装上的"裸裎"的习惯以及极强的自尊心,他们不愿意被官员要求在纳粮时"著衣",便相约怠于纳粮,官府只得将征粮之权委之粮长。看来,对黎族,尤其是"生黎"的教化势所必需、任重道远。

屈大均对黎区沉香的生长特点、沉香的采摘及销售状况也做了详细记录:"凡采香必于深山丛翳之中,群数十人以往,或一二日即得,或半月徒手而归……外人求售者,初成交,偿以牛酒诸物知(应为如)其欲,然后代客开山。"③"凡欲买沉香者,使熟黎土舍为导,至生黎峒,但散与纸花、金胜,及锄头长一尺者,箭镞三角者,或绒线针布等物,生黎则喜。"④从屈大均的笔记可知,受商业利益的驱使,康熙

①周伟民、唐玲玲辑纂点校:《历代文人笔记中的海南》,海南出版社,2006年,第247页。
②周伟民、唐玲玲辑纂点校:《历代文人笔记中的海南》,海南出版社,2006年,第247—248页。
③周伟民、唐玲玲辑纂点校:《历代文人笔记中的海南》,海南出版社,2006年,第334—335页。
④周伟民、唐玲玲辑纂点校:《历代文人笔记中的海南》,海南出版社,2006年,第246页。

年间海南采香业的发展规模较大,采伐组织往往经旬累月地驻扎于山岭,置生死于度外。居住山区的黎人很多是仰靠采香业谋生的,如屈大均所言:"计畬田所收火粳灰豆,不足以饱妇子,有香,而朝夕所需多赖之,天之所以养黎人也。"①

3. 康熙年间黎、汉的交流与联合。

康熙年间,黎汉交流加强了。除了经济上的交易互换、文化上的相互影响,"近居民者,习俗与齐民无异"②。

康熙年间的"黎乱"中也明显体现出黎、汉携手合作的特点。初期南明官将勾结、利用黎族勇武;中后期则是黎汉民众基于共同的利益,共同抗争。由于黎、汉人民之间无根本利害冲突,并有着反对封建统治压迫剥削的共同目标,这成为他们联合的基础。联合的结果,使反抗斗争的力量更为壮大。康熙十九年(1680),汉人谢昌、杨二和黎人韩有献联合的反抗活动,义军几乎控制岛北沿海各县,坚持斗争达四年之久。康熙三十八年(1699),指马峒黎首王振邦起事时,有汉人借招抚护牌出入黎峒,潜通消息,致使官兵进退失措。汉人给黎人传递军事情报,挫败官兵计划。可见,汉人的卷入,使黎人的反抗斗争如虎添翼,其作用不可低估。还有汉人授黎人以诈降法对付招抚。在强敌压境时,为保存实力,义军不时议和,以伺机再起。降而复叛之事,屡见不鲜。试问此时黎族的诚信何在? 虽是在敌强我弱的总体条件下采取的灵活应变之策,但这也绝对是黎族人汉化的证据之一。

清统治者十分害怕黎、汉联合。因此,他们把"逃民"与"流棍"及"汉奸"视作眼中钉,严防汉人、客商等人深入黎境。

---

① 周伟民、唐玲玲辑纂点校:《历代文人笔记中的海南》,海南出版社,2006 年,第 335 页。
② [清]潘廷侯纂修:《康熙陵水县志》,海南出版社,2004 年,第 49 页。

4.康熙年间各州县"生黎"与"熟黎"生活的地域状况。

康熙年间各县"生黎"与"熟黎"生活的地域状况大致可从清康熙二十四年（1685）韩作栋刻本《广东舆图》的记载中得以了解，如：定安县"西至本县博曲生黎界四十里。南至本县思河都生黎界二百三十八里。"①"南闾岭，亦名三尖岭，在城西南二百里，高千余丈，连绵十余里，熟黎环居其下，此处设有营汛……思河岭，在县西南生黎地，距城三百三十里。极高峻，黎人势以为险。黎母山，即光螺岭，在县西南属生黎地，距城三百八十里……大五指山，在县正南思河都界，外属生黎地，距县城四百三十余里……琼崖儋万之间，生黎居之，不入版图。"②乐会县县治"西至纵横黎峒二百四十五里，过西俱生黎"③。"落基山，在（儋州）城东六十里，高二十余丈，熟黎居之"④。"冯墟峒，在（儋州）城南八十里崇山峻岭……今为熟黎所居。又东南距县八十里有催鹿营。笔架山，在（儋州）城南一百里生黎界……透暮山，在城东一百里，高一百余丈，熟黎居之。外界生黎，山下设有那大营。沙锅山，在城东南一百里生黎界……七坊峒，在（儋州）城西南一百二十里崇山峻岭……今为熟黎所居"⑤。其他还包括昌化县县治位置，在"东至黎峒一百里……东

①［清］蒋伊、韩作栋等：《（康熙）广东舆图》卷一一，《黎族藏书》，据清康熙二十四年（1685）韩作栋刻本影印，第924页。

②［清］蒋伊、韩作栋等：《（康熙）广东舆图》卷一一，《黎族藏书》，据清康熙二十四年（1685）韩作栋刻本影印，第925页。

③［清］蒋伊、韩作栋等：《（康熙）广东舆图》卷一一，《黎族藏书》，据清康熙二十四年（1685）韩作栋刻本影印，第932页。

④［清］蒋伊、韩作栋等：《（康熙）广东舆图》卷一一，《黎族藏书》，据清康熙二十四年（1685）韩作栋刻本影印，第936页。

⑤［清］蒋伊、韩作栋等：《（康熙）广东舆图》卷一一，《黎族藏书》，据清康熙二十四年（1685）韩作栋刻本影印，第936页。

南至黎界六十里"①。万州州治"西至鹧鸪啼山一百八十里,外系生黎……西北至纵横峒黎界一百六十里"②。万州"尖岭,在城西北一百六十里,接连有香根黎峒加小黎峒,禁山屯,俱熟黎所居……鹧鸪啼山,在城西一百八十里,熟黎居之,外界生黎地……喃唠峒,在城西北二百里,生黎(居之)"③。陵水县县治"西至黎峒六十里"④。(陵水县)"南迈岭,在城北二十里,高二十余丈,下有南迈营"⑤。生黎在城西,南迈营在城北,说明陵水县"生黎"因"不予人害"无需防范。而"熟黎"居地或其附近往往被设营。崖州州治"北至黎峒一百里"⑥。感恩县:"小黎母山,即莪茶岭,在城东二百里生黎地,崖石崎岖,人迹罕到。"⑦"林司峒,在(罗定州州治)城南八十里,设有土舍,又西南为南定营,距县一百里,俱分兵汛守……背腰岭,在城南一百四十里黎峒中,高百余丈,周四百余里生黎俱背山腰而居,故名。大江岭,在城东南一百八十里黎地,大江经其下,故名。近生黎"⑧。临

①[清]蒋伊、韩作栋等:《(康熙)广东舆图》卷一一,《黎族藏书》,据清康熙二十四年(1685)韩作栋刻本影印,第938页。

②[清]蒋伊、韩作栋等:《(康熙)广东舆图》卷一一,《黎族藏书》,据清康熙二十四年(1685)韩作栋刻本影印,第940页。

③[清]蒋伊、韩作栋等:《(康熙)广东舆图》卷一一,《黎族藏书》,据清康熙二十四年(1685)韩作栋刻本影印,第941页。

④[清]蒋伊、韩作栋等:《(康熙)广东舆图》卷一一,《黎族藏书》,据清康熙二十四年(1685)韩作栋刻本影印,第943页。

⑤[清]蒋伊、韩作栋等:《(康熙)广东舆图》卷一一,《黎族藏书》,据清康熙二十四年(1685)韩作栋刻本影印,第944页。

⑥[清]蒋伊、韩作栋等:《(康熙)广东舆图》卷一一,《黎族藏书》,据清康熙二十四年(1685)韩作栋刻本影印,第946页。

⑦[清]蒋伊、韩作栋等:《(康熙)广东舆图》卷一一,《黎族藏书》,据清康熙二十四年(1685)韩作栋刻本影印,第950页。

⑧[清]蒋伊、韩作栋等:《(康熙)广东舆图》卷一一,《黎族藏书》,据清康熙二十四年(1685)韩作栋刻本影印,第953页。

高县治"南至生黎山界九十里"①。

总之,清朝康熙中后期,随着清政府对海南统治的日趋稳固,统治者采取了一些较为缓和的政策措施,抚黎政策在当时形成了黎区相对安定的局面,促进了黎族人口的增长、"生黎"的不断归化,以及黎族社会经济的发展。但即使是清政府实行宽松民族政策的时期,地方吏治败坏、官吏的贪暴,常常激起黎民起事。如《康熙定安县志》所说:"为政者苟宝异物而法度弛焉,外地之滋扰实甚。则今日之经略绸缪,刻难或缓。"②相比于清初时黎族不自觉地充当了被南明残余势力利用的工具,康熙中后期的"黎乱",则更多源自因自保而自发的抗争。吏治建设及黎族经济发展的任务在康熙朝任重道远。

爱新觉罗·玄烨(1654—1722),为清朝第四位、入关以来的第二位皇帝,他登基在8岁,亲政在14岁,在位共计61年,成为中国历史上在位时间最长的皇帝。他年号"康熙",庙号"圣祖",史称清圣祖或康熙帝,他捍卫了中国多民族国家的统一,他奠定了清朝兴旺的根基,并开创出盛世的局面,因此,他被后世学者尊为"千古一帝"。为整顿吏治,他恢复了京察、大计等考核制度;为了解吏治民情,防止偏听偏信,他亲自出京巡视,六次南巡、一次西巡、三次东巡,还有数百次对京畿和蒙古进行的巡查,并曾亲自巡察黄河河道,督察河工;他平定了三藩叛乱,稳定了西南边陲;他收复台湾;他西征蒙古,稳定了西北疆土,从而扩大了清朝的版图;他北拒沙俄,订《尼布楚条约》;他承继先帝册封西藏达赖的政策,在康熙五十七年(1718)至康熙五十

①[清]蒋伊、韩作栋等:《(康熙)广东舆图》卷一一,《黎族藏书》,据清康熙二十四年(1685)韩作栋刻本影印,第952页。

②[清]张文豹纂修,梁廷佐同修:《康熙定安县志》,海南出版社,2006年,第288—290页。

九年(1720)期间派兵入藏,击败占据藏北的准噶尔汗国军队后分兵驻藏,并任命康济鼐和颇罗鼐两人协助达赖与班禅分理前后藏事务;经济上他轻徭薄赋、与民生息,并重农治河,兴修水利。但康熙晚年的怠政,导致吏治愈加败坏。

第二节　雍正年间

爱新觉罗·胤禛(1678—1735),登基时45岁,年号雍正,从雍正元年(1723)至雍正十三年(1735),在位13年。他深知康熙后期的社会问题,如朋党斗争、吏治败坏、贫富失衡等,在位期间他兴利除弊、主政改革。他采取了一系列措施大力整顿吏治,像文官罚俸制,对于有效管理官员、提高行政效率起到了重要作用。雍正初年,在社会治理方面的重要改革就是削除贱民籍、惰民籍、蜑户籍,使其成为民户。政治上,设立军机处、强化密折制度、大兴文字狱,加强君主集权;经济上,整顿财政制度,施行耗羡归公和养廉银的措施;税收上实行摊丁入亩及官绅一体当差纳粮政策;军事上,继续执行扩张政策;对外稳定了中俄边界局势;少数民族政策上,设驻藏大臣统治西藏,在西南少数民族地区实行改土归流。他为政务实、施政严猛,如镇压措施就极其严厉:抗官者以反叛论处,不论具体情节,皆斩杀不赦;严格清查亏空钱粮的官员;严密监视民间秘密结社。雍正帝在位时间虽短,但他意志坚强、宵旰焦劳、勤于政事,是有作为的杰出君主。他上承康熙,下启乾隆之治,使康雍乾三朝成为清朝的鼎盛时期。

雍正四年(1726)时,清政府取消了西南少数民族地区的土司,改派随时任免的流官,这就是雍正帝推行的"改土归流"政策。土司治下,少数民族地区往往保持原有的政治体制、经济制度,致使社会长期停滞不前。改土归流既可以促进少数民族地区的社会发展,又利于减轻土司对民族地区人民的压迫与剥削,同时有利于清朝实施对全国的统治,但是在执行"改土归流"政策时,清政府过于依仗武力的使用,对一些少数民族地区的反抗采取了残酷的军事镇压,给西南部分少数民族地区带去了灾难,除了海南岛的黎区。

一、改土归流与黎族向化

雍正年间的"改土归流"运动直接影响了这一时期清政府对海南黎族的政策。

(一)海南的"改土归流"与黎族向化

雍正四年(1726)清廷委任鄂尔泰为云、贵、桂三省总督,负责改土归流事宜。鄂尔泰名义上实施"剿抚并用"的策略,"怙恶抗拒者,不得不惩以兵威,而革面革心者,悉加意抚绥,俾游乐土"①。但实际上,全国性大规模的改土归流是以鄂尔泰在西南诸省以武力推行而开始的,因此,"改土归流"在全国各地遇到的阻力很大。在改土归流后的民族地区普遍实行编户口、定额赋的齐民制度,雍正九年(1731)清政府基本完成了"改土归流"的任务。与其他地方不同的是,海南的"改土归流"基本上是以温和的抚恤方式进行的。

经过明朝的屡革屡复以及清朝康熙年间的限制经营,海南黎族的土官制已不普遍,故雍正时的"改土归流"在海南进行得比较顺利。虽然它对海南的土官产生了较大的冲击,官府对一些土官进行了撤销,但并未因之引发动乱,反而致使大批生黎向化,愿入版图,成为清朝供赋役的编户齐民。

"雍正七年十月,恭届万寿圣节,众官祝厘,陵水县生黎数百人焚香叩首,连呼万岁。八年春正月,崖州黎峒三十九村生黎王那成、向荣等,定安县潮村等十四村生黎王天贵等,琼山县番否等处十八村生

① 《清实录》,《清世宗实录》卷一四七,雍正十二年九月甲申条,中华书局,1985年影印本。

黎符天福等，陵水县生黎那萃等，共二千九百四十六人输诚向化，愿入版图，每丁岁纳银二分二厘以供赋役。三月，总督郝玉麟等奏闻，奉旨：生黎诚心向化……将递年每名输纳丁银二分二厘之数减去一分二厘，止收一分，以作徭赋。地方文武大臣时时训饬所属有司弁员等加意抚绥，务令安居乐业，各得其所，以副朕胞与地方之至意"①。黎民感泣，悉化为良——雍正帝为鼓励黎人归化，实施减租税政策，并要求有司弁员"加意抚绥"，致使更多黎人入籍归化。雍正年间海南大批"生黎"归化为"良民"之举，是和当时在全国进行的大规模的"改土归流"活动密不可分的，但海南在黎区还是保留了一些土官的存在，这也是海南与其他绝大多数少数民族地区的区别。应该说，清朝对黎族土官的设置、撤销与保留，以及对"生黎"的优抚政策是一种土流兼治的统治方式，顺应了历史发展情势，适应了现实状况，也理顺了管理制度，维护了清王朝在海南的统治，此制一直延续到清朝后期。

鼓励归化，是全国性的政策，《清史稿》卷九，本纪第九《世宗本纪》记载，清世宗雍正帝"夏四月庚子，命史贻直、杭奕禄前往陕西宣谕化导。丙辰，鄂弥达奏琼山、儋州生黎内附"②。雍正九年（1731）四月丙辰，广东巡抚鄂弥达疏报："琼山、儋州、归化等州县，生黎四百八十丁，归诚投纳，请入版图。"③此处"归化等州县"应为"等归化州县"。据《道光琼州府志》统计，仅"雍正八年至十年，黎人归化入版图，黎丁共四千四百一十丁口，内除幼男一千五百五十四丁、除妇女一千六百七十四口不征外，尚黎丁一千一百八十二丁"④。

①［清］萧应植修，陈景埙纂：《乾隆琼州府志》，海南出版社，2006 年，第 847—848 页。
②周小华辑录：《二十五史中的海南》，海南出版社，2006 年，第 467 页。
③唐启翠辑录点校：《明清〈实录〉中的海南》，海南出版社，2006 年，第 123 页。
④［清］明谊修，张岳崧纂：《道光琼州府志》，海南出版社，2006 年，第 587 页。

"生黎"入籍后,也需缴纳赋税,从而强化了政府对黎族民众的剥削与控制。但此举,对加强中央王朝与黎族地区的联系,对促进黎、汉经济文化的交流,对黎区社会发展,是有积极的历史意义的。

(二)设置流官专职抚黎并约束有司弁员

清朝对海南黎族的治理一直采取顺应情势的土流兼治法,康熙中后期采取限制黎族土官的政策,雍正年间的"改土归流"则刻意保留一定数量的土官,并设置专职抚黎的流官,同时严厉约束有司弁员,加强对黎区的控制。雍正八年(1730),崖州营游击复改为参将,"添设水师,共官兵一千员名,视昔更加严焉。独念珠崖环疆八百五十里,黎歧之多,合全琼不及其半,盖亦不能无隐忧云"①。军备上保障了黎区"改土归流"的顺利进行。

海防抚黎同知署,是清朝海南最高抚黎机构,主要管理抚黎、防海事务。雍正年间,琼州府海防抚黎同知的衙署移驻崖州。雍正九年(1731)九月戊寅,吏部议复:"广东巡抚鄂弥达疏奏添设移驻官弁事宜:崖州外接安南,内邻五指生黎,请将琼州府海防抚黎同知移驻其地……崖州水土恶毒,正杂各官俱列边俸,其移驻之海防抚黎同知,如果三年之内抚绥有术,黎民安堵,请照例以应升之缺即用。从之。"②崖州临海,且是海南黎族占比最高的地区,海防抚黎同知署移驻崖州,更便于了解与处理海防及抚黎事务,可谓移当其所。

雍正虽居庙堂之高,却洞察若微,总能及时发谕旨严厉约束有司弁员,防止或制止他们骚扰黎民。雍正帝一直在强化中央政府的强制力,并力图为制度的良序运作提供保障。

雍正五年(1727),查处崖州营游击刘升贪纵不职时,雍正帝曾谕

①[清]钟元棣创修,张嶲等纂修:《光绪崖州志(外一种)》,海南出版社,2006年,第300页。
②唐启翠辑录点校:《明清〈实录〉中的海南》,海南出版社,2006年,第123页。

旨:"原参刘升疏内有差遣兵丁,勒令黎人供应派出工役等语,朕思内地居民受地方官苛索,便于申诉,故易于败露,若苗蛮黎僮等,僻处外地,知识庸愚,倘加凌虐,便可恻悯,应严定处分,以示惩戒,不当照内地之例,嗣后此等外地之人并改土归流地方,如该管官员有差遣兵役,骚扰逼勒等情,其治罪之处,当加于内地一等。"①"重加一等"的规定,从制度上有力地扼制了官员兵弁对海南黎人的盘剥。

雍正八年(1730)二月乙巳,雍正帝谕直省督、抚、提、镇等:"兵民各有职业,是以分隶文武管辖,不使混杂,难于约束,致生事端。闻得广东琼州,远隔海外,其弁员等竟于额设兵丁之外另有挂名兵丁,乃系无赖之徒。千、把等员,利其馈送,即准附名投充,而此辈居然以营兵自居,不服地方官拘管。在营弁则以原非兵丁,又无粮饷,不行约束。在州县则以名列戎行,非同编户,不便置问。以致介在两岐,恣行不法,欺压良善,聚集匪人,甚为居民之累。琼州一处如此,恐他处与此相类者不少。着各省督、抚、提、镇等悉心确查。严行禁革。"②雍正之勤政,于此可略见一斑。

二、安黎治黎

(一)雍正帝以德抚黎,并以实惠政策安黎。

康熙一代削弱土官势力的努力,以及土流并治的实施,为雍正帝在海南改土归流的顺利开展奠定了基础。而雍正帝抚黎的成功既有康熙年间奠定的基础,更有雍正时期军事上对全国控制日益强化、政治上对海南黎族的统治不断加强,以及严刑重典等所起的作用。有古人评价雍正帝抚黎:"黎性不驯,固已,剿抚之道宜并用之。前人谓

招抚之不可行者,黎无定识,惧天家,必欲剪灭净尽。而猖狂无忌,抚之不得其道,反以中其奸也。然开诚宣谕,未尝不心倾焉。冥然罔觉,大法以绝其株,殷然来归,沛恩以开其惑。"①显然,"开诚宣谕"与"沛恩开惑",也起到了重要作用。总之,清政府抚绥黎族的政策,到雍正一代,取得了显著成果——黎族社会相对稳定,终雍正帝一代,几乎没有看到"黎族起事"或"黎乱"的记载。

成书于雍正九年(1731)的《雍正广东通志·琼州府》记载了雍正年间海南的卫所,"海南卫:清澜所,万州所,南山所。琼州府:铺前,在文昌县治北。澄迈,在澄迈县治西北。博铺,在临高县治北。青蓝,在文昌县治东。抱岁,在崖州治西。安海,在儋州治西南。通远,在崖州治西"②。卫所制度,是明朝所建立的军事制度。洪武二年(1369),设海南分司。洪武五年(1372),改分司为卫。海南卫下辖前、后、中、左、右5所。在整个海南地区,还先后设立有守御千户所6处。这些守御千户所多在洪武年间已设置,隶于广东都司。这些军事设置驻扎军队,防御完备,用于镇压黎、汉人民的反抗。卫所的驻军,有事出征,平日屯田。据乾隆年间的《琼州府志》在"屯田"条有记载,"海南卫五所,雍正三年裁汰,归并琼山管理……崖州所,雍正三年裁汰,归并崖州管理……儋州所,雍正三年裁汰,归并儋州管理……万州南山所,雍正三年裁汰,归并万州、陵水县管理……清澜昌化所,雍正三年裁汰,归并文昌、会同、乐会、昌化、感恩五县管理"③。雍正年间海南的卫所,从时间上看,这些卫所的设置有先有后,并时有裁汰,从地理分布上看也并未遍及海南的黎族地区。但总

---

① [清]萧应植修,陈景埙纂:《乾隆琼州府志》,海南出版社,2006年,第848页。
② [清]郝玉麟等总裁,鲁总煜总辑:《雍正广东通志·琼州府》,海南出版社,2006年,第37页。
③ [清]萧应植修,陈景埙纂:《乾隆琼州府志》,海南出版社,2006年,第412—413页。

的来说,从顺治到康熙,对海南黎族的布防呈现出的是不断加强和日益周密的趋势,以确保政令的推行及政治上对海南黎族的统治。到雍正年间,在海南的军事体系应已基本建立,但似乎并非日益周密。如海南琼中地区(黎族主要聚居区之一)清朝驻军包括:清康熙二十八年(1689),太平汛驻兵127名,水尾汛驻兵153名,长沙汛驻兵30名……雍正八年(1730),太平汛、水尾汛驻兵均减为40名,分别由把总管带①。驻军的减少,说明黎族社会的稳定性增强了。的确,在雍正为首的清政府经营下,黎族起事、"黎乱"的发生几乎为零。看来,"开诚宣谕"与"沛恩开惑"为雍正治黎密钥之一,为黎区安定提供了必要的保障,安黎并能让黎民感受到"诚意",值得后世效法。正如雍正年间的王士俊所言,"今夫王者之德,所以服人之具也。而立德之诚,所以服人之心之具也。诚者,天地生物之实理,上而君师大人,下而凡有血气雕题绣面之徒,一以贯之。未有诚,动于此而机不应于彼者,然则生黎之归附可知已矣"②。

《雍正广东通志·琼州府》记载了雍正年间王士俊的《琼州生黎向化记》,王在文中总结认为,清朝之前,历代以来,"生黎反复跳荡",无论唐德宗时岭南节度使杜佑的平黎、宋真宗时四州都巡检李崇矩抚黎,还是元朝时南宁军达鲁花赤特穆实的降黎,以及明洪武时永嘉侯朱亮祖的收捕黎众,"皆用兵以万计,积时以岁计,然后俘其众,夺其险,不亦劳乎,况不旋踵而叛去"③,为何劳师费力几乎仍为无用功呢,王士俊认为是统治阶级未以"德"与"诚"服之与感之。但

①琼中黎族苗族自治县地方志办公室编,梁定鼎主编:《琼中县志》,海南摄影美术出版社,1995年,第513页。
②[清]郝玉麟等总裁,鲁总煜总辑:《雍正广东通志·琼州府》,海南出版社,2006年,第333页。
③[清]王士俊:《琼州生黎向化记》,见[清]郝玉麟等总裁,鲁总煜总辑:《雍正广东通志·琼州府》,海南出版社,2006年,第334页。

清朝从顺治到康熙,亦剿抚兼施,亦注重德化安黎,为何到雍正年间德化方显效果与作用呢? 因为之前的"德"与"诚"的功夫不足。虽说"德"与"诚"是不可否认的因素,而"王道无私,国家欲视不一体不忍也"①更是重要原因,加之大的社会环境的相对稳定,雍正年间吏治的相对清肃,雍正本人的事无巨细、勤政虑民与果断施恩,终于促成海南黎族相对安静时期的产生。

雍正帝曾屡颁劝农诏书,要求各省督抚、各级地方官吏大力招民垦荒,令借牛、种、口粮起业,宽其起科年限,水田六年,旱田十年,著为定例。海南土贡,自汉迄明,历朝皆有。到雍正年间,为便官民,"将本色物料编入正赋折征,每年汇同地丁起运项银报解,拨支兵饷。内仍分款造册奏销,官民皆便。至沉香,由督抚发价交郡守采办。虽有土贡之名,而非犹前代取之于民也"②。

雍正八年(1730)十二月二十六日雍正帝曾发布上谕《严禁重利盘剥示》,上谕中雍正帝可谓宵旰焦劳、披肝沥胆、呕心沥血地劝善警恶,"民间借贷一事……意本善也。乃有贪利营私之徒,往往乘人匮乏,勒索重利。如借贷米谷,则不但加三起息,竟有加五,或多则加倍者。小民偶尔窘迫,止顾目前,及禾稼登场,终岁辛苦之所获,不能复为己有。虽丰稔之岁,仅足供偿债之需,一遇歉收之年,则束手无策,必至息上加息,累年不能楚结,且贻累于子孙。而挟赀射利,乘急多取者,视为固然,全无矜怜悯惜之意。贪饕为性,浇薄成风,此亦人心世道之患也。夫缓急人所时有,周礼三物六行孝友睦姻而继以任恤。盖州里族党,有急则相倚任,有困则相赈恤,此乡邻风俗之美,王化所

①[清]王士俊:《琼州生黎向化记》,见[清]郝玉麟等总裁,鲁总煜总辑:《雍正广东通志·琼州府》,海南出版社,2006年,第334页。

②[清]钟元棣创修,张巂等纂修:《光绪崖州志(外一种)》,海南出版社,2006年,第211页。

先……凡属贪鄙之人,利令智昏,以为如此可以致富,独不思贫富有一定之数,善恶有不爽之报……凡有借贷银钱米谷者,二分三分起息,尚属情理可行,若太多,则诚为富不仁矣。著地方有司,将天理人心时时训谕,以化其残忍刻薄之习。倘劝导既久,而下愚顽恶,禀性不肯改移,尚有重利盘放者,则访确一、二人加以惩治,以儆其余……如有无籍棍徒因朕此次劝导之训谕,或借端图赖,或生事强借,以扰害良善温饱之家者,尤当加以重惩,不可宽贷"①。雍正帝以最高指示的规格对种种贪风恶习、盘算薄恶之俗,晓谕化导,并规定民间借贷银钱米谷者,要以二分三分起息,还将奉行劝导与惩戒之责交付地方有司。这些指示可谓详明、恺切。上谕体现了雍正了解民间疾苦、关心民间疾苦的情怀与纠正世道人心的诚意与决心。

(二)良宦安黎。

上有所"好",下有所效。如潘思矩,字絜方,江南阳湖人。雍正二年(1724)进士,改庶吉士。"(雍正)十三年,迁海南道。浚琼州西湖。深入五指山,安辑黎众,劾守将之残黎民者"②。雍正九年(1731)八月戊午,户部议复:"广东总督郝玉麟疏言,琼州一镇孤悬海外,产米稀少;又龙门协兀立海中,遇风信不顺,商贩难渡,兵忧艰食……均应预筹积贮之法。请将现存盐政节省及养廉余剩银两,买谷一万六百石,分贮各镇、协营,遇青黄不接之时,借给兵丁,于秋收散饷时照数买补,概免加息。应如所请。从之"③。"兵忧艰食",便难免扰民、扰黎,口粮足则兵稳民安。广东总督郝玉麟的办法乃间接安黎良法。

雍正五年(1727)九月甲戌,兵部议复:"广东总督孔毓珣疏言,

①[清]李有益纂修:《光绪昌化县志》,海南出版社,2004年,第365—367页。
②周小华辑录:《二十五史中的海南》,海南出版社,2006年,第509页。
③唐启翠辑录点校:《明清〈实录〉中的海南》,海南出版社,2006年,第123页。

崖州、儋州、万州逼近黎岐,烟瘴未消,三营游击、守备官员请照边俸五年俸满之例升转……均应如所请。从之。"①既有官员的"养廉银",雍正朝亦出现恩官饷兵的"养边制",即准许靠近黎岐的崖州、儋州、万州三营游击与守备官员"俸满升转"。雍正九年(1731)二月丙午,吏部议复:"广东巡抚傅泰疏言,琼州府属之崖州、感恩、昌化、陵水四州县,水土最为恶毒。正杂佐贰各员,请援照台湾教职之例,于内地调补,三年任满称职者,以应升之缺即用。应如所请。从之。"②雍正对广东总督子毓殉及广东巡抚傅泰所请的准予,也起到间接安黎之效。吏治,不仅体现在对官员严苛的管束上,还体现在重视边关吏员及所给予的待遇上,"养边关吏员",也是安边、安黎的重要保障。

雍正八年(1730)迁广东巡抚的鄂弥达,曾疏言:"鸟枪例有禁,琼州民恃枪御盗,请户得藏一,多者罪之。"③雍正九年(1731)三月乙丑,大学士等议复:"广东之琼州,孤悬海岛,外与交趾连界,内与黎人错处,居民多藉鸟枪以为防御之具,似未便照内地一例收缴。请将民间现有鸟枪,令报明地方官注册,并令地方官严饬保甲,于十家牌内开明数目,一户止许藏枪一杆,其余交官收贮……从之。"④枪支管控制度,客观上也是安黎之策。

(三)振兴黎区文教

清政府对南方少数民族地区,向来采取"文教为先"之策。为此,对黎区也作了一些专门规定。如《清史稿·选举一》卷一〇六载,各省府州县多设立义学,教授"生童,或苗、蛮、黎、瑶子弟秀异"⑤。《钦

①唐启翠辑录点校:《明清〈实录〉中的海南》,海南出版社,2006年,第119页。
②唐启翠辑录点校:《明清〈实录〉中的海南》,海南出版社,2006年,第121页。
③周小华辑录:《二十五史中的海南》,海南出版社,2006年,第512—513页。
④唐启翠辑录点校:《明清〈实录〉中的海南》,海南出版社,2006年,第122页。
⑤[清]赵尔巽等:《清史稿》,中华书局,1976年。

定学政全书》卷六四载,雍正十三年(1735)议准:"粤东凡有黎、瑶之州县,悉照连州,一体多设官学,饬令管理厅员督同州县,于内地生员内,选择品行端方,通晓言语者为师,给以廪饩,听黎、瑶子弟之俊秀者入学读书,训以官音,教以礼义,学为文字。"①

雍正年间还新建了一些义学。如陵水县"义学,在城东隅。雍正三年,知县冷歧晖倡建"②。万州的"义学,在州城西北。雍正十年,知州应上苑以书院久废,乃捐资买卫所旧署别建义学"③。

海南书院的兴起正是在雍正年间。

书院是海南学校教育中很重要的一部分,一般由地方官和儒家士大夫及社会名流创建。清朝立国之初是禁抑书院的建设的,从雍正十一年(1733)起,清政府开始提倡设立书院,命直省省城设立书院,并各赐帑金千两资助营建。

海南各州县也建起新的书院。"雍正二年,(澄迈县)知县鹿耿建于望海亭西,名曰景行"④。"温泉书院,在(乐会)县署东。雍正十年,知县何齐圣捐廉四百余金创建。又捐二百金为膏火,置田五丁,以资修葺"⑤。雍正年间,郡人陈国安等倡建了海门书院⑥。

海南黎族子弟入学读书的地方多为义学或社学,入书院的可能性应该不大。但是,雍正年间书院的倡建与兴起,振兴了海南文教,客观上是有益于黎族的文明开化的。

---

① [清]索尔纳纂修:《钦定学政全书》卷七三,霍有明、郭海文校注,武汉大学出版社,2009年,第288页。
② [清]明谊修,张岳崧纂:《道光琼州府志》,海南出版社,2006年,第373页。
③ [清]明谊修,张岳崧纂:《道光琼州府志》,海南出版社,2006年,第367页。
④ [清]明谊修,张岳崧纂:《道光琼州府志》,海南出版社,2006年,第351页。
⑤ [清]明谊修,张岳崧纂:《道光琼州府志》,海南出版社,2006年,第362页。
⑥ [清]明谊修,张岳崧纂:《道光琼州府志》,海南出版社,2006年,第347页。

三、雍正年间黎族生活状况

由于雍正一代的开明治理政策,海南的"生黎"不断归化,致使黎族的人口增加,黎族的社会与经济亦得以发展。《光绪昌化县志》曾记载:"雍正九年至嘉庆二十三年,滋生丁三万三千零四十四。"[①]尽管是历经八十多年的统计数字,却仍可说明雍正年间"生黎"不断归化、社会相对安定对人口增长的作用。

随着封建统治的逐渐深入与加强,雍正年间许多"生黎"地区逐渐被纳入封建统治网络,成为"熟黎"地区,黎族地区的封建化程度与汉化程度进一步加深了,黎区社会生产力的恢复与逐渐发展肯定势在必然。

清朝在基层实行保甲制。"其制规定:不论州县城乡,每十户立一牌长,十牌立一甲长,十甲立一保长。每户给印牌悬挂门上,上写户主姓名和丁口数,并登入官册,以便稽查。迁移需注明来往处所。同时责成地主、窑主、厂主对所属佃户、雇工严加管束,将其附于牌甲之末或本户之下,如有反抗事件发生,一并连坐治罪。令各客户皆立册簿,登记住宿姓名、行李等,以便考察。清朝政府通过保甲制,对各族人民进行着严格的控制"[②]。保甲制沿袭于明朝,始行于顺治年间,但笔者根据雍正帝的性格及所为判断,应是雍正年间强化了保甲制度,使保甲制度由维护基层社会治安的功能逐渐演化成为具有综合性职能的基层社会管理组织。而被纳入封建统治网络的黎族村峒,自然也在保甲制的约束之中。

据史载估计,雍正年间海南黎族村峒的数量约计 999 个:"琼山县诸黎村峒凡一百二十有五……澄迈县诸黎村峒凡一百三十有

①[清]李有益纂修:《光绪昌化县志》,海南出版社,2004 年,第 172—173 页。
②林日举:《海南史》,吉林人民出版社,2002 年,第 269 页。

七……临高县诸黎村峒凡二百三十有九……安定县诸黎村峒凡一百
一十有二……文昌县诸黎村峒凡三十有五……乐会县诸黎村峒凡五
十有三……儋州诸黎村峒凡二百有九……昌化县诸黎村峒凡三十有
三……万州诸黎村峒凡九十有三……陵水县诸黎村峒凡三十……崖
州诸黎村峒凡九十有二……感恩县诸黎村峒凡四十有一。"①

　　《皇清职贡图》这样描述雍正年间的黎族人及黎俗:"雍正七年,
各峒生黎咸愿入版图,悉为良民,男椎髻在前,首缠红布,耳垂铜环,
短衣至膝,下体则以布两幅掩其前后而已,射猎耕樵为生。黎妇椎髻
在后,首蒙青帕,嫁时以针刺面,为虫蛾花卉状,服绣吉贝,系花结桶,
桶似裙,而四围合缝,长仅过膝。其俗亲死不哭,唯啖生肉,即以为哀
恸切至。"②这些描述与康熙年间极其相似。

　　从雍正年间王士俊的《琼州生黎向化记》中亦可一窥雍正年间黎
族的情状及当时作者的感慨③。其中说到黎民的处所:"(五指)山之
麓环而居者曰黎。"说到黎族的分类及黎俗则是:"黎分二种,内称生
黎,外称熟黎,皆椎髻跣足,弓刀未尝去手,麇儦豕趋,栈居蓬处,性喜
仇斗。生黎尤顽犷,自天地开辟以来,未通声教,未隶版图者也。"认
为黎族向化之因为:"钦惟皇上至诚之德薰蒸沦浃,幅员之广振古所
无,户口之繁生民未有。其自航浮索引重译而来丛如矣,而圣衷渊穆
恭己垂裳,何尝驰骛而并包之耶?"关于生黎向化的仪式:"雍正七年
十月二十九日,恭逢万寿圣节,州之百官祝厘,兆民忭庆。忽有数百
余人,着五色吉贝,花缦缠首,骈肩拜跪,译之乃生黎慕圣化祝圣寿

①[清]郝玉麟等总裁,鲁总煜总辑:《雍正广东通志·琼州府》,海南出版社,
　2006年,第324—330页。
②周伟民、唐玲玲辑纂点校:《历代文人笔记中的海南》,海南出版社,2006年,第
　159页。
③[清]郝玉麟等总裁,鲁总煜总辑:《雍正广东通志·琼州府》,海南出版社,
　2006年,第333—334页。

者。既又数州生黎峒长呈愿内属,纳赋税,每丁输银二分有奇,视齐民例。督抚大臣以闻,噫,亦盛矣。"而待雍正帝逾年降旨,"念其向化之诚,悯其无田之苦,止收丁银一分,以伸其诚悃"后,不仅"黎人感泣",而且,"粤人踊跃,天下之人无不鼓舞",真乃"黎民於变时雍"——天下众民也相递变化友好和睦起来。作者不禁感叹雍正帝"贤于尧舜"!

第三节　乾隆年间

清朝第六位皇帝为爱新觉罗·弘历(1711—1799),他也是清政权定都北京后的第四位皇帝,实际上的掌权时间长达63年。他年号"乾隆",庙号为"清高宗",谥"纯皇帝"。他博览群书、能诗善画、精于骑射,才华颇具,在驾驭群臣方面亦善于平衡摆布。

乾隆即位后为缓和雍正时期形成的政治紧张气氛,以宽厚敷政宁人,对雍正时期的政策做了较大的改变和调整。其对贪赃革职官吏的复职,对贪污案件的不予追究,导致吏治败坏,贪风再起,清政府只得从乾隆三年(1738)开始肃贪,但成效堪忧。仅从乾隆二十年(1755)始的二十多年时间里,就处死了十余名高官巨贪,可见吏治败坏的程度。经济上,乾隆重视农业发展并执行恤商政策。文化上,他采取了一系列有利于文化建设的政策,如开博学宏词科,招纳天下人才;下令征求书籍,整理天下文献,编纂大型丛书。为加强思想统治,他也效法祖先大搞文字狱,严重压抑了民众甚至官僚阶层的创造性,强化并僵化了专制体制。军事上,乾隆对外师旅征伐,绥靖边圉,稳定了边疆地区,巩固了多民族国家的版图;对内戡乱伐暴,确保国家安定。

乾隆中期,全国耕地面积扩大,人口激增,各地区的农业、手工业和商业皆获得较大幅度的发展,国库充实,整个社会经济呈现出空前繁荣的景象。达到"康乾盛世"顶峰的乾隆帝,中年以后好大喜功,生活奢侈,大兴土木,多次巡幸各地,靡费特甚,国库渐亏;晚年喜谀恶谏,宠信和珅,致和珅专权,贪赃枉法,严重破坏了吏治。贪污腐化的盛行,积存了严重的社会矛盾,整个清王朝亦在乾隆后期由盛转衰。

纵观乾隆帝的一生,对边疆的经营应该是其最大的功绩。击退廓尔喀入侵、镇压瞻对之乱、镇压苗疆起义、赢取大小金川之役与缅甸之役及安南之役,平定准噶尔、平定天山南路、平定台湾起义、安定西藏,是他的"十全武功"。虽然他的武功不全是正义,还有凑数之嫌,而且杀戮甚众,但是天山南北的完全归入版图,准、回各部的统一,对西域统辖的加强,对准噶尔东犯喀尔喀威胁京师及大西北之祸根的铲除,西北、漠北及青海、西藏等西南地区社会的安定,达赖喇嘛作为政教合一的代表和驻藏大臣共治西藏体制的确立,以及对雍正以来"改土归流"成果的巩固与发展,都强化了大一统国家的建立与发展,也加强了边疆少数民族地区和内地的经济文化交流。经过三代的努力,到乾隆时期,清朝形成东北到外兴安岭、库页岛、鄂霍次克海,西北到巴尔喀什湖、葱岭,北到恰克图(贝加尔湖以南,色楞格河以北),南到南沙群岛的广大疆域。

乾隆一生突出的安边之功,也体现在其对海南黎族的经营上。乾隆年间的黎族社会说得上相对安定,黎族在文教方面的发展也略有突破。

一、继续抚黎。

雍正帝的抚黎较有成效,乾隆朝汲取其精髓,继续抚黎。

(一)德政抚黎,责之以严。

乾隆年间,继续在海南执行与民休息、奖励耕垦、赈恤,以及赦免租赋等抚黎政策。

乾隆六年(1741)发布《赈恤崖州感恩陵水灾伤敕》:"上谕:内

阁,朕闻广东崖州及感恩、陵水二县,今夏雨水短少,迨后虽经得雨,而为日已迟,播种不能遍及。抚臣王安国虽饬州县官发谷借粜,以资接济,而彼地连年歉收,其极贫之民无力借粜者,仍苦不能糊口,深可轸念。着该督抚即饬有司加意赈恤,务令穷黎不致失所。又闻琼州、雷州二府属于本年八月十四五日风雨大作,吹揭瓦屋,其田禾、室庐有无损伤之处,亦着酌量办理。"①崖州及感恩、陵水二县黎族民众数量占比较高,因"深可轸念",便"加意赈恤","务令穷黎不致失所"等语,体现了皇上对黎民的关爱之情。

乾隆六年(1741)五月甲子,户部议复:"两广总督马尔泰奏称,广州、肇庆、高州、雷州、琼州等五府查勘各属山田、水田,从前本堪耕种,后因水冲,仅存石骨,及前经报垦升科,后又坍塌,统计一百十一顷五十七亩有奇。地丁闰银,并本色仓粮米内,有现在已入奏销者,请于乾隆五年奏销册内开除;其未入奏销者,按数豁免。应如所请。"从之②。乾隆六年(1741)九月辛卯,广东巡抚王安国又奏:"崖州、感恩被灾处所,明岁春间需谷赈粜,而琼属风雨情形亦尚未报到,或有被风歉收处,不得不预筹储备。查海康、遂溪、吴川、石城等县,均与海口相近,拨运最易,应动项买谷二三万石存贮,以备接济。"③获乾隆首肯,可见他关心民瘼,甚至心细如丝。乾隆七年(1742)三月丙子,谕军机大臣等:"朕览王安国奏报广东各府米价一折,内开琼州府正月米价,上米每石价银一两一钱至一两九钱,中米每石价银一两至一两八钱六分,下米每石价银八钱四分至一两八钱二分。朕思米粮时价固有不同,但一月之内相隔时日无多,不应贵贱悬殊至此,此奏

①[清]明谊修,张岳崧纂:《道光琼州府志》,海南出版社,2006年,第1658—1659页。
②唐启翠辑录点校:《明清〈实录〉中的海南》,海南出版社,2006年,第135页。
③唐启翠辑录点校:《明清〈实录〉中的海南》,海南出版社,2006年,第135页。

甚属错谬,可寄信询问之。"①乾隆七年(1742)四月,海南大旱,地方督抚请暂停额征银米,俟秋收后酌情按分宽免等法后,得旨曰:"所奏俱悉。有治人,无治法,尤宜妥协为之。"②乾隆七年(1742)九月辛酉,蠲免广东崖州、感恩二州县"被风灾民额赋"③。乾隆十一年(1746),清廷又下诏《敕免琼州牛薪等项无着税银》,"广东琼州府属应征牛薪等项税银四千二百余两,据该督抚查奏,此项税银内有无着银一千七百余两,实系畸零小户,难以照旧派征等语。朕思牛薪等项税银虽载在《全书》,例应征纳,今既查明此内有无着银两,若按额征输,民力未免拮据。着将广东琼州所属应征牛薪等税内无着银两,加恩永远豁免,俾边海贫民不致有追呼之扰"④。"乾隆十二年六月己卯,免去广东崖州乾隆十一年分水灾额赋"⑤。"乾隆十七年四月己未,豁除广东文昌县乾隆十六年风灾额赋"⑥。乾隆十八年(1753)八月己酉,又谕:"据广东巡抚苏昌等奏称,琼州为海外瘠区,贫民生计维艰。查有可垦荒地二百五十余顷,请照高、雷、廉之例,召民开垦,免其升科等语。着照该抚等所请,查明实系土著贫民,召令耕种,免其升科,给与印照,永为世业。仍督率所属妥协办理,庶土无遗利,俾该处贫民得资种植。"⑦琼民受益,广大黎族民众亦得获一体均沾。

清朝垦荒的积弊到乾隆时期有所加深,乾隆帝曾在谕旨中痛批各省名为开荒、实则加赋的行为,所以,乾隆年间的"德政"实效不可

①唐启翠辑录点校:《明清〈实录〉中的海南》,海南出版社,2006 年,第 137—138 页。
②唐启翠辑录点校:《明清〈实录〉中的海南》,海南出版社,2006 年,第 138 页。
③唐启翠辑录点校:《明清〈实录〉中的海南》,海南出版社,2006 年,第 139 页。
④[清]明谊修、张岳崧纂:《道光琼州府志》,海南出版社,2006 年,第 1659 页。
⑤唐启翠辑录点校:《明清〈实录〉中的海南》,海南出版社,2006 年,第 147 页。
⑥唐启翠辑录点校:《明清〈实录〉中的海南》,海南出版社,2006 年,第 150 页。
⑦唐启翠辑录点校:《明清〈实录〉中的海南》,海南出版社,2006 年,第 152 页。

高估！而且清政府的赈济、安辑、蠲缓等救济措施实际上皆非积极的救济措施。按照专家邓拓的观点，遇灾治标包括赈济、调粟、养恤、除害四项，灾后补救包括安辑、蠲缓、放贷、节约等项内容，皆属于消极救济措施。"属于消极救济论的，还可区分为遇灾治标和灾后补救两种"①。笔者认为这样说不无道理。赈济、放贷、节约、"轻征薄敛"及蠲免租赋等的诏令虽多，但很多法令往往是一纸空文，有的根本未实行，有的虽然实行却往往弊大于利。如蠲免灾荒，定例是于本年度扣免应蠲钱粮，但也有本年纳户钱粮收完在前，而蠲免之令在后的，故以本年应蠲钱粮于次年应纳正赋中扣免。以本年应蠲免钱粮抵次年应纳正赋，在清朝被称作流抵。可是在实际操作上，百姓往往难获流抵。或是，虽上诏令蠲免，下却不为扣除。还有指荒作熟、指熟作荒等营私行为。更严重的是出现受灾百姓未得豁免，反被多征的情况。关于其流弊，史上不绝于书，如乾隆年间的著名官僚汪志伊所著的《荒政辑要》所载，"可是地方官吏，每每置此不顾，阳奉阴违，只图贪功邀赏，并且常常隐报灾荒，以便获享虚名。这都是蠲免政策执行错误和不善的直接结果"②。因此，广大海南黎民受益的程度不可高估。

再看乾隆宽严相济地进行的"抚黎"。乾隆三十年（1765），杨廷璋被任命署两广总督。乾隆三十一年（1766）"夏，崖州安岐黎为乱，扰客民，廷璋檄镇道捕治。并奏：'客民编保甲，禁放债。黎民市易设墟场，熟黎令薙发。民出入黎峒必诘，以杜后患。'上从之。"③把客民编入保甲，严禁放债，并严禁出入黎峒的目的在于防止其"扰黎"与"害黎"，而设墟市、令"熟黎"薙发的做法一方面在于便民，一方面在于驯服黎性。

---

①邓拓：《中国救荒史》，武汉大学出版社，2012年，第139页。
②邓拓：《中国救荒史》，武汉大学出版社，2012年，第260页。
③周小华辑录：《二十五史中的海南》，海南出版社，2006年，第513页。

乾隆四十六年(1781)崖州"黎乱"之际,乾隆曾先后谕曰:"黎人敢于纠集人众,抢掠村庄,杀害民人,实属不法。即使该处村民平时或有欺压黎人之事,以致受侮不甘,亦当向地方官控告办理,何得擅自仇杀?此等野性难驯之匪徒,不可不从严究办。着传谕巴延三督同文武员弁上紧搜捕;并究出起意为首及从匪犯逐一根究。如有窜匿五指山内者,务须搜查净尽,以示惩创。至该处地方官,倘有扰累黎人,或该处村民平时欺压黎众以致激成事端,该督亦须彻底根究,据实严参。该处起衅滋事村民,亦应一律严办,不可稍存袒护。再该镇总兵瑺衡遇有此等匪徒劫杀重案,即应亲往督捕,乃仅派游击海庆前往,殊属怠玩,着巴延三传旨严行申饬……(三月辛巳得知擒获列命等七犯后又谕:)根究匪党,严行擒捕,区别首从,从重办理,未便仅照寻常案件。即多办数人,俾知畏惧,亦不为过。"①"从严究办""上紧搜捕""逐一根究""搜查净尽""从重办理"等词句中可体会出乾隆帝对参与"黎乱"者绝不宽宥的态度;同时亦绝不宽纵扰累黎人者,无论是地方官抑或村民;对处理涉及"劫杀重案"的"黎乱"之官员的规格亦有严格规定。指示中还强调,既然黎民之野性难驯,那么宁可"多办数人","亦不为过"。到乾隆四十六年(1781)三月丙申,又谕军机大臣等:"黎匪敢于聚众抗拒,杀伤巡检,不法已极,不可不痛加惩治,以儆凶顽。该督等折内,称地方官所禀过于矜张,未免有化大为小,以图了事之意,断不可稍存此念。着传谕巴延三等,务即督同文武员弁,上紧查出党恶人犯姓名,逐一尽力搜捕,遵照前旨从重办理,毋得稍存姑息之见。"②平定崖州黎族滋事之后,乾隆立准海南地

①唐启翠辑录点校:《明清〈实录〉中的海南》,海南出版社,2006 年,第 172—173 页。

②唐启翠辑录点校:《明清〈实录〉中的海南》,海南出版社,2006 年,第 173—174 页。

方政府加紧添兵驻扎防守的奏请。总之,虽抚黎以德,但绝无宽纵。

(二)通过加强吏治与着意恤官而间接抚黎。

乾隆二年(1737)五月辛亥,乾隆查得广东琼州府知府袁安煜不恤民间疾苦、贪黩不堪的累累罪状,便谕总理事务大臣严查①。乾隆五年(1740)四月,两广总督鄂弥达被弹劾后,乾隆发旨:"鄂弥达身为封疆大臣,一任家人交结属员,霸占民利,婪赃盈万,招摇不法,实属溺职。鄂弥达着革职。袁安煜借帑营利,恣肆妄行,似此贪劣之员,鄂弥达曾在朕前奖以好语,以致袁安煜肆无忌惮,更属徇庇。袁安煜应赔赃银,着鄂弥达照数另赔一倍,以示罚惩。"②

严惩恶吏的同时,亦体恤边官。乾隆三年(1738)四月己酉,得知崖州牧王锡、感恩令李寿阜,俱于到任后数月染瘴身故,却贫难归籍后,上对奉职边远人员深以为悯,虑及酌量加恩而谕曰:"但朕意与其加恩拯恤于身后,何如设法保全于生前。向例瘴地各缺,原系拣选熟习水土之员调补,则补调人员必其籍与两粤道路相近,水土始为相宜,未可漫无区别,概行调往也。将来作何定例拯恤,并变通之处,着大学士会同该部详悉,定拟具奏。"③乾隆十九年(1754)正月壬申,又谕:"广东琼州府属儋州、万州地近烟瘴,水土恶劣。该处武员已定有五年俸满升转之例,而文员未经议及。所有该二州知州及教、杂等官,著加恩一体准其五年报满候升,以示体恤。"④

加强吏治,并体恤边官的结果就是有良吏涌现。如雍正年间曾深入五指山、安辑黎众的海南道潘思矩到乾隆年间,"迁按察使。惩

①唐启翠辑录点校:《明清〈实录〉中的海南》,海南出版社,2006 年,第 126—127 页。
②唐启翠辑录点校:《明清〈实录〉中的海南》,海南出版社,2006 年,第 132—133 页。
③唐启翠辑录点校:《明清〈实录〉中的海南》,海南出版社,2006 年,第 129 页。
④唐启翠辑录点校:《明清〈实录〉中的海南》,海南出版社,2006 年,第 153 页。

贪锄猾,理冤狱尤多。民以旱纠众入市掠夺,思矩方被疾,强起坐堂皇,立捕数十人杖以徇,事乃定"①。又如乾隆三十年(1765)任乐会知县兼署万州的孟毓蕃。据道光《琼州府志》(宦绩)卷三一载:"时值黎乱,弁兵往来,毓蕃经画有条,民得不扰。黎有被诬冤屈者六家,毓蕃极力保全,黎人感泣。"②阶级社会中,处于底层的民众,最易遭受各种扰害及冤屈,能查明真相还民清白,方能获民感佩与爱戴,也能相应维持社会的稳定。不扰黎、以德化黎的乐会知县孟毓蕃便深获民众爱戴。"未几,卸州篆,万民赴府恳留,不可。旋卒于乐会,宦橐萧然,乐、万士民捐赀归丧"③。"江炯,安徽歙县举人,乾隆三十四年任乐会县。仁廉明恕。留心学校,增设书院膏火、乡试宾兴等田租,士林德之,设位祀书院。四十二年,署定安县。操守廉洁,才识精明,吏胥不敢欺。案无留牍,有诬控者必重惩。士民爱戴,有'数十年来真父母'之谣"④。"万卜爵,云南蒙自举人,乾隆三十七年任会同县。居心仁爱,莅政廉明,用刑法寓慈祥之心。催科不扰,抚字心劳。均现年费,免贫户逋负。去任时,民遮道,如失慈母"⑤。又如李维裕,字容川,江南上元人,乾隆五十九年(1794)知万州。遇黎人滋事,维裕曰:"若辈虽不知礼义,然天性具有也。协以兵力,势穷则服,少一宽假,反侧如故。今必屡黩军旅,诚非上策。愿假时日,当以德化之……(后黎人果服)掳系牛畜,胥献纳焉。"⑥的确,穷兵黩武,虽可压服黎人于一时,但一有变故,则易生"反侧"。只有推行"德政",才可使黎人心悦诚服。重"抚集"黎人的还有署儋州的杨枝华。"杨枝

①周小华辑录:《二十五史中的海南》,海南出版社,2006年,第509页。
②[清]明谊修,张岳崧纂:《道光琼州府志》,海南出版社,2006年,第1413页。
③[清]明谊修,张岳崧纂:《道光琼州府志》,海南出版社,2006年,第1413页。
④[清]明谊修,张岳崧纂:《道光琼州府志》,海南出版社,2006年,第1413页。
⑤[清]明谊修,张岳崧纂:《道光琼州府志》,海南出版社,2006年,第1413页。
⑥[清]明谊修,张岳崧纂:《道光琼州府志》,海南出版社,2006年,第1414页。

华,贵州都匀人,进士。乾隆十年,由陆丰令迁崖州牧。廉明方正,除革蠹吏奸胥,请豁穷民积欠。立义学,陶成士类。岁荒捐赈,民沾实惠"①。杨枝华乾隆三十二年(1767)署儋州,时值黎人起事,他总设法抚集,使民黎安堵。抚集安黎,有利于黎区局势的稳定和生产的恢复。

(三)文教抚黎。

除了各州县的儒学外,乾隆年间海南的社学、义学、书院也多有发展与新建。如琼山县雁峰社学,"乾隆三十六年,绅士吴福、杜常辉、温星阳、何朝辅、冯文炘、吴必禄、毛映斗、温维新等共捐银四千两,建讲堂五间、文奎楼五间、东西斋十二间、大门三间,余银一千五百,置田收租为师生膏火并宾兴之费……珠崖社学,在东门街,久废。乾隆四十年,绅士吴位和、王时宇、郑宗汉、符诗、杜攀棱、冯廷瑛等呈请捐建,外置铺四间,收租供府学香灯。海口社学……乾隆二十七年,监生严孔识、吕之勋、谭世杰等签捐另建城东,内建文昌阁。宝荫社学,在大那邕,乾隆八年吏员吴宗义建"②。澄迈县的"义学一,曰南离义学……乾隆十二年,知县骆英改建学宫之西。社学六,曰嘉乐、铁江、瑞溪、大美、杨宦、石湖。乾隆十年,教谕周炳倡捐建立"③。

书院在雍正年间兴起后,乾隆时期备受重视而获得更大的发展。为继续导进人材,广学校所不及,乾隆着力规范书院的管理,如改山长为院长,严格师资规格,规定以上谕作为课程等。如海南的苏泉书院在乾隆十年(1745)由琼州知府于霈和琼山知县杨宗秉等捐资修建;雁峰书院、尚友书院、双溪书院、万安书院、顺湖书院、珠崖书院也

① [清]明谊修,张岳崧纂:《道光琼州府志》,海南出版社,2006年,第1411页。
② [清]萧应植修,陈景埙纂:《乾隆琼州府志》,海南出版社,2006年,第250—251页。
③ [清]萧应植修,陈景埙纂:《乾隆琼州府志》,海南出版社,2006年,第251页。

捐复或建立于乾隆年间①。乾隆三十八年(1773)海南分巡道德庆曾重修琼台书院,乾隆三十四年(1769)进士、曾作为总校书秘书参加《四库全书》编纂的琼山人吴典,在告老归乡后也曾担任过琼台书院的主讲。

而所谓的文教抚黎,就是用儒家的礼乐法度教诲黎众,使他们从思想上认同清王朝,服从清统治,从心理上消除反清意识,文化上融入以纲常仁义为核心的封建礼教。文教最有效的方式无非是兴办学校,通过学校教育,在黎人中培养诵经习儒的风尚,改造其传统习俗,消弭其反抗精神;通过讲授儒家经典培育黎族人才,增加黎族民众对国家的认同感。当然,黎人智识开通,可治贫愚,可免被欺诈。

乾隆时期,清政府开始尝试在黎区办学,以开化黎人,缩小黎汉之间的差别。乾隆五年(1740),庆复移督两广时,疏言:"琼州四面环海,中有五指山,黎人所居。请设义学,俾子弟就学应试,别编'黎'字,州县额取一名。"②乾隆六年(1741)二月,广东按察使潘思榘奏请,于海南黎人较多的崖、陵、昌、感、儋、万、定七州县,仿照云贵、湖南创设苗童义学之例,"设义学,择本地贡生、生员中品学兼优之士教之,资以膏火。有识学或成诵者,量加奖劝;能文章应试者,许考试,则黎人薰沐教泽,愈知安份守法,土棍汉奸,不由欺诈"③。乾隆七年(1742),这些建议得到了朝廷的支持,乾隆批准在崖陵等七州县"各黎峒相近之区"设立义学十三处,对黎人"加以甄陶,训其朴野

---

①[清]萧应植修,陈景埙纂:《乾隆琼州府志》,海南出版社,2006 年,第 247—256 页。

②周小华辑录:《二十五史中的海南》,海南出版社,2006 年,第 509 页。

③《清实录》,《清高宗实录》卷一三七,乾隆六年辛酉三月乙丑条,中华书局,1985 年影印本。

之性,进以礼让,渐臻亲逊之风"①。这样做的目的在于"俾我皇上文德诞敷,大化翔洽,诗书弦诵,声彻岭峤之区,文物声名,光被遐荒之表"②。

乾隆年间政府重视黎区教育,不仅为之设立社学、义学和州县学,还特别择师并筛选俊秀黎人子弟学说汉语,学习汉字及封建文化。在政策上规定对黎人子弟入学与捐监,不加歧视,或是"一体"对待,或是考虑黎区起点不同而另立名额以示照顾,并奖励诵经习儒卓有成效者:"如黎童中有能识字成诵者,量赏纸笔,俟三五年后,有能通文应试者,照依苗学之例,取具黎族结状及廪生保结,另编黎字号考试。每州县定额进取一名,许其一体乡试。"③所以,William T Rowe(罗·威廉)认为的"对于基础的识字能力,乾隆放弃了普及教育的推行,特别是在边疆地带。他认为让不值得信任的少数族群获取识字的权益,是不智且浪费公帑之举"④,这种说法并不确实。

在黎区办学的办法实行了好些年,但效果不显著。乾隆初年时由广东学政潘思榘奏请所设立的十三所义学,因为生源困难、语言障碍等问题,几年之后便遭到裁撤。乾隆十四年(1749),两广总督硕色、广东巡抚岳濬会奏:

① [清]鄂尔泰等:《奏为遵议两广总督庆复议复广东按察使潘思榘请设黎童义学一折可行事》,乾隆七年八月十一日,第一历史档案馆藏朱批奏折,档号04-01-01-0088-015。

② [清]鄂尔泰等:《奏为遵议两广总督庆复议复广东按察使潘思榘请设黎童义学一折可行事》,乾隆七年八月十一日,第一历史档案馆藏朱批奏折,档号04-01-01-0088-015。

③ [清]庆复:《奏请于琼州府崖州府等州县设立义学以使黎人蒙受教化事》,乾隆七年七月初二日,第一历史档案馆藏朱批奏折,档号04-01-01-0088-014。

④ [美]罗·威廉著,李仁渊、张远译:《最后的中华帝国:大清》(William T Rowe: China's Last Empire: The Great Qing),中信出版社,2016年,第61页。

广东连、韶、琼等处，先后曾设瑶、黎各学，每年动支公费，给馆师俯脯。今查各处因无瑶童从学，久废，惟韶郡之乳源一处尚存，就学者亦无瑶人子弟。黎学虽有馆师，黎童甚属寥寥，且语音各别，教无所施。应概裁额支馆师俯脯银，仍归原款充公。①

黎童"甚属寥寥"，表明当时黎人对政府资助的学校或是兴趣不大，或是对所教经义难以接受，至于黎童向科举之路，则更艰难，以至于大部分黎人知难而退。

明朝也曾积极主张在黎区办学校教化黎人，但效果也不尽如人意。如明朝时澄迈县所建的学校在乾隆年间就多已废掉："书院二：曰天池书院，在县东门外，嘉靖间知县秦志道建，知县许应龙重修，今废；秀峰书院，在倘驿都，明成化元年举人李金建，久废。义学一，曰义方塾，在那社都，曾惟唯建。社学十九。《旧志》云明成化间知县周泰奉副使涂莱建立，曰倘驿、那留、丰盈、多稔、封平、那蓬、那托、南楚、丫浪、王家、安宁、富实、保义、新安、水北、上曾家、东曾家、西南黎、西黎，共十九所。俱废。"②除了义学"义方塾"外，澄迈县明朝所建的书院及社学俱久废，尤其是西南黎、西黎等社学，看字面就可知建在黎族聚居处，更是一并淹没殆尽。

乾隆年间的文教抚黎措施，虽效果不彰，但还是起到一定的作用。成书于乾隆三十九年（1774）的《乾隆琼州府志》记载，"熟黎"，"其近民居者，直与齐民无异，近多遵守王化，剃发着裤，并令子弟读书"③。可见彼时部分近汉民居住的"熟黎"，不仅着装上形同汉民，也在精神与文教上接受了汉化。

---

①唐启翠辑录点校：《明清〈实录〉中的海南》，海南出版社，2006年，第148页。
②[清]萧应植修、陈景埙纂：《乾隆琼州府志》，海南出版社，2006年，第251页。
③[清]萧应植修、陈景埙纂：《乾隆琼州府志》，海南出版社，2006年，第828页。

但是,乾隆年间黎族的教化之路还很漫长。"清中叶以前的海南黎族社会发展水平,毕竟与内地有较大的差距,尤其是'生黎',还相当落后,因而很难接受与内地社会发展相适应的儒家文化,清统治者把内地的教育方式与教育内容照搬到海南黎族社会中,没有变通,缺少过渡,遇到困难又不能坚持或寻求改进,而是一撤了之,受到挫折是必然的"①。

二、乾隆年间的"黎乱"及其处理

康熙朝初期,当局往往采取残酷的镇压手段处理"黎乱";康熙朝中后期则注重剿抚兼施对待"黎乱"。随着清王朝统治的日趋巩固,到乾隆年间,"黎乱"虽仍有发生,但数量少且规模较小,基本进入低潮期。

乾隆即位初年即采取安抚为主而征讨为辅的手段快速镇压了古州、台洪的苗疆起义,之后他免除苗赋、尊重苗俗、实行屯田、慎选苗疆守令,减少了苗民的抵触情绪。同样,他对海南黎族的"动乱",也是以抚为主,剿抚并用。

《乾隆琼州府志》曾评论当朝治黎之策:"黎性不驯,固已,剿抚之道宜并用之……我朝泽及黎岐,卒鲜蠢动,非明征欤? 即乾隆三十一年王天成等不法,亦缘客民欺凌嗜利迫之使然。守土者遵条议,善稽查,禁外奸潜入之踪,免黎岐滋扰之患,黎安而地方太平无事。设官分职,名曰抚黎,意深且远也。"②乾隆年间黎族"卒鲜蠢动",确为实情,但仍有"黎乱"爆发,原因何在? 在于"客民欺凌嗜利迫之使然",因此,要严稽查,"禁外奸潜入"黎岐,"免黎岐滋扰之患,黎安而地方太平无事"。这些话真是道尽了乾隆一代安黎的关键:以防

---

① 刘冬梅:《清代海南黎族教化政策探析》,《东岳论丛》2013 年第 8 期。
② [清] 萧应植修,陈景埙纂:《乾隆琼州府志》,海南出版社,2006 年,第 848 页。

为主。

的确,乾隆朝处于"康乾盛世"之顶,社会相对安定,统治者也更加注意安抚黎区,但在此期间却仍旧爆发了两次规模很大的"黎乱"。一是乾隆三十一年(1766)定安、陵水黎"作乱",《道光琼州府志》记载了此次"黎乱"过程,"乾隆三十一年三月,定安黎首王天成作乱,自定安至崖州悉被蹂躏,屯聚乐安城。四月,陵水宝停黎亦作乱,游击廖国宝督兵驻往拒之,寻卒于军。总督杨廷璋率大兵驻雷州,遣琼州镇甘国宝、巡道王锦、郡守曹槐、抚黎同知宋锦等分督弁兵剿捕诸峒,擒杀黎贼百余人,群黎畏服,自是十余年不敢出掠"①。这次"黎乱"的起因是黎民与客民之间的矛盾被激化。一如两广总督杨廷璋、广东巡抚王检所奏:"岐黎仇杀客民一案,实因内地及外省客民贩卖黎峒藤板香货,间有娶黎妇插居黎村者,欺黎贫愚,放债盘剥,凌虐难堪,黎图报复,故酿巨案。"②

平息此次"黎乱"后,两广总督杨廷璋针对引起黎民、客民冲突的各种弊端制定了一系列善后规章,得获乾隆首肯:

　　一,民黎杂处滋事,应将客民久居黎地,有家室田园庐墓者,使其共居一村;其客民无眷属插居黎村者,移住客民村内,另编保甲管束。其黎村仍饬该总管、哨管、黎头稽查,不许黎岐往来民村私相借贷,如违,该甲长、黎头禀究。一,从前钱债数目,饬地方官彻底查明。其非违例取息,已收一本一利者,将券缴销,否则仍令请还。如系重利盘剥,将收过一本一利外,余息追出充公。永禁客民入黎放债,违者递解回籍。一,琼南藤板、香料及

①[清]明谊修,张岳崧纂:《道光琼州府志》,海南出版社,2006年,第898页。
②《清实录》,《清高宗实录》卷七六一,乾隆三十一年丙戌五月丙申条,中华书局,1985年影印本。

杂货等物,多出黎峒,宜酌筹交易以资黎人生理。应饬地方官于
州、县城外汛地,设立圩(墟)场两三处,定以圩期交易。届期责
成该汛巡检、弁兵,督黎头、保甲弹压,如藉端索扰,立即参革。
一,黎有生熟两种,生黎深处五指山内,窠居野食向不纳粮,听其
自便。熟黎环居五指山脚,耕种纳粮,间亦有剃发自附齐民者,
应饬黎峒总管、哨管、黎头谕令熟黎普行递发,杜其假冒生黎滋
事。一,每年例办进贡花梨、沉香,向系差票赴黎购买,黎头挨村
拨夫送官领价,易滋扰累。应将每年贡额晓示,预发价值,派总
管、哨管、黎头分办运赴,免致差役扰累。一,各要隘俱有巡检汛
弁,凡出入黎山峒人,须盘诘明白然后放行。如有汉奸及佐杂营
弁出票差人入黎者,将员弁参革;州、县催粮及勾摄公事,只许票
差黎头,不许差役入黎,违者参处。①

　　以上这些规定有五个要点:一是将民、黎分开居住,以防客民对
黎人的盘剥;二是将以前债务结清,并禁止客民入黎地放债;三是将
民、黎间交易置于官府的巡检之下,防止索扰黎民;四是明示例办的
进贡,防止差役暗里扰累黎人;五是限制外来人员入黎。这些规定很
有针对性,主观上为防患于未然,客观上也能限制各种扰黎者的行
为,起到稳定黎区的作用,但是这些规章也阻碍了民黎之间的交流,
很大程度上阻隔了黎人与外界的联系,同时这些措施在实际上的实
施也是大打折扣,并不能消除黎民、客民之间的矛盾,第二次"黎乱"
的发生即是明证。

　　另一次是乾隆四十六年(1781)崖州乐安所属官坊村黎首那回等
"作乱":"岁饥,汉奸放债盘剥,黎人苦之,出掠乡村。总督巴延三吆

①唐启翠辑录点校:《明清〈实录〉中的海南》,海南出版社,2006年,第164—165
页。

命署知府丁某同雷琼总兵常衡督兵往剿。巴延三亲至琼州,益以儋、万兵,海口、海安各三百,分赴各要隘堵捕。仍出示招抚,购熟悉黎情者深入。先后擒贼首数十人,并拘盘剥激变奸民解郡治罪,崖州平。"①崖州"黎乱"之后,清政府加紧添兵驻扎、加强防守,上准予"乐安汛添兵二十七名,乐平汛添兵十一名,抱蕴塘设兵二十名,即在崖州存城兵内抽拨。再乐安汛,轮拨左右哨千总一员,外委一员,督带驻防。乐平汛,拨存城外委一员,督带防守。抱蕴塘改为抱蕴汛,拨队目一名,督带驻守,听乐平汛外委专管。其乐平及抱蕴汛均听驻防之乐安汛管辖"②。

乾隆年间,汉族地主与高利贷势力在黎族地区的迅速发展,导致他们与黎人的矛盾尖锐,因此,此时黎人反抗的目标在于汉族剥削者。每次"黎乱"平定后,清政府仍旧将致乱之由归于深入黎区的"汉奸",采取的善后之策也仍旧是加强黎汉的隔离,限制黎人买卖铁器、严禁"汉奸"擅入黎境、指定墟场交易等,乾陵甚至下"禁放债"之旨严禁高利贷者对黎族的盘剥。实际上,严防、隔离的政策,并非良策,是消极政策,治标不治本。在黎区建州立县、积极发展黎区的经济文化,方为良策。但一如康熙的论调,乾隆年间的官员何绦在《平黎立县议》中反对在黎区立县,他仍旧认为:"得(海南黎族)其地不足益国家分毫之赋,得其人不能当一物之用,故历代皆以禽兽畜之,大概亦可知矣……立城池、学宫、衙宇、仓库、俸食,徒糜朝廷无虑之金钱耳。"③因此,乾隆初年即在海南黎区处处设防。"乾隆三年二月辛卯,添设琼州府澄迈县新安司巡检一员,万州龙滚司巡检一员,嘉

①[清]明谊修,张岳崧纂:《道光琼州府志》,海南出版社,2006年,第916页。
②唐启翠辑录点校:《明清〈实录〉中的海南》,海南出版社,2006年,第174页。
③《不宜平黎立县议》,载[清]贺长龄《皇朝经世文编》卷八八《兵政十》,光绪十三年(1887)上海点石斋石印本。

应州镇平县罗冈司巡检一员。改原设万州宝亭司巡检隶陵水县,为陵水县宝亭司巡检。崖州通远司巡检,移驻永宁乡,为永宁司巡检,并铸给印信"①。并且加强了巡查盘查。乾隆十一年(1746)五月壬寅,广东巡抚准泰奏:"琼郡地广事繁,海峤民性蠢愚,黎岐杂处,拊循稍有未当,转滋惊扰……至琼属崖州、感恩、陵水、昌化四州县,水土恶劣,瘴疠最甚,应令于每年冬月,道、府挨年轮巡一次。其余非烟瘴地方,令该道、府一年各巡一次。"②所奏获允。

三、乾隆年间黎族的生存状况③

清萧应植修、陈景埙纂的《乾隆琼州府志》,乾隆三十九年(1774)初刊,卷八《海黎志》中所记载的"黎岐"条,与前代相关文字记载虽有不同,但差异并不大。而相对有个性特色的汉族文人士大夫的笔记便成为今人管窥古代黎民生存状况的重要参考资料。如清朝乾隆十七年(1752)至乾隆十九年(1754)任海南定安县知县的张庆长所著的《黎岐纪闻》,就比较真切详尽地记述了当时他本人在黎区实地考察民风所耳闻目睹的黎族社会情状,从中可侧面了解清朝乾隆年间海南黎族的生存状况。

(一)黎人多生活于崇山峻岭间,黎区物产丰富

"黎内多崇山峻岭,少平夷之地……"④黎族是海南的原住民,早期历史上黎族的先民应广布于全岛,后由于中原历代封建王朝的移民与征剿,黎族民众的生活区域日见缩小,并多以山区、丘陵地带为主要居住区,并主要以农耕为生。黎族村户大多人口稀少,居住分

---

①唐启翠辑录点校:《明清〈实录〉中的海南》,海南出版社,2006年,第128页。
②唐启翠辑录点校:《明清〈实录〉中的海南》,海南出版社,2006年,第146页。
③此部分内容参见著者本人刘冬梅:《从〈黎岐纪闻〉管窥清朝乾隆年间海南黎族生存状况》,《海南广播电视大学学报》2015年第4期。
④[清]张庆长撰,王甫校注:《黎岐纪闻》,广东高等教育出版社,1992年,第117页。

散,以一家一户从事田间作业。崇山峻岭的自然环境使得黎区物产丰富,著称于世的"花梨木""沉香""楠木""总管木""万年青""鸡心、凤眼等木""桄榔""藤"等,或可为药,或为香木,或为寿材。崖州驻防官兵每岁装运花梨勒要牛车驱遣黎人,"然近日黎人狡狯,以年办贡木,恐致贻累,见花梨颇砍伐之,故老者渐少焉"①。自古闻名遐迩的海南花梨与沉香因名声所累,使得求者贪婪无度,官吏"竭泽而渔",导致其数量和质量双双下降,但这并不能减弱外界的需求,从而引发黎民反对统治者穷征暴敛的事件,在史料上从不少见。随着乾隆年间国力的增强与生产的发展,消费与奢侈的需求也不断增长,清廷加剧了对海南黎族民众的压榨,官吏及兵匪也加大了对黎区珍稀资源的贪求,黎民在实际生存中的赋税负担远远超过规定的数额。不堪其苦的黎族民众,除了反抗,便消极地践踏自然生态。因此,乾隆年间的黎人之所以"狡狯",不外乎贡赋繁重,使黎族人视珍稀物产为负累,而"见花梨颇伐之",也从侧面表达了黎人对贡赋消极与反感的态度。

(二)黎族的分布、分类及政治、经济等状况

1. 黎族的分布。

《黎岐纪闻》记载:"琼山、澄迈、定安、临高、乐会、陵水、昌化、感恩八县均有黎……沿海皆州县治,中为黎峒……文昌无黎。今考会同亦无之,盖会同由乐会分出。"②而据《乾隆琼州府志》记载,"琼山黎东曰清水峒……今改开文,立里甲编差。南曰南岐,曰南椰,曰南虚,曰琅环,曰南坤,曰居采岭,曰平沙湾,曰居碌,曰居林。九峒前编为西黎都,今南岐五峒编"③。可见,琼山县尚有四峒未曾编差的"生

①[清]张庆长撰,王甫校注:《黎岐纪闻》,广东高等教育出版社,1992年,第123页。
②[清]张庆长撰,王甫校注:《黎岐纪闻》,广东高等教育出版社,1992年,第116页。
③[清]萧应植修,陈景埙纂:《乾隆琼州府志》,海南出版社,2006年,第829页。

黎"。"澄迈黎南曰南黎,今为一都、二都;西曰西黎,今为正、中都。定安黎南曰南闰峒,地平衍,民乐居之,现充里甲。惟光螺、思河原系黎峒出没之冲,常出为民患。文昌黎曰斩脚峒……近有文昌无黎之说。会同无黎人,因分县时黎隶乐会。乐会黎曰纵横峒,北接思河光螺,南接万州青山,声势相倚。临高黎峒曰坟营,曰坡头,曰那律,曰番吉,曰略绕,曰番溪,曰松百,曰重绕。八峒皆倚番豹山为险,只容一人入。过此十里则西至重绕、坡头等峒,南至番洒等峒,常出为患。儋州黎视诸处最蕃……今生熟凡五都,曰抱驿,曰黎附,曰顺化,曰来格,曰来王"[1]。"昌化黎散处山谷,不相统摄,与民杂居,不为寇害。旧有土职二员名招黎,既归有司,遂不复领于土舍。近立大员、大村二峒"[2]。昌化县散居各处的黎村,到乾隆年间方被归于新近设立的"大员、大村二峒"中。立峒想必会设置峒长之类,并土流兼治。"万州黎西南则鹧鸪啼峒……北则龙吟峒……常出为害。近改西峒、北峒、太平峒"[3]。看来,当时政府的考虑应是:既然"常出为害",便以分化的办法,两峒分为三峒,便宜管理。不便宜管理的还有陵水黎、崖州黎、感恩黎,"陵水黎北有黎亭,南有岭脚。岭脚由葫芦门而出,黎亭由黎罗而出。又有东北峒,有大牛岭、小牛岭,为黎人往来必由之路,常出为寇。崖州黎地大于州,其人十倍之,分东西二界。前屡为患,罗活、千家为甚,德霞、抱显次之。感恩黎附版籍者什九,与民杂居无患,患在与崖之生黎切近。其出没孔道有二,一自莪茶总路分入陀兴、必改,一自湳麻岭总路分入岭头、白沙,常出为患"[4]。从康熙到乾隆年间,"常出为寇""屡为患""常出为患"的"生黎"一仍其

①[清]萧应植修,陈景埙纂:《乾隆琼州府志》,海南出版社,2006年,第829页。
②[清]萧应植修,陈景埙纂:《乾隆琼州府志》,海南出版社,2006年,第830页。
③[清]萧应植修,陈景埙纂:《乾隆琼州府志》,海南出版社,2006年,第830页。
④[清]萧应植修,陈景埙纂:《乾隆琼州府志》,海南出版社,2006年,第830页。

就。因此,治黎之路,任重道远。

2. 黎族的分类及政治、经济等状况等。

《黎岐纪闻》记载:"黎分生熟两种。熟黎之类有三:黎岐、孝黎、黎鬃是也,生黎之内有六:花脚黎、大厂黎、小厂黎、岐黎、霞黎、生岐是也。"①"生黎则各食其土,不入版籍,止设有黎练、峒长之类统辖之,遇有事,峒长、黎练以竹箭传唤,无不至者,其信而畏法如此。"②可见,乾隆年间黎族内部仍以峒作为主要的社会组织,族规严格,"生黎"执信畏法;"生黎"虽不入版籍,却也被设立黎练、峒长之类,但仅为土官所辖管,笔记中补充说:"生黎地不属官,亦各有主。间有典卖授受者,以竹片为券。盖黎内无文字,用竹批为三,计丘段价值,划文其上,两家及中人各执之以为信,无敢欺者。近日狡黠辈颇纷纷以诈伪生争矣。"③从前重契约、信用的"生黎","近日狡黠",说明乾隆年间已有"生黎"受到"熟黎"的影响,且熏染渐深,已经"近墨者黑"了。黎人"日渐狡黠",或是受到压迫后的反应,或是"生黎"受到"熟黎"的影响,而"熟黎"本为"闽、广亡命",或受到客民、汉人或汉商的影响,总之,他们已经不都再是"好狠斗勇""淳朴憨厚"之辈了。《黎岐纪闻》载:"黎头辖一峒者为总管,辖一村或数村者为哨官。大抵父死子代,世世相传,或间有无子而妻代之及弟代之者,为众心所归而公立之也。凡小事听哨官处断,大事则报诸总管,总管不能处,始出面控告州县。近日多不听处断而出告者,缘外奸教唆其中,渐生机智,亦风会然也。"④可见,乾隆年间黎族地区的行政管理依然采用土流兼治的方式,并且保留了黎族传统的父死子代等"权位"继承习惯。

---

① [清]张庆长撰,王甫校注:《黎岐纪闻》,广东高等教育出版社,1992年,第116页。
② [清]张庆长撰,王甫校注:《黎岐纪闻》,广东高等教育出版社,1992年,第117页。
③ [清]张庆长撰,王甫校注:《黎岐纪闻》,广东高等教育出版社,1992年,第117页。
④ [清]张庆长撰,王甫校注:《黎岐纪闻》,广东高等教育出版社,1992年,第117页。

但由于"外奸教唆"及社会风气使然,黎人"渐生机智",不服土官处断、出面控告州县者增多,流官的任务渐增。需要指出的是,清朝乾隆年间,海南很多黎民都已经和汉人一样成为国家的编户齐民了,且有相当一部分黎民逐渐汉化,一些偏僻山区的"生黎"区,同样设有黎族土官,这些都说明,此时清朝的统治势力已深入黎族地区。

　　黎族地区的经济此时进入到发展较快的时期,《乾隆琼州府志》记载,"生熟黎力田,岁皆两熟,并植杂粮"[①]。"熟黎"地区的耕种之法,所用农具,与内地无异,部分"生黎"地区的生产能力也与"熟黎"地区接近,"生黎"与"熟黎"的田皆能岁两熟。《黎岐纪闻》也记述了黎族的农业生产与社会经济状况,如黎米,"所获较外间数倍,其米粒大色白,味颇香美,然外间人食之多生胀满。琼人所谓大头米"[②]。黎汉之间的经济交流也日益扩展,使得"熟黎"地区的商品经济发展起来。《黎岐纪闻》记载,"黎锦"与"黎布"被汉族商人"或用牛或用盐易而售诸市,海南人颇用之"[③]。还有黎汉交界处墟市的设立,也促进了汉黎的经济交流及黎族地区的经济发展。但是,"黎中无墟市,从无鬻米者。贫人乏食,则有米者贷之,不计息,偿不偿亦不深较。近日颇有奸贪之徒,春借秋偿,倍息取利,心不古矣"[④]。黎中无墟市,给奸贪之徒以机会。黎人亦无商人,"自食其力,从无为买卖生理者……外贩赍绒线盐布等物入而易之……惠潮人入黎者,多于坡地种烟,黎人颇用之"[⑤]。大部分黎族地区,都存在着相当严重的阶级分化、贫富差距与民族矛盾等社会问题。如"黎人以牛之有无多寡计贫富,大抵有牛家即为殷实,有养至数十头及数百头者,黎内谓之

①[清]萧应植修,陈景埙纂:《乾隆琼州府志》,海南出版社,2006年,第829页。
②[清]张庆长撰,王甫校注:《黎岐纪闻》,广东高等教育出版社,1992年,第117页。
③[清]张庆长撰,王甫校注:《黎岐纪闻》,广东高等教育出版社,1992年,第118页。
④[清]张庆长撰,王甫校注:《黎岐纪闻》,广东高等教育出版社,1992年,第117页。
⑤[清]张庆长撰,王甫校注:《黎岐纪闻》,广东高等教育出版社,1992年,第122页。

大家当……俗好铜锣……其值或抵一牛或数牛,或有抵数十牛者则益宝贵之。藏铜锣多而佳者为大家,犹外间世家之有古玩也"①。黎区大量的社会财富与土地集中在黎族地主、土官及"大家"手中,富户家境殷实,牛多铜锣多,而在五指山等少数黎族地区,还有保留着原始氏族生活状态的黎民。如"生黎不识耕种法,亦无外间农具,春耕时用群牛践地中,践成泥,撒种其上,即可有收。近时颇有学耕种法如外人者"②。"生黎"大多还是保持着较原始的耕作方式,但已经开始追求进步,学外人的先进耕作法了。"生黎"间的交换,"间有典卖授受者,以竹片为券"③。"生黎不知种植,无外间菜蔬各种,唯取山中野菜用之。遇有事,则用牛犬鸡豕等畜,亦不知烹宰法,取牲用箭射死,不去毛,不剖腹,燎以山柴,就佩刀割食,颇有太古风"④。"黎人不贮谷,收获后连禾穗贮之,陆续取而悬之灶上,用灶烟熏透,日计所食之数,摘取春食,颇以为便"⑤。黎族的经济生活仍深受自然生态环境的主宰。黎族先民早在数千年前,就已经摆脱了单纯的采集经济方式,开始发展原始的烧垦式农业,亦称"刀耕火种"的游耕农业,到乾隆年间,仍有部分"生黎"沿用原始的牛踩田方式来耕作,采用原始的贮谷法,不习惯施肥、除草,也不用水车灌溉。此时也有逐渐开化的"生黎",生产能力已有所提高。

　　"黎妇多在外耕作,男夫看婴儿、养牲畜而已;遇有事,妇人主之,男不敢预也"⑥。黎妇无论在生产还是生活中都具有举足轻重的社

①[清]张庆长撰,王甫校注:《黎岐纪闻》,广东高等教育出版社,1992年,第118页。
②[清]张庆长撰,王甫校注:《黎岐纪闻》,广东高等教育出版社,1992年,第117页。
③[清]张庆长撰,王甫校注:《黎岐纪闻》,广东高等教育出版社,1992年,第117页。
④[清]张庆长撰,王甫校注:《黎岐纪闻》,广东高等教育出版社,1992年,第119—120页。
⑤[清]张庆长撰,王甫校注:《黎岐纪闻》,广东高等教育出版社,1992年,第117页。
⑥[清]张庆长撰,王甫校注:《黎岐纪闻》,广东高等教育出版社,1992年,第118页。

会地位,黎族内部但有纠纷发生,只要妇女出面干预或调解,即可兵息人散,立解仇怨。这是母权制时代妇女"主政"的遗迹。"由于古代黎族妇女在经济上所具有的重要地位及血缘关系所决定,对于维系氏族的生存和繁衍,都起到极其重要的作用。因此,妇女在氏族社会里受到集体成员的尊敬,大家听从她的指挥,很自然地形成母系氏族公社。同时它必然要反映到社会制度上来,因而也就决定了妇女在社会上的优越地位"①。这也是一些历史文献记载"其俗贱男贵女"的原因。但黎族家庭基本上应是男耕女织的,"男子主要负责犁田、耙田、拖谷等田间重活。妇女插秧、割稻。老年男子主要负担放牛、管稻田水、编织竹藤器,饲养和放牧家畜。男孩八九岁就参加劳动,放牛、砍柴等。女孩八九岁即采集野菜、挑水、学习纺纱织布、播种山栏稻等"②。乾隆年间黎族男女的地位与前代比无大变化。

(三)黎族的家居等生活状况

《黎岐纪闻》记载:"(黎人)居室形似覆舟,编茅为之,或被以葵,或藤叶,随所便也。门倚脊而开,穴其旁以为牖。屋内架木为栏,横铺竹木,上居男妇,下畜鸡豚。熟黎屋内通用栏,厨灶、寝处并在其上;生黎栏在后,前留空地,地下挖窟列三石,置釜,席地饮煮,惟于栏上寝处。黎内有高栏、低栏之名,以去地高下而名,无甚异也。"③可见清朝乾隆年间的黎人多居住于干栏式船形屋中。黎族居民的晒稻架、谷仓、山寮、隆闺及土地庙等,在《黎岐纪闻》中亦有所记载。而器用上,"皆椰壳,或刳木为之。炊煮熟,以木勺就釜取食,或以手捻成团而食之,无外间碗箸"④。

---

①邢关英:《黎族》,民族出版社,2004年,第36页。
②邢关英:《黎族》,民族出版社,2004年,第28页。
③[清]张庆长撰,王甫校注:《黎岐纪闻》,广东高等教育出版社,1992年,第118页。
④[清]张庆长撰,王甫校注:《黎岐纪闻》,广东高等教育出版社,1992年,第119页。

　　《黎岐纪闻》还描述了黎族婚恋习俗。(黎族)"男女未婚者,每于春夏之交齐集旷野间,男弹嘴琴,女弄鼻箫,交唱黎歌,有情意投合者,男女各渐进凑一对,即订配偶。其不合者,不敢强也"①。"黎女多外出野合,其父母亦不禁,至刺面为妇,则终身无二。尝问之黎人,其俗以既婚即不容有私,有则群黎立杀之,故无敢犯者"②。这些文字表明,黎女婚前可以自由挑选与更换配偶,但婚后则被要求从一而终,对汉俗"妇道"的认可与实施,表明清朝乾隆年间黎族封建化程度的加深③。"男女不异处,昼同饮食,夜并寝宿"④。黎族地区曾流行"不落夫家"的习俗,也就是黎族女子出嫁后不久就要返回娘家定居,这属于黎族母权制时代母居制残迹。看来,在乾隆年间的黎族夫妇是同居的,但是也可能是男子从妻而居的。

　　《黎岐纪闻》记载:"向来黎图皆注花脚黎曰下脚黎,余询之黎人,非下脚也,其俗男妇俱于足胫刺纹数行,故名花脚。"⑤"女将嫁,面上刺花纹,涅以靛。其花或直或曲,各随其俗,盖夫家以花样予之,照样刺面上以为记,所以示有配而不二也。"⑥"花脚黎"的记述表明乾隆年间存在着以文身之异区分黎族支系的现象。而黎女纹面"则传达着清朝乾隆年间海南黎族使用文身作为婚姻权利符号的信息,体现了文身的社会及习惯法性质的功能。想来这是清朝黎汉交流、私有制发展的结果"⑦。

----

①[清]张庆长撰,王甫校注:《黎岐纪闻》,广东高等教育出版社,1992年,第120页。
②[清]张庆长撰,王甫校注:《黎岐纪闻》,广东高等教育出版社,1992年,第120页。
③刘冬梅:《从〈黎岐纪闻〉管窥清朝乾隆年间海南黎族生存状况》,《海南广播电视大学学报》2015年第4期。
④[清]张庆长撰,王甫校注:《黎岐纪闻》,广东高等教育出版社,1992年,第118页。
⑤[清]张庆长撰,王甫校注:《黎岐纪闻》,广东高等教育出版社,1992年,第116页。
⑥[清]张庆长撰,王甫校注:《黎岐纪闻》,广东高等教育出版社,1992年,第119页。
⑦刘冬梅:《从〈黎岐纪闻〉管窥清朝乾隆年间海南黎族生存状况》,《海南广播电视大学学报》2015年第4期。

其他有关黎族的信仰、占卜、丧葬、服饰等的习俗《黎岐纪闻》亦有描述。如黎人"遇有病,辄宰牛告祖先,或于屋,或于野,随所便也,不设位。病不知医,尚跳鬼,数十人为群,击鼓鸣钲,跳舞号呼;或取雄鸡红色者,割之见血,用以祈祷,谓之割鸡。海南风俗多类此"①。"以鸡骨占人心良歹,名为插鸡簪……起室用鸡卵占验"②。古代海南黎族人相信"万物有灵",因此黎族人的自然崇拜、图腾崇拜、祖先崇拜、鬼魂崇拜等体现出其信仰的多元性特征。黎族"民间信仰的多元性与功利性密切相连,多元性来自于功利性。民众信仰并崇拜超自然的力量,不是要求得到纯粹精神的安慰与解脱,而是着眼于现实的利益或困境,通过祈拜神灵,求得保佑或庇护,得到成功或避免灾害,即祈福禳灾"③。有关丧葬。"父母丧,用木凿空中心以为棺,埋地内,上不起坟,葬后亦不复志其处。祭扫礼仪,蔑如也。亲丧,衣服如常时,止用白布一条围头上,父母三年,叔伯期年,其贫而无赖者不行"④。此处"蔑如也",是指轻视、不重视,甚至忽略。看来黎族在祭扫礼仪上尚未受汉族习俗的影响。"无赖",指的是无依无靠的人。"期年",指的是一年。"守丧"仪式似乎受到汉俗的影响,但尚不能确定,能确定的是对习俗的遵守已让位于奔忙生计。黎族的各种传统民间信仰通常是通过各种仪式落实到生活生产当中,以世俗性展示其功利性的。就黎族个人而言,信仰的仪式几乎贯串了其从出生到死亡的各个阶段,生老病死,婚丧嫁娶,生活中遇到的大事小情,生命过程中的难题的解决,都有各种与信仰关联的仪式⑤。

关于服饰。"熟黎上衣粗麻短衫;生黎用布一幅,穴其中以首贯

① [清]张庆长撰,王甫校注:《黎岐纪闻》,广东高等教育出版社,1992年,第121页。
② [清]张庆长撰,王甫校注:《黎岐纪闻》,广东高等教育出版社,1992年,第121页。
③ 刘冬梅:《海南黎族传统民间信仰论析》,《社会科学战线》2017年第9期。
④ [清]张庆长撰,王甫校注:《黎岐纪闻》,广东高等教育出版社,1992年,第120页。
⑤ 刘冬梅:《海南黎族传统民间信仰论析》,《社会科学战线》2017年第9期。

之,无袖,长不掩脐。黎岐下著犊鼻裈(指的是有裆的裤子);余黎并无下衣,仅以四五寸粗布二片,上宽下窄,蔽前后,名曰黎厂;或用布一片通前后包之,名白黎包。按《图说》惟岐黎为然,然别黎亦间有之"①。"妇上衣短衫,其制用布一幅,中开长穴,后至背,前至胸,下各留五六寸许不断;唯大厂黎长距膝,前后近下各绣一方幅,胸前衬以抹胸,或蓝或青。下衣如竹筒,用幅布对缝之,名曰黎桶。黎岐长不蔽膝;别黎并长至胫;唯大厂黎长敷足。或绣五色花以为饰,名为绣花桶。生黎隆冬时取树皮槌软,用以蔽体,夜间即以代被。其树名加布皮,黎产也"②。乾隆年间的"生黎"穿用树皮布,还相当原始。

第四节　嘉庆年间及道光年间(鸦片战争前)

一、关于嘉庆帝

爱新觉罗·颙琰(1760—1820),清朝第七位皇帝,年号嘉庆,庙号仁宗。他在继位已四年、太上皇乾隆驾崩后方掌大权。

嘉庆帝掌权后,在政治上力图扭转乾隆末年的种种弊端,因此,他广开言路,褒奖并起复了部分乾隆朝以言获罪的官员;惩治贪官和珅及其党羽,肃清吏治。所有这些对于改变乾隆后期的种种弊政起到了一定的作用,但他未能解决"和珅现象"的制度性弊端。虽然他诏罢贡献,黜奢崇俭;勤于政事,力戒欺隐、粉饰、怠惰之官风,但发生在嘉庆十八年(1813)九月的"癸酉之变"(白莲教的一个分支天理教军队由内应太监带领冲入北京故宫、进攻养心殿的事件)却暴露了清朝官场官吏因循、部队军纪涣散的实情。军事上,他平定了爆发于乾

---

①[清]张庆长撰,王甫校注:《黎岐纪闻》,广东高等教育出版社,1992年,第119页。
②[清]张庆长撰,王甫校注:《黎岐纪闻》,广东高等教育出版社,1992年,第119页。

隆末年的川楚"教乱",镇压了东南沿海的"匪乱"及天理教起义。经济上,嘉庆亲政之后,除了他驾崩那一年,他年年都蠲免灾区的钱粮,在他六十大寿之时还曾普免全国积欠钱粮;重视治河;对外闭关自守,对内重农抑商、禁止开矿。由于人多地少的矛盾加剧,人民生计艰难,嘉庆帝鼓励种植土豆、玉米等高产作物,限制烟草、茶叶等经济作物的种植,并鼓励渔猎活动,推广精耕细作等,但种种措施都治标不治本,他仍坚持禁止汉人迁居东北等因循政策。文化上,他结束了文字狱,提倡封建礼教,主张"文教治天下"及"以孝治天下"。外交上,他严禁鸦片,坚决维护国家主权,但闭关锁国、盲目自大的落后传统观念,早已使大清国落后于世界大势。要知道,嘉庆帝在位期间正值世界工业革命兴起之际,他却因循守旧地继续推行闭关锁国以及重农抑商的政策。

嘉庆年间,国内阶级矛盾尖锐,各地起义不断,先是白莲教起义,后又有广东博罗天地会起事,引发了统治危机;国际形势危急,外国势力不断渗入,嘉庆十三年(1808)七月,英国商船带兵驶入广东香山鸡颈洋面。八月初二,英军300余人公然登岸,并驾坐舢板艇驶进虎门,要求在澳门寓居,直至十月间在两广总督吴熊光的勒令下始撤。嘉庆帝虽然勤于政事,但因循守旧,加之内忧外患,清朝在此间开始由盛转衰。

总之,嘉庆帝在世界大势面前似乎缺乏视野与远见,缺乏政治胆略与革新精神,却不幸地处于清朝皇族堕落严重、吏治败坏深透、社会固有矛盾累积近二百年、败象已显的内忧外患的时代,这决定了他的悲剧。这样的嘉庆帝似乎不可能从制度上根绝社会弊病。

二、嘉庆年间对黎族的经营

《嘉庆澄迈县志》是清嘉庆二十五年(1820)序刻本,谢济韶、李光先、黄凤诏等修纂,谢济韶作序。谢济韶,湖南衡州府末阳人,举人,嘉庆二十三年(1818)任知县。黄凤诏,湖北黄安举人,嘉庆二十五年(1820)任知县。此书对海南黎族的描述,在海南出版社2004年版的第302页—305页所记的关于"生黎""熟黎"的文字与他志几乎相同。如"熟黎各有乡里,分徭役与平民无所分别。今按在东路者,皆福建漳泉等处乡音,在西路者,皆广西藤、梧等府乡音及本土良民,居住附近黎山,谙晓黎俗者,通名为熟黎。有纳粮当差之处,有纳粮不当差之处。生黎有庆事则击钲鼓,群醉为乐。俗无文字,凡有契约,则刻箭为信。灾祥用鸡骨占,不识年岁,十一二月即饮年酒。以上熟黎"①。"按生黎性虽犷悍,不服王化,亦不出为民害,为民害者,惟熟黎。初皆闽商荡资亡命,及本省土人贪其水土,占其居食,种类繁衍。间有名为贸易图其香物之利,实为谋主,诱以叛乱,又多逃亡奸棍以附之,以至凭陵猖獗,此古今黎祸之媒蘗也"②。面对与前代相似的黎族,嘉庆帝也"因循"了传统,继续宽柔抚黎。

(一)整顿海南吏治,宽柔抚黎

嘉庆年间吏治的败坏、对下民的盘剥,以及官场的因循疲玩弥漫于全国,海南也不例外。因此,宽柔抚黎的前提在于整饬海南的吏治。

海南昌化县知县张聚奎派役催粮,因征收过刻,遭民人呈控,虽府上批示对书役等枷责,但县里并不遵办,仍派令催征,致使民人怨愤,聚众拆毁了书役的住房。知县派人捉拿,并令兵役放枪打死民众四名。嘉庆帝闻之曾密谕总督吉庆核实此事,确认属实后,嘉庆五年(1800)闰四月戊辰,嘉庆下谕愤慨地指责道:"但天下之大,兆民之众,朕一人耳目,岂能周遍? 若必待访闻,始行奏明办理,则未经朕访察之事,各督抚即置之不办者,正不知凡几……(昌化案)直待朕密谕

①[清]谢济韶修,李光先纂:《嘉庆澄迈县志》,海南出版社,2004年,第305页。
②[清]谢济韶修,李光先纂:《嘉庆澄迈县志》,海南出版社,2004年,第305页。

到目,吉庆始以在逃要犯甫经弋获,现在解审具奏。是伊等于办理地方事件,因循回护,已可概见。此等陋习,亦不独广东为然,即各省皆所不免。若俱俟查询,始行究办,则吏治民生贻误已多,又安用督抚为耶?"①总督、巡抚居然欺瞒圣听,因循回护,且各省皆难免,天下之大,为帝的岂不要操碎心?嘉庆帝深刻意识到弥漫性的因循疲玩危害着清政权,不得不发谕警告:"俾一方怨讟繁兴,其流弊甚大。各督抚等毋以朕不能周察,希图免咎……务须共知儆省,实心任事。遇有地方案件,惟当无隐无欺,据实入告。即办理偶有错误,亦应于朕前直陈,转可邀免处分。不得虑于部议,有心弊混,欲求救过,转致自蹈重愆,负朕委任也。"②

针对边防官员贪图安逸、不忠于职守的现象——如广东琼州同知,不驻扎崖州,或逗留省城,或附居府城,以为便于钻营或图享安逸等的现象,嘉庆二十四年(1819)十二月乙未,嘉庆帝特谕内阁严厉督查:"广东琼州同知,不驻崖州,殊非核实之道。着蒋攸铦、阮元查明该员应行驻扎之处,饬令各回本任。此外云南、贵州、四川、湖南、广东、广西各边缺,如有似此不赴本任者,俱着该督抚严行查察,不许私离职守,以杜趋避而重边防。"③

嘉庆年间,海南广大黎民备受欺凌。如:"澄迈兼以黎田不差,在官者,仅十之二三,民田之肥腴者,又为豪家所有,且避赋以附黎籍,巧计以图黎田。贫民逼于穷蹙,持难售之田,苟速售之,利减赋以邀富室。广狭轻重,杂乱混淆。富者田广而赋反轻,贫者田狭而赋反重,此所以流散多而盗贼难禁也。"④"避赋以附黎籍,巧计以图黎田"

---

①唐启翠辑录点校:《明清〈实录〉中的海南》,海南出版社,2006年,第197页。
②唐启翠辑录点校:《明清〈实录〉中的海南》,海南出版社,2006年,第198页。
③唐启翠辑录点校:《明清〈实录〉中的海南》,海南出版社,2006年,第201页。
④[清]谢济韶修,李光先纂:《嘉庆澄迈县志》,海南出版社,2004年,第84页。

"贫民逼于穷蹙""富者田广而赋反轻,贫者田狭而赋反重"等现象的大量存在,使得所谓的宽柔抚黎成为空话,黎民所受实惠无多,必致社会不稳定因素增加。因此,嘉庆帝"勤宣德意",加紧抚恤黎民。嘉庆二十四年(1819)四月丙戌,"抚恤东方、乐会二州县被风灾民,并给房、船修"①。嘉庆二十五年(1820)九月间,粤东海滨地方遭遇飓风大雨,琼州府属之琼山、陵水各县被灾,十一月丁丑,嘉庆发布《敕抚恤飓灾》谕军机大臣等:"委员酌带司库银两,会同该县府等分投查勘,妥为安抚……琼州孤悬海外,该督等现经派员,将吹倒民房及沉溺商渔船只,伤毙大小人口,确实查勘,务妥为抚恤,不可稍有讳饰,致令灾黎失所。其淋湿仓谷及损坏城垣等项,查明照例办理。"②

惩治扰黎官兵,并永革包纳钱粮凤弊。嘉庆二十二年(1817),因崖州吏役兵丁盘剥索诈,导致乐安讯东西报贤等村黎人起事为乱,嘉庆帝下谕:"署知州俞孜善以驭下不严罢职,乐安汛千总文光宗、韩彪皆斥革……寻命琼州府史佑、镇标游击马天益带兵驻乐安,委王应清入峒招抚,晓谕诸黎总,将所属乱黎缚送治罪,并严究役兵索诈盘剥者皆坐以律。永革包纳钱粮凤弊,照陵水黎粮输法,岁由黎总汇收缴州,以免侵蚀。诸黎悦服,誓不复反。"③清政府为了防黎人再受盘剥,终于果断地革去包纳钱粮一法,这是从制度上根绝社会弊病的良法,赢得诸黎悦服。

利用黎总约束黎人。嘉庆年间依旧土流兼治地管理黎族,并注重利用黎总约束黎人,每次"黎乱",清地方政府在剿抚兼施地平定之后,亦加强警示黎总约束黎人。嘉庆二十年(1815),平定琼山、儋州交界"黎乱"后,上命各黎总各率本峒黎守望相助,更令诸酋公举诚实公正黎人充大小水峒总管,约束散黎,无许滋事④。

---

① 唐启翠辑录点校:《明清〈实录〉中的海南》,海南出版社,2006年,第200—201页。
② 唐启翠辑录点校:《明清〈实录〉中的海南》,海南出版社,2006年,第202页。
③④[清]明谊修,张岳崧纂:《道光琼州府志》,海南出版社,2006年,第899页。

通过"一体报捐"抚黎。嘉庆年间,继续维持黎区的文化教育,对黎人子弟的入学与捐监,不加歧视,或"一体"对待,或是考虑黎区起点不同而另立名额以示照顾。《清朝续文献通考》卷九六载:嘉庆九年(1804),奏准湖广之苗瑶、广东之黎峒等,"捐监准其一体报捐"①。捐监,指明清两代纳粟报捐入国子监为监生。始于明景帝初,初限于生员,后扩大及平民,称为例监。清代因之。在清廷的提倡下,此对促进黎区向学,对促进海南地方官员采取一些发展黎区教育的措施会起到一些作用。

良吏抚琼,黎区一体均沾。如"黎元皞,四川夹江人,嘉庆五年署乐会令。廉隅自饬,听讼一本至公,舆情悦服。捐修文昌阁以兴文运,士人德之"②。又如"盖运长,号新田,山西曲沃人。嘉庆十一年,由庶吉士改知澄迈县。洞达治体,判断如流。尤乐栽培士类,凡书院膏火、宾兴经费皆捐俸为之倡。十五年春,海寇乌石二等劫掠石礓、玉抱、麻颜诸港,贼艘百余由东水驶至逼城。运长募乡勇,请援兵,躬督捍御,日不交睫。旬日,贼不得登岸,遂遁,邑赖以安"③。"言尚炜,江苏昭文县举人,先贤言子裔孙。嘉庆十一年知琼山县,至即揭'学道爱人'匾于堂,用自警惕,存心恺悌,行己清廉,政简刑平,民怀吏服。时值海寇乌石二猖獗,剽掠滨海居民。尚炜教民团练乡勇守望防护,制鸟枪数十杆,召绅士领之,事平缴官。遂得有备无患,民称颂之。卓荐升儋州知州,士民郊送数十里"④。"钱维青,福建瓯宁人,优贡生,嘉庆二十四年署儋州牧。儋故苦催科,维青至,首除积

①[清]刘锦藻:《清朝续文献通考》,商务印书馆,1936年。
②[清]明谊修,张岳崧纂:《道光琼州府志》,海南出版社,2006年,第1414页。
③[清]明谊修,张岳崧纂:《道光琼州府志》,海南出版社,2006年,第1415页。
④朱为潮等主修,李熙、王国宪总纂:《民国琼山县志》,海南出版社,2004年,第1459页。

弊,改图为里,以省催比。又为立甲设墟,以通贸易,土民称便"①。良吏抚琼,对黎区肯定不是坏事,黎民往往能间接或直接受益。

(二)嘉庆年间的"黎乱"

嘉庆年间清政府对黎民以"抚"为主,并且利用黎总约束黎人,对黎区稳定起到重要作用,故而嘉庆一朝"黎乱"也较少,有记载的规模稍大的只有 4 次,地方政府也是剿抚兼施地予以了平定与处理。

嘉庆八年(1803),崖州州东"黎乱",焚劫东西厢诸村,杀人以千计。《道光琼州府志》记载,"崖州抱怀村黎酋韦那养及弟那文等纠党数百人,焚掠各村庄。雷琼道海祥、总兵西密扬阿调镇标及儋、万二营兵,同知府焦和生赴崖剿抚。九年正月,斩获黎贼并炮击杀凡数十人。督抚奏闻,委署廉州知府杨楷至崖协办,先后擒黎酋数十。乃出示招抚,胁从者皆出投诚,继获那养、那文等解省正法,诸峒悉平"②。此次"黎乱",虽出示招抚,对"主犯"却绝未宽纵。嘉庆九年(1804)春,"万州守备陈明亮率兵剿崖州黎,获其渠魁十三人,戮于市"③。杀一儆百,以儆效尤! 为维持地方安靖,"严打首恶"亦是"抚黎"措施之一。

焚掠各村庄的害民之黎,全赖政府的平定,良黎百姓因之感怀。如《光绪崖州志(外一种)》曾记载:"沈如学,番禺人。由军功调补琼州中军守备署都司。嘉庆八年,抱怀峒黎叛,奉命征剿。适黎攻赤楼急,如学遥望火起,知有贼。奋勇赴援,破贼于抱晤田,斩馘无算。村人念其功,勒诸石,并立祠祀之。"④

①[清]明谊修,张岳崧纂:《道光琼州府志》,海南出版社,2006 年,第 1416 页。
②[清]明谊修,张岳崧纂:《道光琼州府志》,海南出版社,2006 年,第 916 页。
③[清]明谊修,张岳崧纂:《道光琼州府志》,海南出版社,2006 年,第 1903 页。
④[清]钟元棣创修,张嵩等纂修:《光绪崖州志(外一种)》,海南出版社,2006 年,第 488 页。

但根究"黎乱"发生的原因,却终是因为制度设置不当与管理出现问题所致,如对"里长"的设立,本意是好的,但在"里长"的选择与管理上,却日渐废弛,择人既不当,监管又不到位。"县治老人之设例,于每都一人,周年一替,必择年高谨厚者充之。上为官府耳目,下别乡都奸顽。是故授之衣帽,坐之申明亭,亦宣德达情是赖。后之里长,希图酒食,字义不谙礼度不娴者,俱得滥竽,考其名实,独无愧乎?甚有终世历年不更,侵官害民以利己肥家。为民牧者,又不可不察。今此设久不举行矣"①。体制的弊端,隐伏着"黎乱"的隐患。

嘉庆二十年(1815),"琼山、儋州交界番仑村已革黎总符克先作乱,遂纠生熟黎数百人掠附近黎村,渐扰入儋境。冯墟峒黎总符功保率良黎御之,克先中矢死,其党亦为兵勇击败。黎匪复聚众肆掠琼山林湾、加禄诸村,知县万鼎琛、知儋州言尚炜会营督兵深入黎境抚谕,防堵严密。贼无由出掠,又闻大兵且至,各匿深山中。乃命符功保及林湾峒长邓魁星等各率本峒黎守望相助,更令诸酋公举诚实公正黎人充大小水峒总管,约束散黎,无许滋事,琼、儋底定"②。此亦剿抚兼施平定"黎乱"的实例。令"守望相助",并令"公举诚实公正黎总"之举,对黎族村峒凝聚力的增强及黎区治安的稳定无疑意义重大。

嘉庆二十一年(1816)八月十四日,"儋州薄沙峒生黎符那二因黎总符再兴严刻,逐传狗革村匪黎符巴要、符恶诸村作乱。官军追捕,四散逃匿。护雷琼道史祐、琼州镇洪鳌议委府经历王柱协同儋营守备梁国英率兵入峒招抚。冯墟、龙头、七坊三峒总管率众迎谒投诚,惟薄沙峒对峨、狗革两村负隅不出。官军开山辟径,绕出村背,贼集众拒敌,官军擒杀数人,越日长驱直入。贼势穷蹙,呼吁乞命。王

---

① [清]谢济韶修,李光先纂:《嘉庆澄迈县志》,海南出版社,2004年,第93页。
② [清]明谊修,张岳崧纂:《道光琼州府志》,海南出版社,2006年,第898—899页。

柱受降而归,诸黎感激。兵退,留五十人驻调南市防隘"①。土官与黎民间也存在着阶级对抗关系,这是土官剥削、压迫黎民致反的典型事例。地方政府再次剿抚兼施地解决了问题。

嘉庆二十一年(1816)冬十二月朔,"崖州地震。崖州东黎焚劫辣草村,知府史祐、游击马天益督兵抚平之"②。因天灾引发劫掠,地方政府"督兵抚平",这也是以剿抚两手政策处理"黎乱"的例子。地震必然产生饥民等系列社会问题,地方政府不能提早准备应急预案并及时救助,社会动荡的出现便总是在所难免。事后的"督兵抚平"并非积极的政策。

嘉庆年间,天灾人祸仍是不忘光顾海岛这片土地,致使黎民愈加贫苦。"(嘉庆)二十二年冬十月,崖州青气见,自南至北,久之乃散。参将杜茂达、把总张萧汉巡哨至三亚港,飓风大作,舟覆,官兵俱溺死。戊寅二十三年夏秋间,澄、定、乐、万各州县屡遭飓风。八月初三日、十八日,飓更甚,有火星随飞,拔木坏屋,海水涨溢,人民溺死,俗谓之扫地飓。道府委员赈济"③。赈济为抚恤"安黎"之策。但同年,"崖州吏役兵丁盘剥索诈,激变乐安讯东西报贤等村黎为乱,流劫村庄殆遍"④。此乱后,清政府决定"永革包纳钱粮夙弊"。政府遇事能尽力解决,有"冲击"后能有"反应",但这种管理模式还是较低端的经管模式。

三、关于道光帝

爱新觉罗·旻宁(1782—1850),是清朝第八位皇帝,入关后第六

---

① [清]明谊修,张岳崧纂:《道光琼州府志》,海南出版社,2006年,第899页。
② [清]明谊修,张岳崧纂:《道光琼州府志》,海南出版社,2006年,第1903页。
③ [清]明谊修,张岳崧纂:《道光琼州府志》,海南出版社,2006年,第1903页。
④ [清]明谊修,张岳崧纂:《道光琼州府志》,海南出版社,2006年,第899页。

位皇帝。他在位 30 年,年号道光,庙号宣宗。道光帝为挽救清朝颓势而在政治上改组军机处,并整顿吏治。经济上,他修改盐法,打破食盐运销垄断,降低了盐价,增加了盐税,且截断了官员利用盐政营私的途径;允许开矿,对开发资源及提高人民生活起到积极作用;实行漕粮海运;清查陋规,明立章程,严禁盘剥。文化上,他冲破传统观念,修订《康熙字典》。军事上,他平定回部张格尔叛乱,安定了西北边疆,维护了国家的统一与领土的完整。外交上,他执行禁烟政策,却在鸦片战争中立场动摇,指挥失败,被迫签订《南京条约》,使中国蒙受耻辱,并使中国的社会性质从此发生改变,由独立的、自给自足的封建社会进入半殖民地、半封建的近代社会。道光帝在此后的十年间苟安姑息,再无任何振兴举措。

道光帝虽有恭俭之德、宽仁之量,以及勤政爱民之心,不失为有德之君,但为政却因循守旧,不失庸暗,致使道光年间武力不竞,纪纲败坏,官场疲玩,教徒纷起,民不聊生。清朝颓势日显,道光帝匡救无力。

四、从"黎乱"及其处理体会道光年间对黎族的经营

(一)据《光绪崖州志(外一种)》记载:"道光九年四月,东黎叛乱,攻破妙山村,伤死男妇二口,焚掠一空。"[1]面对严重的扰民、伤民的"黎乱",地方官以怀柔之心招抚,终使"黎乱"暂息。到道光十年(1830)七月己卯,两广总督李鸿宾方奏报此次"黎乱"的原因,文中亦体现了剿抚兼施、以抚为主的处理原则及善后方式:"崖州熟黎洪石光、黎那鸡、亚刀等,因收成歉薄,纠同黎伙抢掠民村,洪石光当被村人射伤身死。嗣经官兵围捕,黎伙均各解散,旋即投首,惟黎那鸡、

---

[1][清]钟元棣创修,张巂等纂修:《光绪崖州志(外一种)》,海南出版社,2006年,第375—376页。

亚刀自知身干重罪,深藏山僻。经黎首高亚兴等一并杀死,割耳呈验。该黎等投诚悔罪,情尚可原。除饬将强悍黎人照例惩处外,其余概行宽免……(并)令地方官择力能约束之人承充黎总,严加管领,以免再滋事端。"[①]惩办之际区别首从,严宽相济;善后之时,由地方官选择有魄力与能力的黎总约束黎人,可见,乾隆时期尚存的黎区的权位(土官)世袭制不复存在。

《道光琼州府志》则详细记载了此次始于道光九年(1829)的"黎乱"。大意为崖州洋淋岭有黎村峒数十个,而黎性畏官,其田赋必倩民人代纳,甲头"指官索加",并"收至倍蓗",被"生黎"与"熟黎"共杀,正值岁饥,洋淋村黎亚鸡等诱导"生黎"出掠,州兵难御。知府普祥、总兵孙得发率兵平定,黎人走匿。普祥厚抚招降却被黎人利用,领赏貌官,并割病死的黎亚鸡两耳以献,普祥撤兵还师。黎人焚掠如故,并奉黎酋张红须、张亚基为首。普祥不顾总督李鸿宾剿捕之令,虽增兵募勇,仍执意招抚。孙则一意主剿,且黎人杀掠弥甚,只得于十二月二十八日进兵。勇募不足,杂以妇女舁行粮军器,却再度被"乱黎"利用,假向导将兵引至埋伏处。官兵粮尽又遭火攻,便弃辎重而逃,死伤甚众。雷琼道、总兵、知府、知州、署知州等皆被削职。提督刘荣庆率千余劲兵驰崖剿抚。诸黎首乞降。刘一边悬赏招降,一边谕黎人补完九、十两年丁赋,永革甲头包揽诸弊。黎众喜,"具结悔罪。张红须等匿穷谷中,刘荣庆诱入城,伏兵擒之,槛送雷州,悉斩以徇。崖州平,文武会议善后,始借帑生息,岁得二千金,贮道库备支防黎经费。更定崖州营制,增兵设卡。是役也,焚劫民村数十,杀人盈千,俶扰三载,糜饷亿万,虽曰黎性犷悍难驯,其祸实自甲头始"[②]。

可见,此次"黎乱"的原因并非仅仅是两广总督李鸿宾所轻描淡

---

①唐启翠辑录点校:《明清〈实录〉中的海南》,海南出版社,2006年,第207页。
②[清]明谊修,张岳崧纂:《道光琼州府志》,海南出版社,2006年,第900—901页。

写奏报的"因收成歉薄,纠同黎伙抢掠民村",而是因甲头、劣衿、衙蠹等包揽代纳钱粮,"指官索加"与"收至倍蓰"埋下的隐患,又恰值岁饥,黎民不堪忍受方才起事。早在嘉庆二十二年(1817),因崖州吏役兵丁盘剥索诈,乐安讯东西报贤等村黎激变被平定后,曾"严究役兵索诈盘剥者皆坐以律",并"永革包纳钱粮夙弊,照陵水黎粮输法,岁由黎总汇收缴州,以免侵蚀。诸黎悦服,誓不复反"①。想来,嘉庆年间所谓的"永革"只是"暂革而已",而且说不定很可能是只在发生黎族起事的"当地黎村"革除而已,否则也不会在道光年间成书的《道光琼州府志》中记载(上文已述及)崖州东八十里地广而饶的洋淋岭,数十个黎族村峒中,黎性仍旧因畏官而其田赋必倩民人代纳了。"甲头"的依旧存在,"甲头"及劣衿、衙蠹的继续盘剥,终导致崖州黎人又因纳粮事"作乱"。所以,上虽有良政,下却不能切实执行,致使到处存在着吏治的盲区,也致使黎区隐患丛生。

清政府治黎历代秉持"抚黎"的原则,因此知府普祥坚持招抚,但见黎人解散,便以为功成,遂撤兵还师,待普祥再度来到黎区,"仍执抚议"。引发"黎乱"的问题并未解决,就一再以"招抚"应事,从此似可看出"宽抚"是当时清政府治黎的主导之策,当然也可能是地方官的敷衍塞则、虚应行事。直到事态不可收拾,总督李鸿宾"亟命剿捕",普祥"意仍主抚",到此时,他仍主抚的缘由,一方面也许是因乡勇难募,另一方面,更可能是因为黎人实属被迫起事,普祥深知而不忍大开杀戒吧!终先剿后抚,政府再次宣布"永革甲头包揽诸弊"。德政一出,事态方再次平息。

道光十二年(1832)四月辛巳,协办大学士两广总督李鸿宾等筹议崖州善后事宜时曾奏:"汉奸入黎盘剥及攒充粮总,浮收勒索,最为黎人之害,应申明定例严禁。至黎人设立黎总峒长哨管,原所以专责

---

① [清]明谊修,张岳崧纂:《道光琼州府志》,海南出版社,2006年,第899页。

成,应饬大小各黎村公同充选。如有黎丁不遵管束,及汉奸放债滋扰,许立即捆送究治。黎人犯事,除劫夺谋杀重情,向由地方官饬差协拿外,其余情罪稍轻,即着黎总等交出审究,概不许差役擅入勾拘,藉端索扰。黎人食盐及牛羊器具等物,应准其照常售买,不得抬价阻买,以杜衅端。至铁器除应用外,如鸟枪、利刃近于军械者,俱不准卖给,并不准铁匠代为制造。黎俗不通有无,田无沟洫,应出示晓谕,责令黎总峒长等,谕以通力合作,多开沟渠……得上旨首肯。"①可见,此次"黎乱"后的"抚黎"政策,除了革除甲头包揽弊政外,再次强调与肯定了黎总、峒长、哨管等土官治理地方、发展农业、收纳钱粮的职责;而且顾及民意,明令大小各黎村公同充选。而对不遵管束的黎人及胆敢入黎村放债滋扰的汉民,许土官"立即捆送"惩治,却不允许差役擅入勾拘。经济上,一方面也为保护黎人利益做了切实规定;但另一方面,严格防范,不准售卖近于军械者予黎人,更不准黎人擅自制造。

此次"黎乱"规模不小,历经三年,剿平后清政府即加强了对黎人的控制,除了增加"防黎经费"外,又"更定崖州营制,增兵设卡"。崖州营,雍正八年(1730)时(兵员数)改为水陆各半。游击改为参将,添设水师千总一员,将陆路把总二员改换水师。《光绪崖州志(外一种)》记载,道光十二年(1832),"平定崖黎,总督李鸿宾奏崖州原设参将一员,不足以资弹压,请以海口协副将与崖州营参将对换。奉准以海口协水师副将移驻崖州,改为崖州协副将,管水陆两营,定为海外烟瘴边疆要缺,由外题补。海口协标水师都司改为崖州协中军都司,专管陆路防黎。其原设中军守备一员,改为专管本标水师营务,与副将轮替巡洋……所属水师千、把外,额共十员,守步兵二百五十

<hr>

① 唐启翠辑录点校:《明清〈实录〉中的海南》,海南出版社,2006年,第214—215页。

八名"①。虽说"剿抚兼施",且"以抚为主",但是具备与增加"剿黎"的实力、镇黎的威力才是前提。

平定崖州"黎乱"之际,上谕对"致乱"及"引乱"人员的处理是这样的:"韦色容系劫杀首匪,当即凌迟处决,并传首崖州黎村悬竿示众,以昭炯戒。着俟全案完结,再行汇同各犯罪名具奏。其崖州书吏郑运光等及汉奸陈振魁并各黎匪,均解至雷州监禁备质。现又缉获匪犯黄咾鹿、王那三二名,汉奸张荣一名,俟审明一并定拟具奏。在逃之首匪张红须等,着严饬文武员弁上紧屟缉,务获究办。"②对黎族"匪首"的残忍严酷,对"唆使黎人的汉奸"与"盘剥黎人的书吏"的等同对待,体现了清廷对维持稳定的追求以及对真正公平的忽略。"抚"的只是大多数可以安静的黎众,"剿"的残酷程度不可低估。虽然官方深知祸起不在黎民,"虽曰黎性犷悍难驯,其祸实自甲头始"。当然,"黎乱"之祸,不仅仅源于甲头的苛索,还源于"汉奸盘剥"与"书吏勒收",以及"盐商狡诈"。道光十一年(1831)四月庚戌,道光帝就此次崖州"黎乱",曾谕军机大臣等:"此案黎匪韦色容,因民人卖盐高抬价值,心怀不甘,又以黎人赊欠盐钱不还,该民人捏称奉官示禁,不准将盐售给。该犯与张红须恨其阻绝食盐,遂商同张亚基,纠众抢杀泄忿。又有民人陈振魁等从中唆使,引诱同抢。"③可见,所谓的"黎匪首"其实是被逼上梁山的。道光十一年(1831)四月辛卯,道光帝再谕军机大臣等,承认此次崖州"黎乱"是"书吏勒收苛索所致",为折服黎人之心:"现经该督访明崖册书吏郊运光、陈官福二名,曾向黎人藉端需索,业已解至琼州,着该督亲提研讯。此等蠹吏,必

①[清]钟元棣创修,张嶲等纂修:《光绪崖州志(外一种)》,海南出版社,2006年,第303页。
②唐启翠辑录点校:《明清〈实录〉中的海南》,海南出版社,2006年,第210页。
③唐启翠辑录点校:《明清〈实录〉中的海南》,海南出版社,2006年,第210页。

应从重惩办,着审明归案定拟具奏。至崖州知州齐元发,于所属地方黎匪纠众抢掠,不能先事查拿,禀报又复迟延,日久未能缉获,实属疏玩。"①清廷所谓的公平,就是既惩处"奸民蠹吏",又不放过"黎匪首",而且对黎人的防范再次加强了。道光帝的"抚黎",对平"黎乱"来说,仍是治标不治本之举。

其后,李鸿宾疏陈:"请广、潮、肇、嘉诸府州山场荒地,令无业游民报垦,永不升科,庶衣食有资,免流匪僻。"②这是给予客民以出路的政策,以免其想方设法剥夺黎人。"黎汉矛盾"及"黎客矛盾",是清朝中期引发"黎乱"的重要原因,而对土流官员管理的不到位及吏治败坏是"黎汉矛盾"及"黎客矛盾"难以解决的根本原因。但同乾隆、嘉庆年间时一样,"民人唆使",往往成为清政府分析"黎乱"之因的重要结论,"唆使"的汉民与引乱的黎"匪首"一样被从重追责。广大黎民,以血与火的生命代价,只换得一时一地的短暂"德政",却被一再防范并被断绝黎汉交流,生存状态只能每况愈下。

(二)时隔不久,道光十三年(1833)七月,黎民与客民之间的矛盾冲突,引发了儋州黎人黎亚义等的"作乱"。《道光琼州府志》如此记载:"是年大旱,贫黎四出觅食,奸民贷以钱米,期倍蓰偿。至秋复饥,索逋不得,无肯复贷者。熟黎咸怨,思结党尽杀汉奸,然未有以发。初,黎人未知耕凿,土多闲旷。雷、廉、潮、嘉诸郡州民潜入洞中,借垦其地,许偿以粟,或佃耕黎田,因辟其旁隙地,渐至连阡累陌。黎人无券约,亦无界,至岁久,所垦田已辗转分售,而黎人不知,以为皆己有也,但得租足食则已。至是饥,黎田皆赤土,而客民有收获者,黎人不平,则分杀客民,倡众作乱。外峒贫黎群起应之,复传箭龙头、薄沙内峒,煽生黎为乱。高、雷土匪薛凤章等亡命入黎,导之出劫。七

①唐启翠辑录点校:《明清〈实录〉中的海南》,海南出版社,2006年,第209页。
②周小华辑录:《二十五史中的海南》,海南出版社,2006年,第519页。

月,黎亚义、薛风章率生熟黎匪千余人焚掠田头市,居民悉被搜括。比州兵至,贼已去。"①

后因官兵初剿失利,而黎众"复出劫",总兵李元、巡道王铸命游击向朝亮率兵二百驰往。向朝亮认为黎人苦饥,避大军必散伏林中,官兵却进退两难,只有"盍扼诸隘口,使贼谍不通;更令近黎诸村自相团结,设火器以惊之。彼不得肆掠,徒守空山两月,食且尽,不降则死耳……调南为要道,宜重兵守之,分游兵旦夕巡逻,绝其出入。黎人重利忘义,既饱掠,必自相争夺。待其势穷党涣,然后招之,以黎攻黎,令杀贼自效,桀骜者诛之,冻饿者食之,恩威并行,可不血刃定也。请毋趣进兵,毋遽言招抚"②。镇道许之,总督卢坤亦赞赏。事态发展果如向朝亮所料,十月黎亚义死,薛风章为他黎所杀,山中食尽,杀夺散亡者众,时掠则悉被歼灭。官军扬言五路进剿,符世陇率黎首符那新等六村首目乞降,并为向导引兵入山:"捕获符元兴等十一名。黎总符那等率生黎数十人,缚其酋符老二及汉奸陈瓒等四人以献,槛送郡城。贼党皆降,慰谕遣之,赐羊酒、银币,抚安诸黎复业。惟汉奸薛风章、贼首黎亚义戮尸枭首,符元兴等发遣枷示,论如律。先是,琼山大小水村与薄沙峒通,贫黎有防贼出掠者,后官军日迫,乏食,遂为儋黎所杀。诸镇命勿穷究,止传其峒长,谕令严束村众,并请帑金施赈儋州饥黎两月。薄沙、龙头二峒始设总管各一人为诸村长,众皆悦服,儋州平。"③

此次"黎乱",历时数月有余。"乱"起时,天时不佳:"大旱";地不利:黎田被诱占、"黎田皆赤土";人不和:黎客矛盾、黎"至秋复饥";人祸还在于:"奸民贷以钱米,期倍蓰偿""熟黎咸怨,思结党尽

①[清]明谊修,张岳崧纂:《道光琼州府志》,海南出版社,2006年,第901页。
②[清]明谊修,张岳崧纂:《道光琼州府志》,海南出版社,2006年,第902—903页。
③[清]明谊修,张岳崧纂:《道光琼州府志》,海南出版社,2006年,第902—903页。

杀汉奸";"生黎""熟黎"千余人"焚掠田头市"。此次"黎乱"的直接起因是黎人因苦饥而掠食救死,而黎民的"苦饥"之源在于客家人对黎族田地的诱夺。所谓客家,是指西晋末永嘉年间,黄河流域的一部分汉族人因为战乱而南徙,并渡江南下,至唐末以及南宋末年又有大批过江的北方汉人,继续南下至赣、闽以及粤东、粤北等地,为了与当地居民有别,这部分汉人自称"客家"。"客家"人以粤东梅县、大埔、兴宁、五华、惠阳等县最为集中。清朝初年,惠、潮、嘉等地客家人开始移民进入海南岛。乾隆年间就常发生因客民欺黎贫愚,放债盘剥,黎人难堪凌虐而导致的"黎乱",至道光年间,因客家人对黎族人土地侵占问题导致黎客矛盾更加尖锐。黎人不善精耕细作不代表客家人占据黎人土地合法,但黎人在乾隆年间即不把"黎客矛盾"报官解决,道光年间依旧如此,则表明黎人不但仇视汉人,而且更加不相信官府,他们更愿意以一己之力、以本族的"习惯法"来解决问题。总之,因对客民疏于管理,地方政府对"黎乱"的发生是负有责任的。

此次"平黎",官府明知染瘴之危难仍执意进剿,显示出"平黎"作为政治任务的紧迫性与重要性;进剿过程中采用游击向朝亮之计,以逸待劳。因深知黎人因苦饥掠食,虽散伏林莽躲官兵必定会一心求生,官兵为避瘴则只需扼诸隘口,调南等要道,重兵守之,并分游兵旦夕巡逻,封闭其信息通道,使用先进武器"火器"严防死守,既不进兵,亦不言招抚,徒待其食尽、内乱后,再言招抚,并扬言五路进剿,恩威并行,达致"以黎攻黎"而"不血刃定也"——显示出道光年间"平黎"谋略上的"精进"。

此次"平黎"也显示,黎人间的联盟脆弱至极,因饥馑而起而盟,亦因饥馑而杀夺而分裂,如琼山大小水村黎为儋黎所杀。而一旦外部力量强大,压力之下黎众即发生内乱(闻官军分五路进剿便大惊,便乞降),便为前驱导兵入山,便助官方捕获黎酋,直至"皆降"。

此次"黎乱"善后时,对"乞降"者及"献酋"者进行宽大处理,"赐羊酒、银币,抚安诸黎复业";对"匪首"及"汉奸"是严酷的,或"戮尸枭首",或"发遣枷示";对黎族内部间的相杀则不予"穷究",而"止传其峒长,谕令严束村众";对饥民则"请帑金施赈儋州饥黎两月";并依旧践行"以黎治黎"的原则,加强管理,在儋州的薄沙、龙头二峒新设总管各一人,结果,"众皆悦服"。另据《宣宗实录》记载,道光十四年(1834)四月甲辰,两广总督卢坤奏署儋州知州、诸镇等制定善后事宜八条:"一、酌留弁兵,以慎防闲;一、团练乡勇,以资守御;一、搜捕余匪,以断根株;一、查拿汉奸,以绝煽惑;一、设立墟场,以通有无;一、禁越界往来,以杜勾串;一、讲求水利,以免荒旱;一、筹拨经费,以备缓急。俟与抚臣祁𡐤会商筹办。"①所奏得旨获允,并因为办理妥当迅速,知州、诸镇等皆获升叙与奖励。此次地方政府"平黎"善后的内容体现了控制、防范、安抚三结合的原则。首先是加强对黎众的控制:如"酌留弁兵""团练乡勇""搜捕余匪"等;其次是加强对"汉民"的防范:"查拿汉奸"与"禁越界往来",以杜绝煽惑与勾串;然后制定了具体的安抚黎众的措施:"设立墟场,以通有无",黎汉之间既有严格的界限,也设立合法的交流地带来满足各方的需求,并在黎区进行农田水利建设,发展黎族农业,提高黎众应对天灾的能力。但细细斟酌,一句"讲求水利,以免荒旱",似乎又不尽详致。兴修水利设施,理应包括整修田间灌排渠系——灌溉、排水、除涝和防治盐碱灾害等,以保障农田旱涝保收、稳定高产。这里仅仅提及防备气候干旱与土地荒疏的水利建设,限于当时的生产力水平,大概就是指教导黎民筑堤蓄水吧!但能够积极改良自然条件,注重灾害的预防,并着眼于灾荒发生原因的根治,这属于积极的救荒措施,值得肯定。还有"筹拨经费,以备缓急",经费之备,一方面为赈济之需,另一方面亦可为镇压的军费。总之,毕竟体现了发展黎族社会经济的思路。看来,善后

①唐启翠辑录点校:《明清〈实录〉中的海南》,海南出版社,2006年,第219页。

还是以"抚黎"为主的。对此,清中央政府是予以首肯的,并对相关官员奖励有加,同时给予切实的经费支持。道光十五年(1835)闰六月癸亥,道光帝谕内阁:"卢坤等奏筹议防黎善后章程一折。广东儋、崖二州接壤黎疆,自应酌设兵勇,筹备经费,以资防范。所有每年约需经费银一千两。着准其在司库武职空缺养廉项下借动银八千两,支存公费项下借动银六千两,奏留充公项下借动银六千两,共银二万两,发交南海、番禺两县典商,按年生息,以作防黎费用。所得息银,仍分别按年动用归款,余着照所议办理。"①

只是再好的善后条例依然难禁营兵的"扰黎",亦更难禁绝黎民的反抗。如:"(道光)十三年三月,大本峒黎以争大赞坡田作乱,攻掠永宁乡及各黎弓,进围藤桥市,势甚披猖。监生余接星、蔡登云、李贤济等募乡勇,大破之,斩首数百级。进捣各弓,讨平之。"②"(道光)十六年冬,抱由黎杀营兵作乱。署都司钟金标星夜率兵捣巢,擒斩首恶七名,抚平之。"③

道光年间,黎族生产力仍旧相对低下,生活贫困,经不起较大的冲击,多纳钱粮,自然很容易把黎民逼向绝路。而官吏都以为黎人愚蠢可欺,黎人被剥削与压迫的事情自然难免;客民利用黎人的"无知"而刻意"侵占剥夺"更是不绝于缕,但岂不知,黎人性格犷悍,一旦觉察,极容易一呼百应,激化社会矛盾。

清政府对"黎乱"十分警觉,若是仅仅因为饥寒交迫而起,态度是"黎贼苦饥,掠食以救死耳",平复后,积极处理予黎以安抚;若是"黎乱"因政治原因而起,关系到江山社稷安危那就不会这么简单对待、

---

① 唐启翠辑录点校:《明清〈实录〉中的海南》,海南出版社,2006年,第221页。

② [清]钟元棣创修,张嶲等纂修:《光绪崖州志(外一种)》,海南出版社,2006年,第376页。

③ [清]钟元棣创修,张嶲等纂修:《光绪崖州志(外一种)》,海南出版社,2006年,第367页。

安抚处理了。《清史稿》卷三六六列传第一五三李鸿宾传中曾提及道光十一年(1831)崖州"黎匪乱"时,驻雷州的李鸿宾,令提督刘荣庆、总兵孙得发剿平之。给事中刘光三奏广东"匪徒"立会滋扰,鸿宾疏陈:"无三点会名目,惟抢劫打单,勒索民财,根株未绝。随时访拿,准自首免罪。"①三点会是天地会的分支,是反清复汉的地下组织,自郑成功反清以后,各地都有天地会组织。既然黎民不是反对清朝统治权,那就通过相应地给予客民一定的优待政策,免其剥夺黎民来间接"安黎"。道光时期,两次大的"黎乱"皆因黎民与客民之间的矛盾引起,所以清统治者着力解决二者之间的矛盾,采取了一系列措施发展经济,备饥荒年,并严禁民人煽事,在管理上饬令地方官择能约束之人,承充黎总,严加管领黎人之外,防止汉人盘剥黎人。黎总还被赋予处罚情罪较轻案件的权力,以稳定黎区社会,这些都是比较积极的善后之策。但是清统治者还是以防范为主,一味防止黎族与汉族的交结,当然同时也提防官吏对黎人的滋扰。只是其所行的"积极"之策都是在"黎乱"发生后的补益之策,体现了其消极意义。如每次"黎乱"发生后,清政府都严厉惩治有责官吏,以加强吏治。甚至在平复环节,亦不放松。如道光十一年(1831)六月乙巳,道光帝得知感恩县知县兼理崖州知州印务袁斯熊,擅自将到案之"黎匪"监毙数名,以致"酿成巨案",便谕内阁申斥其:"胆玩已极!该员业经撤任,着革职,交该督抚提同禁役人等,严行究讯,因何隐匿不报,是否有心玩纵,及有无凌虐情弊,务得确情,按律定拟具奏。"②虽然查实袁斯熊非有心隐匿,但仍遵前旨革职。严格吏治,缘何吏治依然不堪呢?必还有更深层的原因待发掘。可以肯定的是,吏治之败坏是清朝专制王朝无法根绝的痼疾。

---

① 周小华辑录:《二十五史中的海南》,海南出版社,2006年,第519页。
② 唐启翠辑录点校:《明清〈实录〉中的海南》,海南出版社,2006年,第213页。

五、道光年间黎族生存状况

（一）从道光年间"黎乱"的相关记载可知，除了已经汉化的黎人，"熟黎"的汉化程度已较高，"生黎"也多已"狡黠"，懂得"侦知无进剿意""谍知之""令奸民诣营，乞为向导""放火"等手段；黎亚鸡实为病死，所谓"割耳呈验"，是黎人的应变之举，"以退为进"的计谋；崖州大岭的"岭北为洋淋村。道光九年，村中黎匪作乱，至今顽梗，不纳丁粮，遂为生黎"①。为"不纳丁粮"，已归化的"生黎"便自动回归"生黎"的状态。生产力的低下，纳钱粮的负担，迫使"生黎"不得已选择坚持"顽梗"。

（二）"黎性畏官，其田赋必倩民人代纳，称曰甲头"②。甲头，相当于粮长，由普通汉民或衙役充当。倩甲头代纳，说明至道光年间，黎民依然不能与地方有司正常自然地接触与沟通，有敬畏，也或有不喜欢、不善于及不方便与有司打交道的因素。正因如此，才会被"劣衿衙蠹"所利用，借包揽收缴钱粮事宜之便，"指官索加，收至倍蓰"，盘剥黎民。

（三）道光《琼州府志》卷二〇海黎志五·黎情的记载，与乾隆朝的《琼州府志》所记差异不多，所多出的一段记述为："黎有生熟二种，有此地即有此人。生黎虽犷悍，不服王化，亦不出为民害，为民害者惟熟黎。初皆闽商荡赘亡命为黎，亦有本省诸郡人利其土、乐其俗而为黎者。前此黎人屡叛，或迫于诛求，或迫于凌虐。间有贸易奸徒，利其香物，教以背叛，又使之构衅生黎，阴阳反复，凭陵为患者，此黎祸之媒蘖，亦古今之通患也。"③这段记述的来源是康熙年间焦映

---

① ［清］明谊修，张岳崧纂：《道光琼州府志》，海南出版社，2006 年，第 861 页。
② ［清］明谊修，张岳崧纂：《道光琼州府志》，海南出版社，2006 年，第 900 页。
③ ［清］明谊修，张岳崧纂：《道光琼州府志》，海南出版社，2006 年，第 843 页。

汉修、贾棠所纂的《琼州府志》,看来,历史在道光年间有反复,"熟黎导生黎为害""熟黎的来源""黎祸之媒蘖"等现象与情状仍旧。

而在记述各县对黎众的编制情况时,道光《琼州府志》与乾隆朝的《琼州府志》所记差异仍旧不大,仅是在记述乐会黎时,在"曰纵横峒,北接思河、光螺,南接万州青山,声势相倚"之后,增加了"驭失其道,即啸聚为乱①"这两句,实际是再次转发了康熙年间《贾志》的记述,说明治理纵横峒黎众的任务在道光年间依旧沉重。

根据道光《琼州府志》卷二〇海黎志六·村峒的记载,"琼山县者黎村峒凡一百二十有六"②。此句后附 126 个村名,并标明出于《通志》。这些黎族村落是史上曾存在过的,在道光二十一年(1841)《道光琼州府志》成书时,这些村落都消失或散佚了。该书是这样解释的:"生黎生岐穴居野处,不成村落,熟黎亦迁徙不常。或黎语有音无字,水土极恶,汉人所不能至,徒得之熟黎之所传闻,恐多参差。即如各州县志有数十年之旧本,《通志》则道光二年新修,所载村峒,名今昔悬殊,名目迥异。今阅十六七年,又传易旧名。盖土音相近,字画相似,因而传讹者。有名仍旧而地实非者,有一村分而为数村,数村合为一村,名已改而地则仍故者,其更移之迹,无可确查。此次查勘,止就人迹可至处,考其方向、道里、土名、四至并黎与黎交通处所,一一详载。"③

"查(琼山)县属现有生黎峒四,熟黎峒二,广袤共百余里……向设峒长一名,统辖五峒;黎总一名,哨管七名,共辖生熟黎村二百一十八村。军屯外峒峒长一名,哨管一名,管熟黎村七十有八"④。军屯

①[清]明谊修,张岳崧纂:《道光琼州府志》,海南出版社,2006 年,第 843 页。
②[清]明谊修,张岳崧纂:《道光琼州府志》,海南出版社,2006 年,第 845 页。
③[清]明谊修,张岳崧纂:《道光琼州府志》,海南出版社,2006 年,第 863—864 页。
④[清]明谊修,张岳崧纂:《道光琼州府志》,海南出版社,2006 年,第 845—846 页。

外峒七十八村中 11 村为老村,其余为新村。新村中尚有针岭(苗人住)上、针岭(苗人住)下、番否(苗人住)、水上上(苗人住)、水上下(苗人住)五村为苗村①。可见,道光年间,苗村归黎族土官管理。"大水上峒,黎总一人,管辖生黎凡四十有二村……大水下峒,黎总一人,管辖生黎凡三十六村……小水上峒,黎总一人,管辖生黎凡三十有五村。(为新村)……小水下峒,黎总一人,管辖生黎凡二十有七村。(为新村)……"②小水上峒与小水下峒的生黎当为新归化的黎族村落。琼山县在道光年间当有黎苗村落至多是 218 村,苗村 5 村,黎村 213 村。

"澄迈黎,南曰南黎,今为一都、二都;西曰西黎,今为正、中都……澄迈县诸黎村峒,凡一百三十有七……黎人归化既久,与齐民等。现查其地为西黎中、正二都,南黎正一、二等都,每都编为十图,虽有黎都之名,实无黎人之实。惟南黎都之南,相距十里即接连琼山、定安两县黎峒,西黎都之西六十里接连临高县黎峒,地势犬牙相错,山峒毗连,两邑黎人多来县境耕山伐木,居止无常,迁徙不定。《旧志》《通志》所载村名,皆仍录存。今村俱改,亦无黎峒可记,无峒长、哨管等名。其扼要诸处,详见《关隘》,盖防黎之备,不可弛也"③。其中"一百三十七"的数目当为史上曾存。看来,道光中期,澄迈县诸黎多数编户齐民,且几乎"无黎人之实",南黎都之南、西黎都之西与琼山、定安两县及临高县接连处的黎峒会来澄迈县耕山伐木,这些黎众当为"生黎",因为其生存状态依旧原始,居无定所,迁徙不定。

"定安黎,南曰南闾峒,地平衍,民乐居之,现充里甲。惟光螺、思

---

① [清]明谊修,张岳崧纂:《道光琼州府志》,海南出版社,2006 年,第 846 页。
② [清]明谊修,张岳崧纂:《道光琼州府志》,海南出版社,2006 年,第 846—847 页。
③ [清]明谊修,张岳崧纂:《道光琼州府志》,海南出版社,2006 年,第 847—848 页。

河,原系黎峒出没之冲,常出为民患。定安县诸黎村峒凡一百一十有一"[1]。以上黎村已散佚。但"查县属现在生黎峒五,熟黎峒三,广袤约五六百里……向设有黎总七人,哨管三十二人,管辖生黎村共一百四十二"[2]。这一百四十二村虽皆为新村,却并非都是"生黎"村——南蛇峒及加钗峒为"熟黎"峒。"加钗峒,黎总一人,哨管四人,管辖本峒熟黎二十有五村"[3]。以上等句表明,"查县属现在生黎峒五,熟黎峒三……管辖生黎村共一百四十二"一句有误,应是"查县属现在生黎峒五,熟黎峒二……管辖生熟黎村共一百四十二",缺漏了"熟"字。

"临高县村峒凡二百三十有九"[4]。"县属现存熟黎二峒,曰番溪峒,曰阜青峒,广袤百里……番溪峒,向设峒长一名,管黎村凡十有四……阜青峒,设峒长一名,管黎村凡十有六"[5]。临高县现存"熟黎"二峒 30 村。那 239 个村峒也只是"历史上的曾经存在"过的。

"乐会县南北二峒皆系熟黎……北峒,所辖六村……每村设黎甲一名。三更村与定安县黎峒接界,黎人贸易皆在定安南闾市、岭门墟诸处……南峒,距北峒四十余里。南峒之中又分上、中、下三峒。上峒设黎长一名,管七村……与定安、万州黎峒相通,水土恶劣,外人罕至。其贸易往来,皆在万州之中迈市。中峒设黎甲一名,管三村……下峒设峒长一名,管五村……以上南、北二峒境,东西四十余里,南距二百余里,熟黎共四峒二十一村"[6]。可见,在管理体系上,大峒下还有辖小峒的设置。乐会县黎村 21 个。从上述乐会县南峒之上峒"水

①[清]明谊修,张岳崧纂:《道光琼州府志》,海南出版社,2006 年,第 848 页。
②[清]明谊修,张岳崧纂:《道光琼州府志》,海南出版社,2006 年,第 849 页。
③[清]明谊修,张岳崧纂:《道光琼州府志》,海南出版社,2006 年,第 849 页。
④[清]明谊修,张岳崧纂:《道光琼州府志》,海南出版社,2006 年,第 851 页。
⑤[清]明谊修,张岳崧纂:《道光琼州府志》,海南出版社,2006 年,第 852—853 页。
⑥[清]明谊修,张岳崧纂:《道光琼州府志》,海南出版社,2006 年,第 851 页。

土恶劣,外人罕至"一句,从澄迈与琼山、定安及临高县相接处"居止无常,迁徙不定"的"生黎"的存在,以及儋州"又有霞黎一种,即生黎之类。居深山中,性猛鸷如禽兽。居处无屋,裸体无衣,足迹不履峒外,故亦不为害民"①的记载分析,显而易见当时黎族发展的极不平衡性,就是"生黎"亦分几个等次。

"儋州诸黎村峒凡二百有九"②。儋州"生熟黎峒凡四。冯虚、七坊、薄沙、龙头,每峒又分内外二峒,外峒熟黎,内峒生黎。冯虚、七坊、龙头三峒又有霞黎、苗黎杂居其中。峒广袤二百余里……向设黎总四人,哨管八人,管辖黎村共一百六十八"③。各峒皆设黎总一人,哨管二人,因为管辖较杂,包括"熟黎""生黎""苗黎""霞黎"。"儋州又有苗黎凡十村,约九十余家,男妇不满千人。所居近冯虚峒,附归该峒黎总兼管。性最恭顺,时出调南市贸易,从无滋事。盖前明时剿平罗活峒叛黎,建乐安城,调广西苗兵防守,号为药弩手。后迁居于此,即其苗裔也。至今其人善用药弩,兼有邪术,能以符法制人,为生熟黎岐所畏服"④。"苗黎"实际是苗族。苗民在明朝时方入海南,人少势微、性格平顺,但有特技可保生存。儋州诸黎村168个,史上曾存在过的有209个;苗村10个。

关于昌化县的记载,前两段仍旧如乾隆朝2峒33村。然后,又记"昌化县黎人二峒,峒外为熟黎,峒内即生黎。由县城东北八十里至大村峒,内有生熟黎共十村……由县城东北一百城(应为里)至大员峒,内有生熟黎共六村……每峒向设总管一名,哨管一名,约束黎众。东南与感恩县黎接界,东连生岐境,南一百四十五里与崖州通,

①[清]明谊修,张岳崧纂:《道光琼州府志》,海南出版社,2006年,第855页。
②[清]明谊修,张岳崧纂:《道光琼州府志》,海南出版社,2006年,第853页。
③[清]明谊修,张岳崧纂:《道光琼州府志》,海南出版社,2006年,第854—855页。
④[清]明谊修,张岳崧纂:《道光琼州府志》,海南出版社,2006年,第855页。

广袤四十余里,共生熟黎峒二十六村"①。看来,道光中后期,昌化县村峒数为 2 峒 42(16+26＝42)个村。

"万州诸黎村峒凡九十有四"②。此句又是转自于《通志》,当为史上曾存。"万州黎凡三峒三十二村。西北二峒皆系熟黎,惟太平峒外居熟黎,内有生黎"③。32 村皆为熟黎村落数量,因为"内峒生黎村不能确数,亦无名可纪"④。

"陵水黎,北有黎亭,南有岭脚。岭脚由萌芦门而出,黎亭由黎罗而出。又有东北峒、大牛岭、小牛岭,为黎人往来必由之路,常出为寇。陵水县诸黎村峒,凡三十有一"⑤。陵水县黎族史上曾有 31 村。"陵水生黎距县城一百里,熟黎距城三十里,并归巡检、典史管束。城西三十里有歧村弓,三十五里有马岭弓、深田弓,四十里有文村弓,五十里有士董弓……一百里有喃春弓,皆宝停司巡检属。以上皆熟黎。五弓设总管一名,约束一弓之众。自县城西一百一十里入生黎界,凡十八弓,内除冲禄一弓归崖州营束、番窝一弓业经归化外,尚有母感……等十六弓环居小五指、七指两山之间,虽属巡检稽查,然其习俗、性情与熟黎异,向无峒长约束,其贸易聚集皆在宝停弓。有万州营汛防巡检,俱驻扎此处,距县城一百二十里……现存熟黎二十弓,生黎一十六弓"⑥。陵水黎族民众的居村称弓,上述"熟黎二十弓",应加上归化的"生黎界"的 1 弓,为 21 弓;"生黎界"的 18 弓,除了归化的及归崖州营管束的外,16 弓向无峒长约束,但知贸易。陵水"生黎"当为 17 弓。这样,陵水县黎共计 38 弓,包括两个重名的(深田)

①[清]明谊修,张岳崧纂:《道光琼州府志》,海南出版社,2006 年,第 856 页。
②[清]明谊修,张岳崧纂:《道光琼州府志》,海南出版社,2006 年,第 856 页。
③[清]明谊修,张岳崧纂:《道光琼州府志》,海南出版社,2006 年,第 857 页。
④[清]明谊修,张岳崧纂:《道光琼州府志》,海南出版社,2006 年,第 857 页。
⑤[清]明谊修,张岳崧纂:《道光琼州府志》,海南出版社,2006 年,第 857 页。
⑥[清]明谊修,张岳崧纂:《道光琼州府志》,海南出版社,2006 年,第 858 页。

弓。陵水"熟黎"受到巡检、典史管束,离县城较近,汉化程度应当较高;陵水"生黎"众多,均受崖州营及万州营汛防巡检管控。

崖州黎地广而人众,"分东西二界,前屡为患,罗活、千家为甚,德霞、抱显次之。崖州诸黎村峒凡九十有二"①。历史上曾经 92 村。"东路生熟黎村凡七十有二,向设峒兵六人,总管六人,哨管十三人,今革……西黎生熟黎村凡四十有二,向设峒长六人,总管三人,今革"②。如今崖州东路、西路"生黎"及"熟黎"村落共 114 个,此处的"生黎"当为归化的"生黎"。东路曾仅仅设置峒兵 6 人,总管 6 人,哨管 13 人;西路设置峒长 6 人,总管 3 人,都是远远不够的。是因为峒兵扰黎被革除所致的吗? 联系"黎乱"的发生,一再被革的可能性较大。道光年间崖州这 114 村"生熟黎村"已无土官管理,看来皆归有司管理了。至于"半生半熟黎村"及"生黎村峒"数目则不能确定,但数量较多,"回风岭……幽邃不见天日,附近居者皆半生半熟之黎,最大者为抱贤、野椰、大毛等峒,皆千余人。岭西有藤桥市,永宁司巡检一员,崖州协陆营千总一员,驻扎防守。附近生黎最大者,曰抱浩,曰郎温,二峒内分十二弓,其余小村峒甚多"③。北路、西路尚有诸多"生黎村"。崖州"半生半熟黎"居地类似"生黎"界,二者皆被设防。崖州黎众多,各个类别的黎众生存状态迥异:"崖州黎分三种,曰生黎、曰熟黎、曰生熟各半黎。生黎者,即干脚岐之类也。裸体兽性,穴居鲜食,环居五指山下,与民人隔绝,不为人害。熟黎者,归化既久之黎也。饮食衣服与民人同,惟束发于顶,其俗未改。日往来城市中,有无相易,言语相通,间有读书识字者。其户口编入图甲,有司得而治之,故亦不为人害。生熟各半者,谓可生可熟之黎也。治则为熟

---

① [清]明谊修,张岳崧纂:《道光琼州府志》,海南出版社,2006 年,第 858—859 页。
② [清]明谊修,张岳崧纂:《道光琼州府志》,海南出版社,2006 年,第 859 页。
③ [清]明谊修,张岳崧纂:《道光琼州府志》,海南出版社,2006 年,第 861 页。

黎,乱则为生黎。其中亦分两种,曰大襉、小襉。大抵富者为大襉,贫者为小襉。平时耕田纳赋,听官约束,与熟黎同。然性嗜酒好斗,常挟毒矢钩刀以自卫,睚眦杀人。若被汉奸盘剥欺侮,忿不能堪,辄手刃之。官吏不察,轻遣兵差勾捕,或所使非人,因而骚扰之,彼即负隅思逞,群起相抗,遂为生黎。崖州黎人如此者十居其七,且与民杂处,黎峒中有民人,民村中亦有黎人,不能分其畛域。约计三种黎人,其众多于民人一倍……民人皆居惟环海一线而已,其余皆属黎山。山凡数十重,每过一重,稍有平坦之处,黎人即编茅居之,或数十家、数百家相聚为一村,亦名一弓。有众至千余人者为大村,其小者仅止数家屋宇。迁徙不常,村落聚散无定,所耕田在是即居于是,日久地瘠则去而之他,故村峒土名,数年间数迁数易,其地不可考也。其山则深林密箐,有行两昼夜不见天日者。或悬崖阻绝,毒泉瘴雾,无径可通。"①道光年间,崖州黎情已经发生一些变化,不再说"熟黎"为患的话,反而是"半生半熟"及"生黎"成为防范要点。当然,这也是指常态下的情况。其实,治理失当,"黎乱"之发起,是无论"熟黎"与"生黎"的。所以,清政府要每十五里,甚至五里便设一岗或一哨地进行管控。南山门汛、深沟汛、中伙塘、烧旗沟塘、坡顶汛、沟口汛、小桥汛、九所汛、乐平汛、望楼汛、黄流汛,及其他多所汛房,加之崖州协陆营千总、永宁司巡检、乐安司巡检的设置位置,都有详载。"自州城入黎共有三路,按定方向,经由某某汛至某村若干里,一以塘汛为准,虽系约略之词,然核其地势,远近亦无差误。以崖黎每常滋事,进兵道路宜预为筹度,故纪之特详"②。道光年间的"黎乱"以崖州"黎乱"最为引人注目,因此"筹度"甚远,标记特详,防范甚严密。

军事设置上对崖州黎严格防范之外,管理上则由土流兼治,渐变

①[清]明谊修,张岳崧纂:《道光琼州府志》,海南出版社,2006年,第859—860页。
②[清]明谊修,张岳崧纂:《道光琼州府志》,海南出版社,2006年,第860—861页。

为统归有司文武官员管理。"近城熟黎,大峒如官坊、头塘、多烂、多渴、抱由、德霞等村,多者千余家,少亦七八百家,素皆强悍,势不相下。城内民黎错处,互相贸易,易启衅端,文武官控制得宜,方可无事……以上东西二路黎村共一百一十六,黎境袤长五百余里。熟黎向归里长管辖,生黎及生熟各半黎旧设有峒长、哨官等名,由黎人自行保充。后有不肖绅民假名混保,快其所私,以致黎众不服,因而滋事。今已革除"①。从"不肖绅民假名混保"引发"黎乱"之后,黎族村落革除各土官,由上一级管理人员即地方"有司"管理。

"感恩黎附版籍者十九,与民杂居,无患,患在与崖之生黎切近……感恩县诸黎村峒凡四十有一……感恩熟黎凡三峒"②。感恩黎也是峒中有峒,古镇峒,内有黎村十八峒;楼峒,内有黎村十五峒;王峒,内有黎村凡六峒;这里的小峒相当于村。"四十有一"的数量为史上曾存。

有黎却不算黎的情况,除了澄迈县,还有文昌与会同。"文昌无黎……会同无黎人,因分县时黎隶乐会"③。道光年间,澄迈县、文昌县的黎族村峒,都已经发展到虽有黎都之名、实无黎人之实的程度,可见黎人汉化程度之深。根据《道光琼州府志》的记载,整个海南彼时黎村至少有 809 个,苗村 15 个。其中琼山县 213 个,定安县 142 个,乐会县 21 个,临高县 30 个,儋州 168 个,万州 32 个,陵水县 38 个,崖州 126 个,感恩县 39 个。澄迈县不详数目的黎村及文昌县的 35 个黎村已皆非黎村,没有计算在内;琼山县苗村 5 个,儋州有苗村 10 个。总之,到道光年间,海南大部分黎族地区都被纳入清朝统治网络中,大多黎村已被归入都图管辖,基本由州县直接统治,而许多"生黎"地区,亦因被

①[清]明谊修,张岳崧纂:《道光琼州府志》,海南出版社,2006 年,第 862 页。
②[清]明谊修,张岳崧纂:《道光琼州府志》,海南出版社,2006 年,第 862—863 页。
③[清]明谊修,张岳崧纂:《道光琼州府志》,海南出版社,2006 年,第 850 页。

纳入统治系统而成为"熟黎"地区。黎区的封建化、汉化程度进一步加深。看来黎汉之间的交流是难以被绝对限制的。

另外,根据道光《琼州府志》的以上记载还可判知,黎族土官的职责包括约束黎众、缴纳赋税、平乱时做向导、助政府军作战、招降等。清政府在黎族地区设置的土官,并未完全一体化。既有设峒长、黎总(总管)、哨管三级土官的,也有设峒长、总管、哨管、黎甲(黎首)四级土官的,也有设峒长、黎首(黎甲)或黎总(总管)、哨管二级土官的,还有设黎总一人管辖"生黎"的①。甚至还有不设置土官的。土官一般由黎族上层担任或由黎民选出待任,此时的各级土官大抵早已打破了世袭,且随情势随时可被撤换。黎区的土官职位也较低,但各级土官权限分明。清政府就这样通过不断的调整,巩固起一套制约黎族的土官制度,加强了政府对黎峒的控制。

据嘉庆十七年(1812)全国的人口统计,琼州府有原额丁口109348,滋生丁口1383261。此时海南人口增加了近十倍以上②。《道光琼州府志》记载:雍正九年(1731)至嘉庆二十三年(1818),"滋生人丁七十二万八千八百八十九。道光十五年册报滋生一百二十五万零八百五十四丁口。"③尽管上述两类统计数字各有依据,互有相抵,但仍可说明,自从康熙年间社会安定以后,海南人口的确有大的增长。尽管这时没有具体的黎族人口的统计数据,但从整个海南人口数量的发展趋势分析,在嘉庆、道光年间黎族的人口应有大幅度的增长。主要原因应该是海南一百多年来相对稳定的政局,使社会生产力逐渐恢复与发展,黎族社会也在大的相对安定的环境下受益,人口的增长自

---

① [清]明谊修,张岳崧纂:《道光琼州府志》,海南出版社,2006年,第845—864页。
② 梁方仲编著:《中国历代户口、田地、田赋统计》,上海人民出版社,1980年,第408页。
③ [清]明谊修,张岳崧纂:《道光琼州府志》,海南出版社,2006年,第587页。

然难免。尽管道光年间,海南黎族遭受频繁的天灾、人祸和战祸。如"道光元年春二月,万州大雨雹。琼山、万州、乐会大疫。(道光)二年秋八月,万州地震。冬十月,大水。(道光)三年冬十二月,崖州大雨雹,大者如斗,小者如拳,黄流、赤岭、赖元诸村庐舍多击毁。初雹堆积如山,俄而化。大水冲决村田无算。(道光)四年夏四月,星入月宫,郡属旱、虫,大饥。自三年九月至四年八月,郡属久遭旱灾,蝗虫漫天遍野,所过禾麦一空,饿莩载道,鬻男女渡海者以万计。巡道周鸣鸾给照,令商民各处籴米来济,知琼山县于学质开仓平籴。九月后,米价渐平……(道光)十四年秋八月,琼山、文昌地震。十六年三月,雨雹……"①但海南黎族人民的生存力是强大的。

①[清]明谊修,张岳崧纂:《道光琼州府志》,海南出版社,2006 年,第 1903—1905 页。

第四章 "化黎"

——清后期对海南黎族的经管与开发

自道光二十年(1840)鸦片战争之后,中国社会发生巨变,逐步沦为半殖民地与半封建的社会。清后期指的就是1840年鸦片战争后到清朝灭亡这段时期,也叫晚清时期(1840—1912),这段时期的清政府继续对海南黎族进行规划营治、化导经理,特别是光绪年间,在剿抚两手"治黎"的同时,又兼及海南的开发,并强化了对黎族的开化育导。

嘉庆年间,即有"化黎"之方法论了,"观有明救谕之及(后)黎首欢欣誓死向化,其心可知。当时招主见救谕全不及己,遂诓黎首而收藏之,以贪己功。后其书犹在革官之子孙,故黎首无所据以保峒村,反侧之心皆生于不自安,而成于有所激也。岂终无可化之机乎?即有宋庆元初,通判黎(刘)汉创建社学,黎獠遣子就学者十余人。明洪武间,黎杀人报仇,时以反闻。知府王伯贞,保其无他变,果捕仇杀者,遂大定,则其性之无大恶也。可征其在今日特惧熟黎之煽生黎以为祸胎耳。倘原祸变之从来,戳渠魁之诱引,而又杜豪右,清影射,使买黎业者不得以一成十,民田无得附黎以避差,则彼此安生,衅孽不作,又从而建社学于近黎之地,以开其向善之路,幼而习,长而变,胥黎以为民可也"①,这里,追溯了明朝与宋朝"化黎"的经验,提出作者

①[清]谢济韶修,李光先纂:《嘉庆澄迈县志》,海南出版社,2004年,第305—306页。

自己的"化黎"之方,即杀戮"引乱黎首";杜绝富豪家族、世家大户的形成;"清影射",大约是指清除猜疑、误解吧;严格管理黎汉间的包括土地在内的交易,童叟无欺,严禁汉民钻赋役漏洞,公平对待黎民;从幼教开始持续教育黎人,以"顽化黎为平民"。只是良方的践行,其实不易。比如"杜豪右",就需要真正的从上而下的制度建设。

鸦片战争前的道光年间,海南黎族的归化程度已加深,几乎所有的黎族都被纳入清朝的统治范围了,许多"生黎"地区,由于被纳入清朝统治系统而成为"熟黎"地区。虽然不能说"可化之机"已到,但这为深入"化黎",即普遍地开化育导黎族奠定了基础。但是鸦片战争之后,新的社会形态下的道咸时期,清中央政府因忙于同外国列强周旋,无暇顾及威胁有限的海南"黎乱",主要是海南地方政府继续对黎众剿抚兼施、开化育导;但是到同光时期,尤其是光绪朝,清政府终于切实地利用了"可化之机"来运行"化黎"。

第一节　道咸衰世之时

通过道光年间的鸦片战争(1840—1842)和咸丰年间的第二次鸦片战争(1856—1860),西方列强以武力迫使清廷签订了一系列不平等条约,获得大量在华利益。这一段时期史称"道咸衰世"。

一、道光后期的"黎乱"及处理

这里的道光后期指的是鸦片战争之后的道光年间。鸦片战争以后,随着中国开始沦为半殖民地半封建社会,海南也开始了半殖民地化的进程。

衰世盗贼起。道光二十九年(1849)正四月二十六日,海盗张十五等驾数十只船入海口港,二十余只兵船刚一交战,官船器械火药便俱失于对手,官兵奔窜逃匿,"郡城戒严。闰四月初二三日,攻海口城,自辰至午,守备许颖升、署守备黄开广同崖州副将吴元猷悉力御之,杀贼十余名。碣石镇王鹏年男某复从西面陷阵,悉力御敌,杀贼巨酋一人,乃退。初四夜,复来袭,船上火光烛天,设为疑兵。黄开广令人从暗中开炮,杀贼数十名。贼气夺,退泊铺前港。三十余日后,渐流劫各州县,官兵不能救。十月,太守林鸿年主议招抚张十五上海口安插,给顶带,党与渐散,海氛以息。新设炮台于旧炮台内。三十年三月二十七夜,贼劫海口钱铺数处,官兵知之不追,贼遁去"①。海贼"愈战愈勇",最终靠授予"贼首"顶带的办法招抚平息之。面对国内的"海贼",琼地方政府应对尚且吃力,何况是面对坚船利炮的外敌及蛮勇的黎众?

虽然中国的社会性质发生了变化,但是道光后期海南"黎乱"发生的原因,一如从前;招抚亦如从前。儋县的刘文锴有武艺有家财,喜好聚集无赖横行一方,并煽惑黎民攻城杀官,虽经道镇痛剿,不能平定。刘文锴还造船出海为盗,劫掠商旅,祸及北部湾和安南沿海。他扬言洗劫海口之后,海口人心惶惶,市民纷逃,十室九空。粤督特从碣石檄调吴元猷署琼州。吴元猷,字敬㘙,张吴图道郡人,因功由琼州镇擢广东水师提督,后代理海口参将。《民国琼山县志》总结了他立功于桑梓的三功:其一为上述带兵追杀海贼张十五等大胜;其二为平定高廉洋匪;第三功即为平"刘文楷乱":"儋州刘文楷因争起衅,乘机煽惑乡民,率众攻城,拒捕戕官。经道镇痛剿,未能平定,贼势益张,地方受害者数年。粤督徐广缙知元猷生长琼南,熟悉黎情,素得人心,由碣石调署琼州镇。始至,遂亲履黎境,晓以祸福,痛陈利害,黎人感悟,即时解散。设计拿获戕官攻城焚市要犯许觐光、丘有才、阮大刚等九名,文楷势孤。伏壮士于木车沟,擒之,斩以示众,不

---

① 朱为潮等主修,李熙、王国宪总纂:《民国琼山县志》,海南出版社,2004 年,第525 页。

治脅(协)从,儋、临悉平。"①

　　儋州刘文楷为乱时吴元猷在平定的过程中招抚黎人的详情,还可从林宜华的小传中略知。"林宜华,字德甫,号桃溪,博茂人。由行伍补海口营外委,素有胆略。当儋州刘文楷为乱时,道镇悬千金购之,不能得,屡出兵征讨,亦不能平。总镇吴元猷熟悉琼州情形,粤督徐广缙,由碣石调署琼州镇,责以剿贼,宜华请以只身往擒文楷,元猷壮其言,潜师援应。宜华乃变姓名,杂行商,深入黎洞(峒),结交头目,由各洞头目介绍,交文楷。会演戏时,借观戏为名,邀文楷偕出,离洞口稍远,宜华力扑擒之,负奔数十里。潜师援应,带赴营,元猷惊喜,升授把总,儋州悉平……"②可见,吴元猷亲履黎境招抚黎人的前提在于林宜华"设计"智擒了刘文楷,并配潜师援应。

　　道光二十三年(1843)始,崖南乡各村曾连被"黎乱"惊扰三年,说明清廷虚弱,地方政府亦治理不力。"黎必耀,字尊亭,官千戎,府后市人。万陵间有牛岭,黎匪巨巢,道光二十五年奉委查捕,得巨贼二十余正法,巢平,因设铁箭以团练,黎岐慑服"③。可见,鸦片战争以后,团练在"平黎"中发挥了重要作用。团练,中国古代地方的民兵制度,在乡间的民兵,亦称乡兵。清朝的团练,起源于19世纪初嘉庆时期,当时的八旗、绿营严重腐化,扰民有余,却不足以御敌,为对付各地爆发的白莲教起义,清政府采纳了合州知州龚景瀚的建议,令地方绅士设立并训练团练与乡勇,同时严格保甲、坚壁清野,以自保地方。而办团练的经费均来自于民间,由练总、练长掌握。其实在鸦片

①朱为潮等主修,李熙、王国宪总纂:《民国琼山县志》,海南出版社,2004年,第
　　1474—1475页。
②朱为潮等主修,李熙、王国宪总纂:《民国琼山县志》,海南出版社,2004年,第
　　1580页。
③朱为潮等主修,李熙、王国宪总纂:《民国琼山县志》,海南出版社,2004年,第
　　1579页。

战争前,乡勇、团练即开始在"平黎"中起作用了。如"(道光)十三年三月,大本峒黎以争大赞坡田作乱,攻掠永宁乡及各黎弓,进围藤桥市,势甚披猖。监生余接星、蔡登云、李贤济等募乡勇,大破之,斩首数百级。进捣各弓,讨平之"①。鸦片战争时,林则徐也曾经在广东三江各乡镇组织乡勇及民团抵抗入侵的英国海军,并取得成功。从此,团练开始被国家收编为正规军队。可以说,团练的存在,在一定程度上维护了封建地主阶级的统治地位。道光三十年(1850),大本峒酋王亚峰作乱。咸丰三年(1853)六月,纠党出攻藤桥市。李焕贤及监生蔡登云、杨风祥等率乡勇击退。十月进剿,擒亚峰斩之。登云与理问职李同日、记委符家仁,奉州谕至加扎弓招抚,余党悉平②。此次"黎乱",从道光朝持续到咸丰朝,终是在纷扰多年后被地方民兵即团练以剿抚兼施的方式予以平定。

二、咸丰年间对黎族的经营

(一)关于咸丰帝及其治下内外交困之局

爱新觉罗氏·奕詝(1831—1861),是清朝第九位、入关后的第七个皇帝。他于1850年正月己未日继位,1851年改年号咸丰。咸丰帝享年31岁,庙号文宗。他虽勤于政事,重用汉人,对朝政颇有改革,力图扭转内交外困的政治局面,但他面对列强压迫时缺乏胆识,攘外失利后便沉迷酒色,荒废朝政,不得已与列强签订下多个不平等条约。

咸丰元年(1851)元月,太平天国起义爆发了,一路势如破竹的太

---

① [清]钟元棣创修,张嶲等纂修:《光绪崖州志(外一种)》,海南出版社,2006年,第376页。

② [清]钟元棣创修,张嶲等纂修:《光绪崖州志(外一种)》,海南出版社,2006年,第367页。

平军,先后攻取岳州、武昌、南京等南方重镇,并于咸丰三年(1853)定都南京。由于战略失误及阶级局限性,太平军既没有集中力量进行全力北伐,又因为发生于咸丰六年(1856)的内讧事件"天京事变",使得清政府获得喘息之机,太平天国运动最终败于曾国藩、左宗棠、李鸿章等人组织的地主武装与外国势力的联合打击之下。

　　镇压太平天国之时的咸丰四年(1854),英、美、法三国向清政府提出了修约等要求,遭到拒绝。咸丰六年(1856)英国借口"亚罗号事件"攻占广州,但被击退。次年,法国以"马神父事件"为由,参与对华侵略。咸丰八年(1858),英法舰队攻陷大沽炮台,进迫天津,咸丰只得派桂良、花沙纳往天津议和,与英、美、法、俄分别签署了《中英天津条约》《中美天津条约》《中法天津条约》和《中俄天津条约》。但仍不满足的英法侵略者,借口在天津登陆受阻,于咸丰十年(1860)春,发动了新的军事侵略。英法联军攻取天津后向北京进犯。清军接连溃败,咸丰假托"木兰秋狝"自圆明园仓皇逃往热河,命恭亲王奕䜣留京议和。奕䜣代表清政府与英、俄、法签订了《中英北京条约》《中俄北京条约》《中法北京条约》,并批准了中英与中法的《天津条约》。在《中俄北京条约》中,清政府不得已承认了咸丰八年(1858)沙俄迫使黑龙江将军奕山签订的《瑷珲条约》。咸丰十年(1860)十月六日,英法联军攻占了举世闻名的皇家园林圆明园,抢劫之后便大肆焚毁。咸丰十一年(1861),咸丰帝在悲愤交困中崩逝于热河行宫。

　　(二)咸丰年间的"黎乱"及其处理

　　咸丰元年(1851)五月甲寅,谕曰:"广东准升儋州知州朱庭桂,在省托故迁延,已属规避取巧,迨该藩司饬催赴任,竟敢抗违不遵,实属任性乖张。准升崖州知州宜庆,卸署潮州通判事将及一载,延不回省,亦系规避烟瘴远缺。朱庭桂、宜庆,均着即行革职,以示惩儆。"①

―――――――――
①唐启翠辑录点校:《明清〈实录〉中的海南》,海南出版社,2006年,第234页。

咸丰帝登基不久,即关注起烟瘴边疆海南的吏治,以"即行革职"严厉惩儆胆敢规避烟瘴远缺的官员。彼时咸丰治下最糟糕的局势尚未来临,但不久内外交困的局势日显。

咸丰三年(1853),清帝谕令绅民"举办团练"①,以保境安民、缉防盗贼,各省便开始大规模兴办团练。交困中的咸丰时期,团练逐渐成为"国之利器",著名的湘军、淮军都起家于团练。比如湘军,就是曾国藩为镇压太平天国起义而于咸丰四年(1854)初,以团练为基础,加上兵勇、夫役工匠等人所编成的陆军十三营六千五百人、水师十营五千人,共一万七千人的军队。湘军全军只服从曾国藩一人,兵随将转,兵为将有。咸丰年间,由于内外交困,清政府穷于应对,对社会的控制力逐渐削弱,于是在海南的地方政府更是大量利用本地乡绅组织乡勇、团练来镇压"黎乱"。乡绅从保甲制度的幕后操纵者,成为团练组织的前台领导者,并逐渐成为基层社会的实际控制者。

国衰则匪生盗起,咸丰年间的海南世道不靖,不是"变起仓猝",便是"盟结会匪"。如《民国琼山县志》曾记载:"张遇春,字文炳,把总,五原人,例贡生锦孙,外委端龙子。善骑射,有奇气,历守万州、会同、儋州汛,艰险不避。咸丰元年,守调南,变起仓猝,奋勇力敌,被数十枪而死。"②"张志刚,西门内人,官外委。咸丰元年,儋州调南乱,尽力御敌,死之。"③可见咸丰元年(1851)发生仓猝而起之变时,生变者拥有先进的热兵器枪支。又如《光绪崖州志(外一种)》记载,咸丰二年(1852),崖州"州西赤命村周大炳盟结会匪,抢劫桥园邢修纬

①[清]刘锦藻:《清朝续文献通考》卷二一五《兵十四》,商务印书馆,1936年,第9619页。
②朱为潮等主修,李熙、王国宪总纂:《民国琼山县志》,海南出版社,2004年,第1579页。
③朱为潮等主修,李熙、王国宪总纂:《民国琼山县志》,海南出版社,2004年,第1579页。

家。廪生孙元度与知州卢风应密谋擒之,就地正法。咸丰十年九月十七日,土匪方耀宗袭入州城,据之,寻伏诛……时藤桥陈悦来剿黎有功,为州牧李光业拷死。藤勇愤甚,耀宗煽引同匪伙数百人,袭入城。光业遁入协署。耀宗到,肆劫掠,纵狱囚。与子日纵酒,逍遥城市。营弁郑兰香等俱入伙,说以杀官吏,撄城固守,为大举计,弗听。千总蒋模、附生王登瀛等密图之,赂藤勇使退,伏兵猝起,获其父子,并四十余匪,斩协署前。余党溃散,兰香沉水死"①。

鸦片战争之后,"结盟成会"的现象成为时代的特征,无论正邪,都体现了民间力量的发展壮大,这些力量中蕴藉着对政府的不满与抗争。如天地会,又名洪门,俗称洪帮,是清初时闽广一带的苦力为自卫反暴而建立的民间秘密社团,是清初中国社会种族矛盾的产物,"反清复明"为其思想基础。随着社会主要矛盾的不断变化,天地会的性质也在不断变化。鸦片战争后,天地会发动的武装起义,影响更大。咸丰四年(1854),广东发生天地会"大叛乱",即所谓"洪兵起义",这是天地会历史上规模最大的一场"反清"武装起义。咸丰七年(1857),天地会会员2000多人围攻海南中部地区的枫木、岭门。豪绅叶文锦(新仔村人,廪生)联合知县章增耀带兵镇压,天地会起义失败。此时此处又是地方乡勇与团练武装镇压了起义,维护了清朝的地方统治。虽然天地会组织松散,缺乏联合行动,极易被清军各个击破,但因其波及地域广泛,极大地打击了清朝反动统治力量。咸丰七年(1857)的这次起义威胁了海南的地方政权,从政治上和经济上打击了当地的地主阶级,助推了海南地区包括黎民在内的平民的民族观念和反对阶级压迫的要求,为将来把辛亥革命的火种播撒在海南黎族地区起到了铺垫的作用。

---

① [清]钟元棣创修,张巂等纂修:《光绪崖州志(外一种)》,海南出版社,2006年,第315页。

而"黎乱",在咸丰元年(1851)即有发生,"正月朔,大烟村黎酋林开清纠众作乱,攻扑妙山村三次。乡勇力堵,击走之"①。此次"黎乱"的发生,引发原因不明,但从"攻扑妙山村三次"等语中可见抢劫、仇杀的成分较高,对此次"黎乱",乡绅组织的"乡勇"再次发挥了平乱的重要作用。

咸丰元年(1851)七月丙午,上谕:"广东琼州镇总兵黄庆元,于儋州土匪勾串黎人滋事,带兵驰往,自应迅速剿办,乃只知拥兵自卫,畏葸不前,实属贻误事机。署儋州知州张亨钎,身为民牧,办理乖方,亦属庸懦无能。黄庆元、张亨钎均着革职拿问,交该督等严讯,定拟具奏。"②可见,咸丰元年(1851)还有儋州土匪勾串黎人滋事的事件,咸丰帝对平定不利、"办理乖方"的广东琼州镇总兵黄庆元及署儋州知州张亨钎一并革职拿问,以保障地方安定。但起于道光三十年(1850)的大本峒酋王亚峰作乱,直到咸丰三年(1853)六月,还在纠党出攻藤桥市。此时,是李焕贤及监生蔡登云、杨凤祥等率乡勇击退了"做乱之黎",并"奉州谕至加札弓招抚,余党悉平"③。地方团练的力量再次发挥了重要作用。

咸丰六年(1856),"止强黎酋张那光,因署知州卢凤应勒索,负重债难赔,遂杀债主作乱。凤应协同都司王汝翚率兵剿捕,不克。七年,知州黄政钧、副将陈志邦先后募藤桥勇李阿六、符定邦等,合营兵进剿。乡勇鼓勇深入,连破止强、止讼等村。那光窜入母邱石洞。多涧黎目吉那厚率黎兵擒之,解府正法。乱平"④。这次黎族的反抗斗

①[清]钟元棣创修,张巂等纂修:《光绪崖州志(外一种)》,海南出版社,2006年,第376页。

②唐启翠辑录点校:《明清〈实录〉中的海南》,海南出版社,2006年,第234页。

③[清]钟元棣创修,张巂等纂修:《光绪崖州志(外一种)》,海南出版社,2006年,第367页。

④[清]钟元棣创修,张巂等纂修:《光绪崖州志(外一种)》,海南出版社,2006年,第376页。

争是统治者的勒索间接导致的,却被地方政府武装力量联手乡勇合力剿灭。

　　《崖州直隶州乡土志》记载,咸丰八年(1858),"陵水县黎酋李亚蜜作乱,州属过山、琅瑙、椰根各峒应之,攻劫藤桥村乡,焚掠一空。八月,又纠定安黎,拥众数千,扑藤桥市。汛弁符世纪,监生符运启、符定邦等,率乡勇击走之。贼复倾巢来扑,世纪等昼夜力堵。勇目余斯拔、陈志泰等开寨博战,大破之。乘势攻田湾、大赞坡贼巢。亚蜜窥市空虚,遣弟亚兄纠众来袭。定邦等回军奋击,贼大败,亚蜜窜归陵水。诸峒以次平。自是藤桥勇威慑诸峒"①。这次仍是以乡勇为主平定了"黎乱"。咸丰八年(1858)十月,"抱鼻黎王怕娘纠藤桥侳匪作乱,诸峒响应,陷三亚,扑羊栏。乡人力堵之,乞援于崖营,副将林大鹏遣署都司王汝薰驰救。汝薰逗遛不进,羊栏、妙山、林家诸村相继陷。既而汝薰至,自溃,外委吴卓强被杀。林大鹏驻军金鸡岭,战不利,引还。黎势猖甚。九年,三亚廪生王懋赏倾产集资,招致陈悦来,募藤桥勇往剿,击散侳匪,收复民村,攻破南下、抱鼻、半岭诸峒,直捣罗蓬、红花、大茅等贼巢,歼其魁。诸峒震慑乞抚,不两月肃清。悦来寻被奸黎诬控需索,知州李光业杖死之"②。这次则是以藤桥乡勇为核心的民间力量扑灭了"黎乱",首功在于倾产集资的廪生王懋赏。在"平乱"中有功的陈悦来乃寄居崖州的客家人,是否被"诬控需索"尚未查到相关资料,但功不抵过是确实的。

　　无论"监生符运启、符定邦等,率乡勇击走之"的行为,还是"三亚廪生王懋赏倾产集资,招致募勇"的做法,都体现出国事衰微之际

①[清]钟元棣创修,张嶲等纂修:《光绪崖州志(外一种)》,海南出版社,2006年,第701页。
②[清]钟元棣创修,张嶲等纂修:《光绪崖州志(外一种)》,海南出版社,2006年,第701—702页。

民间保境安民的力量。还有,无论陈悦来是否被"奸黎诬控",但只要"向黎民需索"与"扰黎"便足以被"杖死",这一事实说明,咸丰年间还是坚持了"抚黎"原则,并在危机处理中严酷管治敢于"扰黎"者。若陈悦来是被"奸黎诬控"的,则说明黎民的汉化程度的确加深,已经懂得设计"复仇"了;同时也表明地方政府处理危机事件时的简单粗暴。

咸丰年间海南的吏治败坏,仅从下则上谕所揭示的科场舞弊的一个侧面就足以说明了。咸丰四年七月丁巳,谕曰:"有人奏,广东省每遇岁科考试,州县官所取案首,多系以财行求。琼州府属尤甚,往往于未考之先,即已讲定,多则洋银七八百元,少则四五百元不等,甚至自第二名至第十名,非用洋银数十元亦不能得。儋州、文昌县各文童,每因考试不公,有殴官毁署情事。陋习相沿,任意贿卖。学政所得棚规程仪,由各州县摊派,是以瞻徇情面,将案首全行录取等语。童试为士子进身之阶,似此骫(当为执)法营私,若不严行参办,何以儆贪吏而挽士风? 着叶名琛、柏贵严饬各管道府,于所属州县认真查察。每遇岁科考试,务当择其文理优长者置之前列。如有前项积弊,即行据实严参。"①但是到了咸丰十年(1860),内外交困之下,需饷孔殷,再也谈不上严肃考试制度了,反要利用考试制度,以捐资获得录取名额的方式筹集军饷:"咸丰十年十二月壬申,以广东续捐军饷,永广乡试中额六名,新会、河源、茂名、化(州)、文昌五州县学额各五名……"②其他的县四名、三名、二名各不同,共计43(州)县(包括海南澄迈、会同、乐会、定安、琼山、文昌等县)71名额。在这样的政治环境下,只能导致海南的吏治更加败坏,"治黎"式微,"化黎"不力。

内外交困之下,咸丰不得不于咸丰十年(1860)发布向西方学习

①唐启翠辑录点校:《明清〈实录〉中的海南》,海南出版社,2006年,第238—239页。
②唐启翠辑录点校:《明清〈实录〉中的海南》,海南出版社,2006年,第240页。

先进技术的"上谕",而此时距鸦片战争已有 20 年。虽然迟了 20 年,但毕竟体现了守旧的中国寻求自强的意识。所以说,"道咸衰世"之际,也不能说清政府完全一蹶不振,甚至咸丰之后还迎来同光中兴之局面。

第二节　同光时期

一、同光中兴

同光时期指的是同治帝与光绪帝治下的时期。爱新觉罗·载淳(1856—1875),清朝第十位皇帝,也是清军入关以来的第八位皇帝,他冲龄践祚,即幼年继承皇位,在位 13 年,终年 19 岁。其年号为"同治",庙号"穆宗"。因同治无后代,其生母叶赫那拉氏就挑选了咸丰之弟醇亲王奕譞与自己胞妹的儿子,年仅 4 岁的爱新觉罗·载湉(1872—1908)继承大统。载湉是清朝第十一位皇帝,在位 34 年,年号光绪,庙号德宗。光绪帝 18 岁亲政,但实际上大权仍握于慈禧太后手中。光绪二十四年(1898),光绪励志图强,启用康有为、梁启超等人进行了"戊戌变法",但危及当权者利益的变法,很快便因遭到以慈禧为首的保守派的反对而失败,光绪也从此被慈禧幽禁在中南海瀛台。

同治时期两宫太后与议政王奕䜣互相配合,遵照咸丰帝的遗旨精神而推行新政。咸丰十年(1860)十二月初十日总理各国事务衙门建立,这是中国走向近代化的一个标志。总理各国事务衙门是中国历史上第一个专门处理外事的中央机构,相当于清政府的内阁兼外交部,既处理清政府与各国间的外交事务,还管理对外贸易,新式工矿业、海关税务、海军建设、边疆防务、新式学校的建立,铁路兴修,矿务开办等。此后,从 19 世纪 60 年代—90 年代,洋务派进行了以"自强"与"求富"为旗号,通过引进西方军事装备、机器,以及科学技术用以维护封建统治的洋务运动。中国出现了史上第一批近代化企业,在客观上促进了中国民族资本主义的产生和发展。从此,中国开始进入到一个特定时期:国内起义被平定,中外"暂时和好",日趋衰败的清朝迎来变革,洋务运动蓬勃开展,工商业有了初步发展,近代化陆海军军备初步建设,清王朝的军事实力有所提高——这就是史称的"同光中兴"时期。

虽然清朝自乾隆中后期就一直在走下坡路,并未出现被后世专家认可的可以称为"治世"或"盛世"的时期,"同光中兴",只是一个老病帝国的回光返照而已,但是同治、光绪两代,在慈禧太后的实际统治之下,贯彻休养生息的原则,逐步引入了西方的生产技术与资金,逐渐恢复了清朝的经济,中国进入到对外开放的发展阶段。虽然是被迫的开放,但是随着江南制造总局、福建马尾船政局的成立,一批民族工业开始出现并发展,如天津与江浙一带的纺织工业、湖南张之洞设立的金属冶炼工厂、广东的水陆运输等行业等,首次在中国的土地上诞生。历经近30年的努力,中国还拥有了当时号称亚洲第一、世界第六的表面强大的海军。但是,中国仅仅是建立起一些企业、工厂与学校,以儒家思想、封建制度为本的"中学为体,西学为用"的宗旨未变,国家整体的政治建设尚未跟上,企业的发展相对滞后,也一直未进入机械化大生产阶段,整个国家依然是落后的境况。总之,由于政治制度的腐朽,清政府未能取得与其同期的日本那样的成就。光绪二十年(1894),甲午战争爆发,大清国竟然被从前眼中的蕞尔小邦日本打得落花流水,被迫签订了《马关条约》,使改革的成果深受打击;维新运动的失败,盲目排外的义和团运动又引来列强八国联军对中国的瓜分,光绪二十七年(1901),清政府与11个帝国主义国家签订了丧权辱国的《辛丑条约》;清末新政亦无善果,虽有一些改变,但部分内容让许多知识分子大失所望,转而去支持革命。这一系列的惨痛,终致"中兴"梦碎,清廷梦醒后发现等待它的却是一场改天换地的辛亥革命。

同光时期真正的幕后掌权者为咸丰帝的贵妃、同治帝的生母叶赫那拉氏,即史上著名的慈禧太后(1835—1908)。同治帝即位后,尊封生母为"圣母皇太后",徽号"慈禧"。慈禧在执政期间整饬吏治,重用汉臣,依靠曾国藩、左宗棠、李鸿章等汉族地主武装,并在列强支持下,先后镇压了太平天国、捻军、苗民、回民起义,缓解了清朝的统治危机。出于维护封建专制统治的目的,她重用洋务派,支持洋务运动,发展一些军用与民用工业,训练海军和陆军以加强政权实力,客观上对中国的近代化也起到了一定的积极作用。在千古未有的大变局之下,作为一介女流,在男性占主导的社会中,能统治这个国家长达半个世纪,且出现中兴之局,也说明她具有极强的政治才能,但是清王朝积重难返,而她亦逐渐昧于大势,因循守旧,无力从根本上挽救这个国家,只能靠不断出卖主权,来换取统治的稳定。

就在"同光中兴"时期,海南的"黎乱"并不见减弱。按照唐玲玲、周伟民的统计,"清代黎族武装起义共有84次……同治年间7次,光绪年间24次"①,同光时期起义的次数竟超过了整个清朝起义总数的三分之一。

二、同治年间的"黎乱"及平定

同治年间,"黎乱"依旧间隔爆发。因需饷孔殷,仍旧需要以续捐军饷、广学额来济军饷,甚至依仗个别有财力的地方绅士赞助"平黎"。如《光绪昌化县志》曾记载:"林栻,英德图人,疏财仗义。同治初年,感恩黎匪出外滋扰,几酿巨患,公恐贻害地方,周旋其间,极力

①唐玲玲、周伟民:《海南史要览》,海南出版社、南方出版社,2008年,第258页。

排解,捐资无算,其事遂寝。”①晚清时期,传统的地方治安机构已有名无实。在基层社会治安管理组织的演变过程中,士绅开始发挥重要作用,并逐渐成为基层社会的实际控制者。

《光绪崖州志(外一种)》记载,“同治二年,多涧峒黎麦秀芳起叛。署知州卢凤应率兵抵其巢,秀芳窜匿。其弟秀松惧,擒送官。余黎就抚,事遂寝”②。从“率兵抵其巢”“惧”“就抚”等语判断,其时地方政府对“黎乱”的剿抚兼施,还是发挥着重要作用的。

《崖州直隶州乡土志》(上历史)记载,“同治六年,官坊黎刘雪映作乱,头塘、力村等峒皆应之。副将赖镇边遣都司吴成龙、把总黎桂香堵剿,攻破大田、头塘。桂香遇伏,于车仔坎战殁。贼围乐安城。赖镇边入援,攻破官坊,旋以丁艰退军。八年,总兵刘成之统琼军扎九所,遣副将王伯熊等深入,且剿且抚,诱擒匪首邢疮面。雪映远窜,余党归服。后雪映为其下所杀,乱始平”③。此次“黎乱”,尚未查知起因,但从同治六年(1867)持续到同治八年(1869),可见,无论外部世界发生了怎样的变化,黎族的抗争精神一仍其旧。把总黎桂香遇伏战殁,副将赖镇边遭逢丁艰(即丁忧,亦称丁家艰,指遭逢父母丧事)不得已退军,直到总兵刘成之驻军九所,遣副将且剿且抚方渐平乱。“黎乱”每起,往往伤及无辜,此次亦然。如《崖州直隶州乡土志》记载,“林应士,农人也。力村黎乱,其父上云遇贼受伤。应士救之,父得脱。已而被困,弟杰士驰赴援。众寡不敌,兄弟皆遇害”④。

①[清]李有益纂修:《光绪昌化县志》,海南出版社,2004年,第310页。

②[清]钟元棣创修,张嶲等纂修:《光绪崖州志(外一种)》,海南出版社,2006年,第377页。

③[清]钟元棣创修,张嶲等纂修:《光绪崖州志(外一种)》,海南出版社,2006年,第702页。

④[清]钟元棣创修,张嶲等纂修:《光绪崖州志(外一种)》,海南出版社,2006年,第708页。

"平黎"将士亦为职责所驱,多有死伤,如州营把总黎桂香,同治七年(1868),从征黎遇伏中矢,却让仆从阿训快逃,说自己死于事乃本分,训不肯逃,"贼至,斫以刃,训以身左右蔽,与桂香同遇害。事闻,奉旨祀昭忠祠,荫云骑尉"①。

　　同治年间地方不靖,不仅黎族武装起事、客民谋叛,匪盗、海盗也依旧猖獗。如同治十年(1871)秋月,"夜间有海盗潜入内港,上海口劫参将署前当户,同街宅铺有盗伺守门外,不敢出救。巡夜营兵亦畏逃匿,自此海盗玩视水师,常有劫掠"②。劫掠发生在参将署前,从署将"不敢出救"及"兵畏逃匿",可见守备之不足、军纪之涣散,终致海盗"常有劫掠"。又如同治八年(1869),"儋州客匪王飞龙、王国纲等三百余人,在保境、黎场、大赞坡开垦。九年五月,谋叛,扮商人拥入藤桥市行掠。李子高、陈泰华等率乡勇破之,斩首十七级。匪窜"③。儋州客民开垦,难免引发"客黎"冲突或客民与当地汉民矛盾,历代如此,相对公平的利益分配制度的缺失、管理的失当,导致客民无论得意、失意,都可能引起"谋叛"及"行掠"等续发行为。在中央政府无暇顾及的大势下,同治年间又是地方团练或乡勇发挥着保靖功能。

　　地方不靖,是因根本未治、积重难返也,但地方官往往难卸其责,其实,守土有责的地方官从未乏现。如吕铨,号杼村,举人。同治四年(1865)升补琼州知府,他履任后,整顿吏治、关注文教、安抚黎民,《民国琼山县志》记其:"严于察吏,谓知事为亲民,官不得其人,民何由治。黜贪奖廉,雷厉风行,吏治一变。琼台书院为十三属士子所肄

①[清]钟元棣创修,张嶲等纂修:《光绪崖州志(外一种)》,海南出版社,2006年,第708页。
②朱为潮等主修,李熙、王国宪总纂:《民国琼山县志》,海南出版社,2004年,第525页。
③[清]钟元棣创修,张嶲等纂修:《光绪崖州志(外一种)》,海南出版社,2006年,第315—316页。

业,捐廉银六百余元,以充膏火。增加课额,勤于考课,诸生有文行者,倍加奖励。谆谆训诲,若师之课弟,文风蒸蒸日上,士子应试更多于前,重修考棚,添设号舍。遇地方有蠢动,出谕劝导,以激发其天良,随即解散。治琼三年,外海内黎相安无事。"①当然,此"相安无事",是即便有事亦在可控范围之谓也。

三、光绪年间对"黎乱"的平定及对黎区的经营与开发

(一)光绪早年的"黎乱"及其平定

鸦片战争以后,中国开始了半封建半殖民地化的进程。第二次鸦片战争以后,随着海口开放为通商口岸,欧美列强的势力纷纷进入海南岛,并纷纷在海南设立领事馆。在光绪二年(1876)4 月琼海关设立后,海南侨民日增,商贾云集,西方传教士纷至。海口的开港、琼海关以及外国领事馆的设立,意味着海南开始全面向西方开放。

而向内看,光绪年间海南的"黎乱",几乎持续不断地贯穿了整个光绪朝。此时的黎族武装起事已经多使用热兵器枪支,清军则在镇压时将开花炮等先进武器派上用场。"平乱"之战的惨烈,史不绝载,如光绪五年(1879)五月,"陵水黎大乱,越境攻劫大水弓,胁从甚众。结巢只近村。藤桥汛把总陈步高协同监生王运龄,率乡勇进剿,县丞职李荣诰接济军饷。六月,军次加务处。贼来扑营,勇目李子春、符明发开垒两次,击走之,斩首七级。寻率精锐五十人,黎明袭破贼巢,内外夹攻,斩首数十级。擒其渠魁,枭之。未匝月,乱平。步高见尸横遍地,梦中惊跳,得病卒"②。此次"黎乱"之平定仍有赖监生王运

①朱为潮等主修,李熙、王国宪总纂:《民国琼山县志》,海南出版社,2004 年,第1461—1462 页。
②[清]钟元棣创修,张巂等纂修:《光绪崖州志(外一种)》,海南出版社,2006年,第 379—380 页。

龄率乡勇进剿,藤桥汛把总反而是"协同"的角色。黎战场尸横遍地的惨烈,竟使兵营把总陈步高惊梦而病卒。

《崖州直隶州乡土志》记载,光绪元年(1875),崖州"抱丑黎王怕动修与亚殿(抱寨黎符亚殿)有隙,纠侉匪数十人与为难。亚殿反邀侉匪劫掠邻峒。又勾引万州贼酋李有章为羽翼"①。诸峒黎响应,遍及西黎,扰及感恩县。光绪六年(1880),知州李宗光募藤桥勇陈志泰,合营兵进剿。志泰失利后战亡,全军覆没。黎人怕恶枪毙亚殿后,越发肆掠村民。光绪七年(1881),总兵刘成元统琼军,添募陵水、藤桥勇进剿,以开花炮攻破大烟后撤去。光绪八年(1882),巡道刘镇楚统湘勇接办,虽执怕恶,但定安、万州、陵水"黎乱"相煽难平。比如,光绪四年(1878),西黎高亚厚、符怕凯又起一股"黎乱",知州克星额、水师守备邓国辉率兵剿,高亚厚窜去,符怕凯就抚。光绪五年(1879),至洋赖,副将李其昌率兵抵御却溃败。光绪八年(1882),大茅、南林等黎再次袭洪李村,监生韩精准率乡勇击退报捷。"四月,成元遂饬精准及临川里监生王宠恩各幕乡勇,分攻大茅,以杀贼势。遂破之。适成元被参撤军,精准等以无援败退……(九年)七月,贼出攻破羊栏村,焚毁殆尽,伤死男妇十余口。贼势愈炽"②。

从光绪元年(1875)到光绪九年(1883),大规模的"黎乱"持续数年,州境民人不断地遭到劫掠,官兵连年进剿,但即便湘勇接办,也不能将之平息,终于引起了朝廷的重视,允准了张之洞"开道立县,以夷黎境③"的奏请。光绪十年(1884),张之洞被清政府任命

---

①[清]钟元棣创修,张嶲等纂修:《光绪崖州志(外一种)》,海南出版社,2006年,第377—378页。

②[清]钟元棣创修,张嶲等纂修:《光绪崖州志(外一种)》,海南出版社,2006年,第377—378页。

③[清]钟元棣创修,张嶲等纂修:《光绪崖州志(外一种)》,海南出版社,2006年,第379页。

为两广总督,全权办理粤务。光绪十二年(1886),两广总督张之洞命广西提督冯子材统办全琼军务,驻节陵水,筑堡凡阳,备开十字路。

张之洞督两广之后,通过雷厉风行的铁血镇压与兼施招抚,几年工夫基本勘定了各种性质的"黎乱"及"客匪之乱"与"黎客联合作乱",使海南安定了多年。

光绪早年,尤其在万州、崖州、儋州、定安县、琼山县、临高县等地的土客相争及黎人自发的或在客民唆使下两者联合的出掠民人的现象时有发生,而且出掠的范围不仅限于附近内山,往往离巢数百里劫掠,尤其是将惠州客民陈钟明、陈钟青奉为总头目后,"生黎"与"熟黎"及"客匪"与游勇合为一伙,以黎峒为根据地,借助黎人声势,令官军与民团频繁出剿,致使全琼无安枕之日。

光绪十一年(1885)十一月,因儋州、临高等地旱灾导致米价昂贵,客民黄邹保便集合新老客民二千余人揭竿而起,陵水、万州的黎族民众亦闻讯欲动。张之洞派遣总兵刘成元及琼州知府谦贵调兵进剿,以三营兵重创客民,黄邹保率众降;二营兵防范黎民,欲起黎众偃旗息鼓。事后张之洞奏请将投诚客民丁口移至钦州白龙尾垦荒。光绪十二年(1886)春,琼山遭黎人劫掠,七月,陈仲明部下的黎、客民计千余人进攻定安南间、仙沟、雷鸣以及澄迈的新吴市,而儋州出现匪众攻掠感恩西乡黎汉各村事件。因此,在张之洞奏请下冯子材被派遣入琼剿乱。侦知居于万山之中、道路险远的打密、什密两黎地为陈钟明巢穴后,冯子材统清军二十二营分三路进攻之。陈钟明便退入岭门地势险邃的打密黎区,并在沿路密插溃以药水的竹签阻断隘路,还在各溪涧的上流下毒。而其兄弟陈钟青则踞万州的长沙寨,与之互为犄角。"冯子材一面整军进攻,并饬道员方长华、通判刘保林等设法招致匪党林开信,令诛陈钟青以自赎。密饬万州文武绅团乘机

进击,以为官军向导"①。八月,林开信反正,与团勇等潜入逆寨,杀
毙陈钟青,生擒其子陈添与等,并击散余匪。官军继进,夺长沙寨据。
九月,冯子材亲驻岭门,督饬各军逾险深入。中路清军步步为营,在
双溪滩、黄竹、二渡溪喃喻、牛轭垒、暂对、分界岭、西峒、南水峒、番署
坡、竹窟岭等地与黎民苦战,并占领了这些地方。"都司陈荣坤与符
坚高、梁振基、陈才业由竹窟岭进,合军力战,攻破西峒匪首陈文中逆
巢,获其妻小,毙匪甚多,夺获大炮一,粮米、火药、军械甚多。弁勇受
伤二十余人"②。十月初六日,冯相荣、刘保林亲督都司王得标,哨弁
杨步云、廖得琳、杨士丞、冯明进等冒险进攻陈钟明老巢什密。"守备
蔡必寿、哨弁陈德芳、龚源桂从山旁小路合击。千总黄辅成、哨弁陈
学荣、李畅春攀崖缘树绕攻山后。冯相荣、林长福亦督军赶到,合军
逼攻,以火箭火药包射掷栅内,毙匪极多。自辰至未,攻击四时之久,
始将什密贼巢攻破"③,并杀死陈钟明,生擒其子,搜斩悍匪数十名,
剿灭陈钟明"悍党"。

　　随后,张之洞本着"胜勇追穷寇"的精神,继续办理了历年多在万
州、陵水一带勾结外匪、凶杀扰害的十余股各峒"乱黎"。看战果,似
乎官兵大军所至,一直所向披靡,其实其中艰辛备尝。据载,"中路诸
军自深入黎峒以来,粮运艰阻,冒雨涉水,饥冻交乘,兼以染受瘴气、
水毒,疲病不支,营官哨弁殁者十余,勇丁尤伙"④。张之洞因此要求

①［清］张之洞著,周伟民、唐玲玲编:《张之洞经略琼崖史料汇编》,海南出版社,
　2015 年,第 18 页。
②［清］张之洞著,周伟民、唐玲玲编:《张之洞经略琼崖史料汇编》,海南出版社,
　2015 年,第 19 页。
③［清］张之洞著,周伟民、唐玲玲编:《张之洞经略琼崖史料汇编》,海南出版社,
　2015 年,第 20 页。
④［清］张之洞著,周伟民、唐玲玲编:《张之洞经略琼崖史料汇编》,海南出版社,
　2015 年,第 20 页。

冯子材将萃中、萃右两军暂撤岭门、屯扎乌坡就医,督饬别营由万州、陵水进剿马岭匪首黄清以及廖二弓匪首胡那肥。马岭匪寨林密濠深、火器甚多,就边伐竹木边进剿,终破匪巢并追击斩擒。虽毙匪甚多,官军亦有伤亡。陵水黎峒廖二弓山势险阻,在马岭东三十余里,"为五十年以来陵水黎匪肇乱之地,与哕黎十八村接壤,该弓收集各匪七八百人,与哕黎匪众千余联为死党,哕黎一种在群黎中最为蛮悍"①。十月末攻克廖二弓,并击退来援哕黎。十一月初一进剿十八村哕黎。冯相华、刘保林分饬诸军以枪炮回应轰击,毙伤无数,所有卡寨三十余处亦被一律焚毁。

接着,伙党千余、历年焚杀村寨的乐会七峒总匪首王打文,亦被定安团绅训导莫如瑾等率团剿灭。冯子材则由万州驰赴陵水,亲督招谕良黎事宜:剃发归化、搜剿余匪、伐木开山,欲直抵五指山,并备开十字路。西路的方长华进驻客黎错杂而居的澄迈、临高、儋州界上,招抚了白沙峒花黎,犒以牛酒,令为前导,拒则立剿,彼欣然听命;地有金矿、夙称凶悍的元门峒黎,干脚峒黎符朝志等,亦愿剃发改装归化;并抚纳红毛上下两峒、小水峒、冯墟峒暨龙头、七坊、薄沙各峒"生黎"。至于客民,在清军渡海后,一直伏匿观望,数月后,慑于军威,三百余愿就抚迁徙者由冯子材派人押送渡海,交署高廉道王之春分发电白、吴川、茂门等县安置。黄邹保、温河清等窜匿深山的匪首,亦经方长华悬赏购线,设法擒获之,而潜逃客匪,则稍后措置。至此,经分军剿抚,海南定、乐、陵、万、澄、感"作乱"的黎民与客民,除崖州以外,相继诛擒。"此次攻剿处所,皆为数十年来官弁兵勇未到之区"②。终致

---

① [清]张之洞著,周伟民、唐玲玲编:《张之洞经略琼崖史料汇编》,海南出版社,2015年,第20—21页。

② [清]张之洞著,周伟民、唐玲玲编:《张之洞经略琼崖史料汇编》,海南出版社,2015年,第22页。

"群黎震慑,纷来求抚,请剃发,送丁册"①。张之洞曾在光绪十二年(1886)十一月二十七日的奏折中详细记录了当年对积年逆首陈钟明一伙及其他黎客各"匪"艰苦卓绝的戡平、翦灭过程。

当然,官军所付出的代价良多。如张之洞在奏折上所言:"将士瘴乡攻剿,病殁甚多,深为可怜……晴午则毒热,雨夜则寒凉。溪涧纵横,深一二尺、三四尺不等。每日须涉水三四道,暴涨暴消,无桥无船。匪徒伏匿其间,我军逐层扫荡,而进行则队伍难齐,卧则支帐无地。该逆阻隘拒我,以逸待劳,我军攀险仰攻入生出死,雕剿猱击终日疲劳,较之内地行军艰苦十倍,而且水土恶劣,毒瘴霪雨,雾潦水湿,死亡累累。"②所向披靡、屡获战功全凭将士用命及忠勇耐劳。

为了达到"廓清崖境,以竟全功"的目的,张之洞决定主动出击,乘胜根除历代"黎乱"最多、距府城近千里、山谷最深、瘴毒最重的崖州之"黎患"。自道光九年(1829)至道光十一年(1831),崖州"黎乱"虽被前督臣李鸿宾督军"剿平",但因难以深入追击,以致草木岭以北黎村,自此叛为"生黎",不纳丁粮。张之洞在所奏的《剿抚各黎开通山路折》中指出:"陵、崖交界之卜马峒在五指、七指之间,地势深险,素为匪窟。此两处尤应乘机勘定。此时将士久劳,馈饷不易,然不就此兵威一律底定,则琼地病根未除,声教终梗,以后难期再举。"③总之,进兵崖州"剿黎"是此番"平黎"及"化黎"的关键举措。光绪十三年(1887)二月,冯子才派知府冯相荣、冯相华、刘保林等三军由东路、方长华之军由西路,会合绅团分别进剿。崖属各黎经抚谕后相继剃

---

① [清]张之洞著,周伟民、唐玲玲编:《张之洞经略琼崖史料汇编》,海南出版社,2015年,第22页。

② [清]张之洞著,周伟民、唐玲玲编:《张之洞经略琼崖史料汇编》,海南出版社,2015年,第22页。

③ [清]张之洞著,周伟民、唐玲玲编:《张之洞经略琼崖史料汇编》,海南出版社,2015年,第27页。

发归诚,惟有崖州黎首谭亚吉与吉文香所在的险峻异常的南林岭黎据险结寨,拒不受抚。三月,冯子材遣子相荣、相华,候补道杨玉书,率前军抵达三亚。四月,吉文香、谭亚吉被清军抓获。其间,大第峒、十二弓等数十村峒都缴械投诚并主动交出了"作乱者",由杨玉书分别处理。崖境"黎乱"至此被肃清。此次"平黎"之艰苦卓绝史有详载,"知府冯相荣从罗蓬峒入,参将符坚高从大茅峒入,参将冯华从半岭峒入,知县石佩琼从只让弓入,大破之。穷搜山谷十昼夜,深入数十里。贼堕岩洞死者枕藉,擒获亚吉正法。诸峒震慑,剃发投诚。议开十字路,弁勇多感瘴亡,功未竟而止"[1]。其实并非"功未竟而止",只是当时暂停了而已。

历朝黎人的叛服不常以及历清朝几代仍剿不尽的"黎乱",使张之洞坚信边剿边抚的重要性,因此他才决心走不寻常之路:"剿"之绝不手软——以铁血暴力平息各种原因引发的民族矛盾与地方动荡;"抚"则不同以往——剿灭"黎乱"与开路、"招抚黎民"、开发黎区几乎同时并进。因此,张之洞与冯子材艰苦卓绝的"平黎",被称为空前的镇抚。

只是,到光绪十三年(1887)十一月时,游历琼州黎峒的胡传曾记载,由打三乌西南行,发现毛阳、毛赟、毛贵以及毛能、毛或等地,虽甚多平田,但"皆久荒不治",问及带琼军左营驻凡阳的钟教谕后,方知这一带"自光绪五六年以后,屡被崖州黎匪劫掠,牛只俱尽,民皆避居于山林,平地茅舍均为贼毁。今年九月初一复被土塘官方多涧多港万铳黎三百余人劫掠一次。毛贵王陋简家被掳子女七口,勒令取赎。大兵甫旋,小丑敢尔,殊可恶矣"[2]。良民,包括良黎,深受"乱黎"劫

①[清]钟元棣创修,张嶲等纂修:《光绪崖州志(外一种)》,海南出版社,2006年,第703页。
②[清]胡传:《游历琼州黎峒行程日记》,原载《禹贡》二卷二期,1934年9月。转引自王俞春《海南移民史志》,中国文联出版社,2003年,第525页。

掠之害,只得避居山林,致使平田久荒。因此,平"黎乱"、"治黎"与"化黎",稳定社会的任务依然任重道远。果然,光绪十四年(1888)二月,陵水县属七弓地方漏网的黄那丝、符芭娘等被总兵朱逵陆、游击李渭培等督队进攻,连克"匪寨"六处。"朱逵陆等会合兵团逾险深入,三月初十日攻破什常村老巢,生擒匪首黄那丝、符芭娘等解府惩办。复经分兵搜捕五弓及崖州之过山、吊罗等处,拿获首要王那东、王拂记、谢其青等,黎客匪党歼除略尽,全琼一律肃清。一年以来,各峒黎岐驯服,绝无纠众出扰之事"①。果然,到光绪十五年(1889)八月初六日时,张之洞上奏了《全琼肃清汇奖出力员弁折》,为"永靖地方"请奖,并因"嗣后三年以来,筹办善后、搜山破寨、擒匪安良、开路设墟、勘山兴利,均系深入瘴乡,备尝艰苦",一并请奖②。

(二)张之洞对黎族的经营与开发

张之洞,字孝达,号香涛,直隶天津府南皮县人,督两广六年后被调督两湖两江,之后入阁,不久卒,祀贤良祠,谥文襄。张之洞深知,靠铁血镇压管理黎族仅是治标之策,而将黎民设法化导,变猱狂为驯民,"尽化诸黎,实为治琼长策"③。因此,张之洞在剿平海南黎、客民"作乱"过程中及其之后,对海南黎众及黎区进行了大规模的安抚治理与经营开发。

1. 张之洞加强琼海防与兵力,培植抚琼人才,为其"平黎"增强实力,为其"治黎"创设安定的外部环境。

在张之洞督粤这一时期,除了持续的"黎乱"之外,作为海防前沿

---

① [清]张之洞著,周伟民、唐玲玲编:《张之洞经略琼崖史料汇编》,海南出版社,2015年,第43—44页。

② [清]张之洞著,周伟民、唐玲玲编:《张之洞经略琼崖史料汇编》,海南出版社,2015年,第44—45页。

③ [清]张之洞著,周伟民、唐玲玲编:《张之洞经略琼崖史料汇编》,海南出版社,2015年,第23页。

的海南,海疆形势也日益严峻,如光绪元年(1875)"乙亥秋夜,海寇百余人又上海口,劫牛路头当户,同街铺户各有一贼分守门外,有一铺误开门,被贼刃伤街中,夜小贩者二人均被刃伤。海口营兵追捕不及,因设营房于关厂坊,以备防御"①。到光绪十年(1884),越南事亟,中法战争迫在眉睫,这些都迫使清地方政府加紧整饬边境,加强海防建设。

张之洞深知海南的战略意义,认为孤悬海外的海南"逼近越南,情形较台湾尤为吃重"②。他在光绪十年(1884)的六月十一日和八月二十八日连发《札琼州镇道严防海口》《札琼州镇道速办琼防》等公牍③,光绪十三年(1887)又上奏《改定琼州营制折》《巡视海口折》《添设各路电线折》等,强调海南海防的重要性,对下则督促琼州镇道"密定谋画",对上申批各项规制、工程,以加强海南海防建设。

为防外平内,他在《请编定琼州乡会试中额折》(光绪十二年十二月二十六日)中奏:"臣查琼州地形最为吃重,防海、平黎、团练、捐输皆资民力,而土族单寒登进不易,若不亟思培植,何以鼓舞人材?抑臣尤有虑者,方今异学旁流,离经畔道所在横行,琼州为通商口岸,外邻越境,内接涠州墩,民俗传习素称咙杂。尤赖荐绅儒林蒸蒸继起,维持化导,庶免乡愚懵昧,见异思迁。"④因此他建议"将广东乡试民卷中额八十三名内拨出三名,编定玉字号,每科就琼州府属取中三

---

① 朱为潮等主修,李熙、王国宪总纂:《民国琼山县志》,海南出版社,2004年,第525页。
② [清]张之洞著,周伟民、唐玲玲编:《张之洞经略琼崖史料汇编》,海南出版社,2015年,第23页。
③ [清]张之洞著,周伟民、唐玲玲编:《张之洞经略琼崖史料汇编》,海南出版社,2015年,第61页。
④ [清]张之洞著,周伟民、唐玲玲编:《张之洞经略琼崖史料汇编》,海南出版社,2015年,第24页。

名。会试人数在十名以上,恳恩于广东中额拨出一名,取中若不及十名,临时无庸请旨,以示限制。其武乡试、会试,亦拟请照文闱名数编定中额……庶边士登进有阶,益励敌忾同仇之气。愚民诗书被泽,不为异端邪说之归"①。《民国琼山县志》亦曾记载张之洞此举及其他文教举措,并给予高度评价,说他"虑琼之科第无多,奏请遵台湾例,隔科定额举人四名,有十人以上赴会试,取进士一名,部议定隔科二名为额,此皆大有造于琼州者也。创建广雅书院,定琼州五名课额,拔取琼山四名。次年,林之椿、冯骥声相继领乡荐,曾对颜领乡解,王国栋亦以优行第一贡成均,皆拔取广雅之士,大开海南风气,琼士之知实学自此始"②。

在列强虎视眈眈的晚清时期,中央力绌,地方再不大力扶植人才、鼓舞人才、发展地方实力,焉能安定一方,又何以"书泽愚民"、化导黎民、达一劳永逸之效?封疆大吏张之洞不愧国家栋梁之材,他深晓教化之功,因而高瞻远瞩,把人才培养列为重中之重。

除了长远深切的规划,张之洞在海防措施上也做足了筹谋防备功夫。

光绪十年(1884),越南事亟,琼州共驻勇丁十四营,除防"黎匪"外,俱驻扎本境防海。海口所城及海口盐灶驻营并加强兵力;西场、秀英等处,分驻提督郑绍忠安勇一营,署雷琼道王之春毅字湘勇三营。迤南驻金字一营,迤东驻毅字左右两营。停战后,存雷琼道朱采琼军十底营,办理善后。《民国琼山县志》曾详尽记载,张之洞"总督两广时,当法人用兵越南,沿海戒严,琼州与越南毗连,派王之春统带

---

① [清]张之洞著,周伟民、唐玲玲编:《张之洞经略琼崖史料汇编》,海南出版社,2015年,第24—25页。
② 朱为潮等主修,李熙、王国宪总纂:《民国琼山县志》,海南出版社,2004年,第1463—1464页。

大兵札海口府城,外筑十余营垒,保护海外,法人不敢窥伺,琼赖以安。兵事既罢,筹办防海,巡洋至琼,审察海岸冲要,拨款建筑秀英炮台五座,购克虏伯大炮五尊,共费银二十余万元,为琼州数百年未有之大建筑"①。

外筹海防,内绥黎、客,皆需仰仗兵力之强,而勇营需饷浩繁,张之洞经过与钦廉防务提督冯子材、水师提督方跃、署陆路提督郑绍忠暨琼州镇道的往复询商,确定"惟有就琼州原有之制兵酌设练军,加足练饷,一洗绿营积弊,庶可化虚靡而为实用"②。因此,张之洞规划将琼州镇标左右两营及崖州协万州营、儋州营、海口营、海安营共七营,每营抽练陆军计二百五十名,书识、号令、亲兵、红蓝旗俱在其内,七营共一千七百五十名,先将马兵、战兵尽数归练。还制定了详细的抽拨练军酌定练饷章程、酌拨勇营拨补练饷之办法("每年计可节省银三万零二百余两"),以及挑练成军、屯扎操练、发饷稽查等略仿直隶练军的章程,在月费薪水及火夫、长夫等项多有节省,至于统领、管带各镇将等,需优加体恤的则一律筹给。"臣等查琼防勇营分布黎峒及郡城海口地方,巡察镇压为数不能过单,若非酌设练军,则勇营难继议裁,而绿营无凭整顿。原有之底饷银米徒滋虚耗,今加饷抽练,挹彼注此,一转移间,营兵可为有用,勇饷亦多节省,似于琼防不无裨益"③。

筹谋防备的功夫虽下,却仍旧防不胜防,正可谓冰冻三尺非一日之寒,到"光绪二十六年秋月,沿海贼船游弋,劫掠滨海村落道郡吴

①朱为潮等主修,李熙、王国宪总纂:《民国琼山县志》,海南出版社,2004年,第1463页。

②[清]张之洞著,周伟民、唐玲玲编:《张之洞经略琼崖史料汇编》,海南出版社,2015年,第36页。

③[清]张之洞著,周伟民、唐玲玲编:《张之洞经略琼崖史料汇编》,海南出版社,2015年,第38页。

家,大肆抢劫一空,并劫人勒赎,水师坐视不能援救,势甚猖獗"①。

2. 张之洞对黎族的经营与开发

张之洞治琼,对外是设立屏障、加强防范,对内部"黎乱"则是剿抚兼施并在"平黎"过程中兼及开发黎区。

张之洞一心"将黎人设法化导……饬各军深入老山,抚黎开道,缔造经营"②。海防既固,他便派冯子材开中路,由岭门以通崖州、乐安,方长华开西路,由南丰以通陵水、宝停,开山"抚黎"外,设岭门、南丰、闵安等抚黎局"治黎",还设置学校"化黎"。《民国琼山县志》曾记载并评论张之洞的"治琼"与"治黎",是"开辟琼州数千年未有之政绩"③。总之,清朝光绪年间,以当时的两广总督张之洞及统办全琼军务的广西提督冯子材等人为代表,提出并践行了一套与之前历代有所不同的"抚黎"方针与政策。

(1)《抚黎章程》十二条的提出

光绪十三年(1887)二月十七日,张之洞在《剿抚各黎开通山路折》中提出《抚黎章程》十二条,并予以刊发传布:

一、官军此举专为剿除乱黎,招抚良黎,开通十字大路,以期黎、汉永远相安。其良黎秋毫不扰,毋庸畏惧。

一、从前为匪黎人投诚者免,抗拒者诛,擒斩来献者重赏。

一、投诚各黎无论生、熟,一律薙发改装。

一、投诚黎首开送户口册,捆献匪徒,缴呈枪械。

---

① 朱为潮等主修,李熙、王国宪总纂,《民国琼山县志》,海南出版社,2004年,第525页。

② [清]张之洞著,周伟民、唐玲玲编:《张之洞经略琼崖史料汇编》,海南出版社,2015年,第23页。

③ 朱为潮等主修,李熙、王国宪总纂,《民国琼山县志》,海南出版社,2004年,第1463页。

一、投诚黎众随大军伐木开山,前驱向导,仍按计里数酌给赏犒。

一、将来开通生黎大路后,选择要地设官抚治,安营弹压。各村黎长助剿开路有功者授为土目,就中酌设局总土目数人。散目给顶戴,总目授土职,自为约束,仍听地方官选黜,略仿黔、滇各省土司之例,不令吏胥索扰。

一、开通后黎人仍安生理,有主之田断不能强夺,惟抗拒者籍产入官,充官军屯田之用。

一、开通后田业三年内不收赋税,三年之外务从轻则起征,断不科敛。

一、开通后黎境有矿各山,由官商开采者给钱租赁,绝不强行占踞,黎、汉均享其利。

一、开通后民人盐、布、百货与黎地牛、木、粮、药等物在各峒口设场互市,来往畅通,公平交易,严禁汉民讹赖盘剥,总令于黎人有益。

一、设立土目之后,应各具永远不敢杀掠抗官藏匿匪徒之切结存案。所属有犯,责成该土目拿送到官,按律惩办。

一、每数村仿内地设一义学,延请塾师,习学汉语、汉文,宣讲圣谕广训,所需经费就地筹办。令在籍绅士总兵林宜华、副将符鸿升等,分遣通晓黎语团绅经历各峒,剀切宣谕。其霞黎、苗黎、哕黎、乾脚歧各种类多裸处,酌给衣裤,令其渐被冠裳之化,驯其顽悍之俗。现据各路禀报,已经剃发改装就抚造册者,东路丁口三万余,北路一万余,西路四万余。①

---

① [清]张之洞著,周伟民、唐玲玲编:《张之洞经略琼崖史料汇编》,海南出版社,2015年,第27—28页。

该《抚黎章程》制定的目标在于"黎、汉永远相安",其主要内容可以归纳如下:

首先,强制黎人归化。张之洞要求投诚的黎民薙发改装、编户齐民。投诚缴械者既往不咎,擒斩来献者将获重赏,而抗拒者则诛。其次,在黎区开路。以投诚黎众作为向导,张之洞要求军民共同伐木开山。另外,开路后要对黎众进行政治上的抚治、军事上的防范、经济上的开发及文教上的化育。具体包括:行政上,设官"抚黎";授助剿及开路有功的各村黎长为土目、散目并给予顶戴,总目授土职,皆受地方官选黜,并保证不抗官藏匪。军事上,安营弹压。经济上,田业三年内不收赋税,三年外从轻则起征;官商开采黎境矿山,需给钱租赁,黎汉均享利;各峒口设场互市,黎汉需公平交易。文教上,就地筹办经费,在每数村仿内地设一义学,令黎人习学汉语、汉文及圣谕广训。

可以说,《抚黎章程》十二条是中国古代历朝历代以来最完善、最切实的"抚黎"章程。历朝以来,海南汉黎之间、黎族内部不同地域之间的发展都极不平衡,到清朝仍有相当部分黎区还处于原始状态。可以说,经济发展的不平衡与教育的落后状态,在很大程度上成为"黎乱"难以根绝的根本原因。总观《章程》,应该说张之洞抓住了"治黎"的关键所在——注重对黎区的经济开发与教育发展。比如首要的开路,既疏通了黎区的交通,方便了政治治理与军事弹压,也便利了货物运输与经济交往,更是打破了黎族人与外界历代深远的隔绝状态。而在黎区的垦荒与设市交易,旨在本末兼顾,加强黎区的农业与商业的发展,同时也密切了黎黎与黎汉的交流。开矿的计划与规则,无疑也是有利于黎众的物质生活水平的提高的。而数个黎村即设一义学的计划,是更切实的育化手段,旨在通过长远的教化来开化黎族人,属于富有远见的政策,虽然强制的汉化目标无疑在心理与精神上伤害了黎众,但在客观上却提高了黎众的教育水平。因此,张之洞的"治黎"体现了从根本上经营黎区的先进意识。

更可贵的是,其《抚黎章程》十二条的实施亦取得了一定的成效。

(2)《抚黎章程》十二条的践行

《抚黎章程》制订以后,张之洞命通晓黎语的团绅,到黎区各峒宣谕,使黎人广为知晓。张之洞认为,"抚黎以开路为先,开凿险隘,芟焚林莽,令其四通八达,阳光照临,人气日甚,则岚嶂自消,水毒自除"①。因此,经过综合考察黎峒形势,并参考前明海瑞、俞大猷等诸人之说,且加以变通推广,张之洞确立了:北以十万峒之牛栏坪,东以太平峒之什密,东南以宝停司,南以罗活峒之安司,西南以古振州峒,西以红毛峒之凡阳等可以屯兵足食的冲要为据点的战略规划,并拟开大路十二道。具体包括东北路、东南路、东三路、西三路、西南路、南路、北路、西北路等,各路均按规定尺度开凿,并责成各道员具体办理,令琼州道、府激励各属绅团协助,统由冯子材考核督催,"所开之路如井字形,其余各州县团夫分开小路,以合于大路。纵横贯通,同时并举,分地定限,会合联接"②。详见其《剿抚各黎开通山路折》。

为了"稔恶乱黎诛擒殆尽,开荒凿险,渐化榛狉"③,在开路的过程中,"截黎""抚黎""治黎"与"化黎",以及开发黎区等工作,按张之洞的规划齐头并进,"所到之处伐木焚莽,搭桥凿井,经过黎岐随宜抚定。分遣员生测绘地图,并令沿途察看各河道是否可行船筏,以备运出老山材木百货。测看各山矿苗种类以备开采,山内地形土性宜于种植何物,以阜物产而赡琼民。路通而地开之后,应于内山要隘广

---

①[清]张之洞著,周伟民、唐玲玲编:《张之洞经略琼崖史料汇编》,海南出版社,2015年,第28页。

②[清]张之洞著,周伟民、唐玲玲编:《张之洞经略琼崖史料汇编》,海南出版社,2015年,第29页。

③[清]张之洞著,周伟民、唐玲玲编:《张之洞经略琼崖史料汇编》,海南出版社,2015年,第30页。

饶处所建置城寨,设官安营,以资化导控制,举办一切,俾此奥区永为乐土"①。这很是体现了现代意义上的综合治理原则。

开路工程进展得很快,根据张之洞光绪十三年(1887)二月十七日所奏:"目前路工已得十分之四,统计五月间路工可一律告成,群黎亦可抚定。"②实际上,到六月间,十二条大路已"均皆依限开通,四面交会连接,皆可达于五指山下……合并接算,计所开通道路共三千六百余里,此外复劝各州县团绅另开小路。万州五道……陵水三道……定安四道……崖州二道……澄迈二道……儋州一道……临高一道……感恩一道……昌化一道……乐会一道……会同一道……共开小路二十二条(注:计算有误,应为二十三条),均已与大路结"③。黎区十二条大路及诸多小路的开通,极大地便利了商旅的往来,也便利了各级政府对黎区的管理,对密切黎汉间的交往亦提供了便利,并为海南的现代交通奠定了基础。

道路开通后,更便利了"归化黎人",新招抚的黎人丁口达十余万众,"除以前就抚各户口外,南路崖州新抚丁口二万三千余尚未报齐,中、西两路琼山、定安、儋州、昌化、感恩等处陆续就抚丁口十万三千余,东路万州、陵水尚未报齐。(而且这些归化的黎人大部分是生黎)其间本系生黎者十之七,本系熟黎而历年顽梗化为生黎者十之三,均已剃发改装,造册编户"④。再加上大道开通前所招抚的黎民,至此,

---

① [清]张之洞著,周伟民、唐玲玲编:《张之洞经略琼崖史料汇编》,海南出版社,2015年,第29页。

② [清]张之洞著,周伟民、唐玲玲编:《张之洞经略琼崖史料汇编》,海南出版社,2015年,第30页。

③ [清]张之洞著,周伟民、唐玲玲编:《张之洞经略琼崖史料汇编》,海南出版社,2015年,第32—33页。

④ [清]张之洞著,周伟民、唐玲玲编:《张之洞经略琼崖史料汇编》,海南出版社,2015年,第32页。

海南绝大部分黎族民众都成为清政府的编户齐民了。归化的黎众一次性的大幅度增加,使清政府在政治、经济上对黎族进行统一管辖的能力加强了。

在开通大道的同时,张之洞安排冯子材设抚黎局,冯子材先期在岭门、南丰等地各设抚黎局一所,至光绪十五年(1889)八月初六日止,清政府已在凡阳、番岖、乐安、廖二弓、茅地、古振州等八处扼要之所分设了八个抚黎局。抚黎局长由地方政府直接委任汉族官吏担任,另各派文武委员一两人,"每局各募士勇一百名,或数十名,责令该员等经管平决争讼,缉拿盗匪,修路垦田,设墟招商等"①。抚黎局长下设黎团总长,统辖县属黎境,黎团总长即黎总,其下再设总管统辖全峒,峒内黎户十家为一排,三排为甲,三甲为保,所有保长、甲长、排长皆由黎族人充当。至于"生黎"各峒,张之洞认为,前朝以来的世袭总管,"类皆刁黠贪横,平日则苛虐黎人,伺便则勾结外匪,突出劫掠"②。因此,张之洞将之一律革除,由地方官选择循谨者派为村长、峒长,不准世袭,责令奉法缉匪,所辖村峒多的酌给予顶戴,予以把总、外委等职衔,防止土官负固为乱。总之就是又进一步地削弱了土官的权力,加强了政府对黎族各村峒的统一管理权限。为根除弊端,他还下令严惩奸商、恶勇、奸民之辈。"查知黎村粮赋,向来不免为蠹胥地棍抑勒欺蒙。现据署崖州知州刘保林禀称,已查明量加核减,复经严饬各属一律查核,力除苛累,如有奸商欺骗盘剥,团勇扰索,奸民诬害,一并严行惩办"③。可见,张之洞设抚黎局的目的主要在于政

①[清]张之洞著,周伟民、唐玲玲编:《张之洞经略琼崖史料汇编》,海南出版社,2015年,第44页。

②[清]张之洞著,周伟民、唐玲玲编:《张之洞经略琼崖史料汇编》,海南出版社,2015年,第35页。

③[清]张之洞著,周伟民、唐玲玲编:《张之洞经略琼崖史料汇编》,海南出版社,2015年,第35页。

治上加强对黎区的控制与管理,清明"黎区吏治",稳定社会治安,兼及经济管理,如通过设立墟市、奖励开垦等来开发黎区。

而在黎区设立的数处墟市,"商贩渐集,如定安之荔支园,陵水之闵安墟,儋州之薄沙峒、牙汪村等处。民黎食货交易日多"①。显然,这些墟市、商贩加强了黎汉间的交流,对黎区商业发展、黎民生活水平的提高起到了促进作用。

另外,抚黎局还有筹开官市官行的任务。光绪十三年(1887)胡传游历海南黎峒时就记载了他在南丰遇到的南丰抚黎局长洪范卿,当时洪范卿正奉札"筹开官市官行"②,但洪君认为设立官行难,具体而言共有四难,比如官方招引黎客,但无本者会来,有本者却必不来,而若官行向客民赊货,客民则赊于黎,其中必然存纠纷隐患,客欠此官行只能营于此行,所赊购的黎货也只能交于此行,他先前交易之行定因不满而攻讦官行,这是官行运行中的一难;另外,按常情常理,商贾对花户赊贷货物必会较现钱交易加一二分,每岁对此未收之帐可通盘核实,但在官行中不能灵活处理。此外,"南丰一带,处处有墟,今日在东,明日在西,黎货不能日日集于一市。设官行而山货他往,听之,则坐食无所取利,分设于各墟,则人多费益多,终亦难取利,此三难也。原领官领本百两分四年拨归,每岁已取息二分半,加以行中薪水食用必每值百文之货加四五分价出脱,而后足以取盈,恐市上无此厚利,此四难也"③。官行相当于官方经营的"商业公司",但是由于体制的限制、运作的不灵活,以及黎民超有限的财力、超低下的购

①[清]张之洞著,周伟民、唐玲玲编:《张之洞经略琼崖史料汇编》,海南出版社,2015年,第44页。

②[清]胡传:《游历琼州黎峒行程日记》,原载《禹贡》二卷二期,1934年9月。转引自王俞春《海南移民史志》,中国文联出版社,2003年,第522页。

③[清]胡传:《游历琼州黎峒行程日记》,原载《禹贡》二卷二期,1934年9月。转引自王俞春《海南移民史志》,中国文联出版社,2003年,第522—523页。

买力，上规模的正规商业发展属实不易，只能维持低端的墟市交易。但是，地方政府试图完善基础设施、提供优质公共服务、打造良好的经济发展环境的努力，是值得肯定的。

为了开发黎区的资源，张之洞主张垦田、伐木、开矿与移民、招商一并同时办理。张之洞极力主张“移民垦田”，经统计，他认为“计现在人迹可到可耕者何止数十余万亩，种禾、种薯、种蓝、种蔗无所不宜，听民自便……（并饬令人稠田少的文昌县令晓谕民众）民人愿入山垦种者，听其自择地段，认垦报官，勘明给照，三年内免其升科。并令文昌团绅副将符鸿升广为劝导他县民人，愿往开垦者一律办理。民情甚为踊跃”①。民人入山垦种，必会增加粮食供给，也带给黎区先进的农业生产方式，促进黎区农业发展。为鼓励大规模雇募黎人开垦，张之洞亦给予特别政策：“商民有能集资前往雇募黎岐开垦，一人名下认垦至千亩及万亩以上，三年成熟者，酌量给以千把外委等武职，以示奖励。”②除了鼓励商民垦田外，张之洞还强制客民入深山垦田。他认为：“客强土弱，不筹长策，兵撤即报复矣。鄙意查客民素强悍，生事者贷其一死，勒令携家人深山垦田。如凡阳、乐安等处，地腴瘴重，客所素习，既可开荒，兼免逼处。否则勒令携家出洋营生，不准再回，回琼者被杀勿论。”③此举可谓一箭双雕，既解决了土客矛盾又开发了荒岭。而招商、伐木、开矿等，促使进入黎区的商人，雇用黎人从事伐木、开矿等工作，黎区资源被开发的同时，黎民亦将被逐渐开化，其物质生活水平也将逐渐提高。

---

①［清］张之洞著，周伟民、唐玲玲编：《张之洞经略琼崖史料汇编》，海南出版社，2015年，第33—34页。

②［清］张之洞著，周伟民、唐玲玲编：《张之洞经略琼崖史料汇编》，海南出版社，2015年，第39页。

③［清］张之洞著，周伟民唐玲玲编：《张之洞经略琼崖史料汇编》，海南出版社，2015年，第215页。

　　到光绪十五年(1889),张之洞鼓励开田辟土及招商的举措获得了一定的成效,"琼山之帢帼塘,昌化之大聘村,临高之番岖等处地方,开垦成田者数百亩至二三千亩不等"①。伐木、开矿亦颇有进展:"现在陵万、崖州一带,木料已畅出十余万株,商人集赀前往认办者络绎不绝"②。昌化大艳山富含铜矿铜苗,虽在商人张廷钧开采过程中遇山岩倾塌,但投资者并未放弃,"另勘得会同乐会交界之双滩铅矿甚旺,现已招商试办"③。张之洞这些发展经济的措施,开发了海南的资源,也促进了黎区的经济发展。

　　为了开化黎民,张之洞亦制定了强硬的教化政策。使用武力招抚黎人编入户口之后,张之洞即令其剃发归化。他强调"投诚各黎无论生熟一律剃发,违者以抗拒论"④。迫使黎人剃发改装,体现了张之洞企图改变黎族风俗习惯、"化黎为民"的思想。虽然简单粗暴,难免伤害黎族人的感情,但亦反映了他的良苦用心。他曾说,"除弊化俗。各黎性固愚犷,亦甚朴鲁,平日每为奸民剥削,尤应加意体恤"⑤。所以,他一面防止并惩治害民之徒,一面从衣装、服饰上改化黎人,并尽力提升黎民的认知水平。张之洞安排冯子材在"平黎"后延师设教,到光绪十三年(1887),当万州黎区已设立六所义学,张便饬令各州县一体酌办,使黎人"粗通华语,略识汉文,宣讲圣谕广训,

①[清]张之洞著,周伟民、唐玲玲编:《张之洞经略琼崖史料汇编》,海南出版社,2015年,第44页。
②[清]张之洞著,周伟民、唐玲玲编:《张之洞经略琼崖史料汇编》,海南出版社,2015年,第44页。
③[清]张之洞著,周伟民、唐玲玲编:《张之洞经略琼崖史料汇编》,海南出版社,2015年,第44页。
④[清]张之洞著,周伟民、唐玲玲编:《张之洞经略琼崖史料汇编》,海南出版社,2015年,第88页。
⑤[清]张之洞著,周伟民、唐玲玲编:《张之洞经略琼崖史料汇编》,海南出版社,2015年,第35页。

使知礼义法度之大端,且免为奸民所愚"①。到光绪十五年(1889),"其各墟所设义学,黎人子弟多有来附学者"②。而为保证有足够的人才来实施教化工作,他在光绪十二年(1886)十二月二十六日曾上奏《请编定琼州乡会试中额折》,奏请增加海南的科举名额,上已详述。这些在客观上对于黎族人的文化素质的提高创造了条件。而且,到光绪年间已经不比清初,所谓的剃发改装伤害黎族人感情之事似乎亦不多见。光绪十三年(1887)十月至十一月间,胡传曾游历黎峒,记载了黎人换穿汉族服装的情形。"至番仑。黎人约四十余家。其时抚黎局奉督宪檄新给黎中妇女衣裤,闻官场人至皆衣新以出,老幼一色,或立门前,或露半身于门枢间,咸嘻嘻互相顾视而笑,若局促不自安者。其不惯穿华衣之情宛然如绘也"③。从这些细节描写可见,换汉服虽然带有很大的强制性,但一般的黎众还是能接受的,而且看得出黎族民众的淳朴心性及一定的畏官心理。个体对易服的接受并逐渐习惯,是对现存社会秩序与生活理性原则的认可,也是对社会制约机制的接受。此时此处,易服"化黎"的效果是显著的。而且,普通的黎族民众渴望安定,只要吏治相对清明,民众无口腹之饥,应该是从心底仰赖张之洞所带来的强势的对于安定的护卫力量的,因此,张之洞的教化政策在其后黎族民众自然向化的过程中是会逐渐起作用的。

总之,在张之洞督粤的六年时间里,他对海南黎族的铁血手段、苦心经营与大规模开发,客观上促进了黎族各方面的发展。其铁血

---

① [清]张之洞著,周伟民、唐玲玲编:《张之洞经略琼崖史料汇编》,海南出版社,2015年,第35页。

② [清]张之洞著,周伟民、唐玲玲编:《张之洞经略琼崖史料汇编》,海南出版社,2015年,第44页。

③ [清]胡传:《游历琼州黎峒行程日记》,原载《禹贡》二卷二期,1934年9月。转引自王俞春《海南移民史志》,中国文联出版社,2003年,第523页。

镇压一时稳定了当时海南及黎区动荡不安的局面,虽然依然不能根本解决黎区易动荡的问题。如张之洞"平黎"大兵撤后,"四月下旬,黎匪劫牛于山脚村,刀伤二人,毙一人。五月初,东黎杀刘州牧保林亲兵于回风岭。五月,黎匪砍电竿于坡顶。八月廿九日,力村峒昏约村黎劫死武生萧国英于沟边。九月十六多港峒牛角黎杀方上禄于山边,劫商民于燥水田。九月廿五、廿九日,过山黎歃血谋叛,掠陵水民牛。十月初旬,官方头塘角牛黎会盟谋叛,数出境劫掠"①。到光绪二十年(1894),仍有"黎乱"起,"二十年十月,大水弓黎黄观泰、黄那敛等作乱,结巢只建。勾引陵水黎匪,攻劫椰根峒各弓。焚毁黎房数百,杀伤男妇无数。署知州尚昌锜闻变,急协同都司郭显廷,率兵星夜驰赴。檄武生李奇光招募乡勇协剿,攻破贼巢,斩首二十余级。匝月乱平"②。又据《崖州直隶州乡土志》记载,光绪二十三年(1897),乐罗民陈庆昌入黎区索债,被多港黎酋吕那改以枪击毙后,知州李怀清派遣乐安把总何秉钺追捕吕那改。结果,何秉钺拘捕了那改女,"以婪索激变。多港、多涧黎附之,袭拔乐安城,杀兵民数十,出州西焚劫,山脚、庄仔、倒榕等村皆被难。巡道冯光道檄参将陈良杰率兵进剿,攻葫芦门,不利。怀清主抚,良杰怏怏撤军。贼恨何秉钺,毁乐安城为墟"③。直到光绪二十五年(1899),知州李洪毓继任,募集勇武亲剿,虽攻破两处"黎巢"亦未平复。后把总何秉钺伏诛,那改病死,形势稍平。光绪二十六年(1900),知州钟元棣抵任,前往晓谕以祸福,黎首韦亚荣、杨亚经、李亚发等就抚,事平。此"黎乱"事出吏治

---

① [清]胡传:《游历琼州黎峒行程日记》,原载《禹贡》二卷二期,1934 年 9 月。转引自王俞春《海南移民史志》,中国文联出版社,2003 年,第 530—531 页。

② [清]钟元棣创修,张嶲等纂修:《光绪崖州志(外一种)》,海南出版社,2015 年,第 380 页。

③ [清]钟元棣创修,张嶲等纂修:《光绪崖州志(外一种)》,海南出版社,2015 年,第 703 页。

不严,黎族被婪索致激变。这个何秉钺早在光绪十三年(1887)做乐安汛官时,胡传即发现他"刁滑可憎",无奈未引起重视,致酿深祸。"乐安汛官何秉钺来见,询以地方黎情,则多方讳匿。诘以九月初一、十月十六二事,亦不肯遽言……问谁最凶恶,仍讳匿坚不吐实,刁滑可憎"①。到光绪三十四年(1908),崖州小抱扛陈河联煽诱亚花爹、疮面三等时出劫掠,成为州西之患。先是陈河联被知州卢芳林悬赏拿获,地方得安。不想新任知州冯如衡宽纵之归后复又出劫为害,并肆意焚劫十余村。是年冬,知州"深入至抱翅之穷谷,抚之,乱乃(平)"②。但是,光绪中后期的"黎乱",相对来说还是减少了,这在一定程度上体现出张之洞"平黎"及"化黎"的功效。而张之洞在黎区开路与开发的胆识、气魄与成效,则属史上空前,推动了海南尤其是黎族地区的发展;其发展黎区经济与教育的实践,可以说是掌握了治理"黎乱"的根本所在。民族之间的发展不平衡往往是国家内部不稳定的重要因素,通过发展经济与教育来改变落后民族的现状,消除民族动荡,实现国家的长治久安,是他为家国社会留下的珍贵历史经验,至今仍具有借鉴意义。

只是,在张之洞对黎区似乎全方位的开发中,仍旧未实现在黎区立县的规划。直到光绪十五年(1889),也未曾有机会将筹划黎区立县的事宜提上日程,六年的时间的确远远不够。不仅立县事宜,黎区的开发、发展与进步亦绝非朝夕之事,一切尚在探索与起步阶段,可是,直到光绪末年黎区立县事宜亦未见践行,留下历史遗憾。又比如关于创设官市,张之洞曾甚为谨慎与理性,言明官市,"官为倡始,只

①[清]胡传:《游历琼州黎峒行程日记》,原载《禹贡》二卷二期,1934年9月。转引自王俞春《海南移民史志》,中国文联出版社,2003年,第529页。
②[清]钟元棣创修,张嶲等纂修:《光绪崖州志(外一种)》,海南出版社,2015年,第370页。

可建造屋寮,招徕商贾,防护劫夺,平定价值,减免厘税,听其自然趋赴,久之自能成聚成都……惟所禀目前冰片登场,此乃黎货大宗,姑先由该道派员采办行销,藉以考核黎货盈虚商利多少。准借拨银三千两交该道试办,选派妥员经理,看其有无成效,据实禀闻"①。他一边探索式实践,一边观望总结以备更张。再比如关于黎族教育,如张之洞所言,"黎地义学不过先令其学习汉语汉文,认识村书杂字,宣讲《圣谕广训》,如是而止,不必求深"②。这些想法体现出张之洞实事求是、不急于求成的现实态度,假以时日,黎区的缓慢而稳定的进步是会出现的。但可惜的是,清政府落后于世界大势,认知能力有限,行政运行亦不畅,且积重难返,终导致人去政息,随着张之洞离开广东,海南正在进行的开发都滞缓停顿下来了,直到清亡未见更张。不禁令人扼腕叹息!

　　学者赵丕强在《略论光绪年间开发海南的结局及其原因》③中认为张之洞主导的此次开发有始无终,最终成果荡然无存,笔者表示认可此说;而他总结的几条原因:一、因开发的目的所致;二、因局势日益动荡所致;三、因开发资金严重短缺所致;四、因人所致;五、因开发规划和措施欠完善所致。其中,笔者认可第二、第三条与第四条。局势动荡的外部原因导致清政府自保都来不及,必然无暇顾及海南黎区的开发;而财力短绌必致使开发后继乏力;人去政息,也是专制王朝的痼疾。但是对第一与第五条不能完全认同。笔者认为张之洞掌握了治理"黎乱"的根本所在,同时认为张之洞并未短视地自认"治

①[清]张之洞著,周伟民、唐玲玲编:《张之洞经略琼崖史料汇编》,海南出版社,2015年,第82—83页。

②[清]张之洞著,周伟民、唐玲玲编:《张之洞经略琼崖史料汇编》,海南出版社,2015年,第82页。

③见赵丕强:《略论光绪年间开发海南的结局及其原因》,《广东民族学院学报》1998年第3期。

黎"乃一时之功,开发之初即达到目的,但说清朝最高统治者目光短浅以为"功已竟"就调离张之洞与冯子材则有所认同,但笔者更倾向于认为是政局不稳、局势动荡以及人才短缺等原因所致;至于第五条,笔者认为,赵丕强学者对张之洞的开发规划和措施欠完善的指责属于苛责,方向正确且理性探索践行的方案,不会因有欠完善而致败的。虽然"开路规划"的急功近利成分难免,但史载的成效确实不假;"宽免厘金"惠及"出口",当然也惠及着当地投资资本与"进口"投资资本,不足以影响开发结局。因此,积重难返的清廷及势不可挡的局势才是真正的左右开发结局的力量。

(三)光绪年间黎族生活状况

光绪年间黎族的生活状况在上述张之洞"平黎"与对黎区的经营中已经略见一斑。如光绪年间海南万州、陵水等地黎族生存的自然状况,按张之洞的描述为:"其地乱山穷谷,野树蔽天,雨多晴少,不分四时。晴午则毒热,雨夜则寒凉。溪涧纵横,深一二尺、三四尺不等。每日须涉水三四道,暴涨暴消,无桥无船……水土恶劣,毒瘴霪雨,雾潦水湿……"①总之,贫穷的黎民就生活在这样水土恶劣、气候不佳、环境恶劣、物质条件困苦的状况下。也许正是这些亲眼所见、亲身遭遇与感受,成为张之洞决心开发黎区、解决黎众温饱问题的起因。

而胡传在光绪十三年(1887)10 月 21 日至 11 月 22 日用一个多月的时间深入黎区考察黎情所写下的《游历琼州黎峒行程日记》,不仅印证了张之洞对黎区的描述,而且所记更加广泛、详尽且生动。

在胡传的记述中,黎区治安不稳,劫掠良黎、商民者有之,砍电杆者亦有之,还有很多地方,或村落稀疏,或者虽然平田多却因"黎匪"与"客匪"的劫掠而久荒不治,或贫瘠之地寸禾难生。如他记述道:

① [清]张之洞著,周伟民、唐玲玲编:《张之洞经略琼崖史料汇编》,海南出版社,2015 年,第 22 页。

"由打三乌西南行,涉水二次,计廿五里至毛阳。又西曰毛赞。又南曰毛贵。平田甚多,而皆久荒不治。其人皆居两岸高山深林中,无居于平地者。又十里曰毛能,曰毛或,情形与毛赞同。又约十里,路为水冲去,行岸畔石上,甚险峻,有仅容足趾者。既逾险,西折而上岭。山行约十里,下岭,平田荒者尤多……今年九月初一复被土塘官方多涧多港万铳黎三百余人劫掠一次。"①光绪初年到光绪十三年(1887)的劫掠不断,致使良黎避居山林。胡传还记载了儋州的美富村,因在光绪五年(1879)"客匪"之乱时,该村绅民自募乡勇五百守村,致使附近多村之人移入该村。不想乡勇与"匪"相通,使该村被祸最惨,死约二千余人,致其高地荒莽。因水土恶劣,官兵也时常染瘴而疾。"那大相近五六十里内所有新客民之为匪者,经方观察捕诛百余人外,余皆逃散。其留者皆有二人互保,故近日尚安静。惟西北距儋州百二十里路僻,途中行旅时闻有被拦劫者"②。至崖州一路所过,村落亦稀。胡传认为,"黎患在熟不在生"③,且"熟黎"吃定了地方官府,深知不能被剿灭却可"转以顶带荣之。匪黎以此夸耀于良黎。良黎亦思为匪矣。地方何能久安!"④"十余年来,为匪之黎得志者多,受创者少,乱何能已耶!"⑤官府能被奸狡"熟黎"吃定,可知"抚黎"政策在实际操作中的不易,"抚黎"亦当明辨是非,善识"忠奸",抚之

---

① [清]胡传:《游历琼州黎峒行程日记》,原载《禹贡》二卷二期,1934 年 9 月。转引自王俞春《海南移民史志》,中国文联出版社,2003 年,第 525 页。

② [清]胡传:《游历琼州黎峒行程日记》,原载《禹贡》二卷二期,1934 年 9 月。转引自王俞春《海南移民史志》,中国文联出版社,2003 年,第 521 页。

③ [清]胡传:《游历琼州黎峒行程日记》,原载《禹贡》二卷二期,1934 年 9 月。转引自王俞春《海南移民史志》,中国文联出版社,2003 年,第 529 页。

④ [清]胡传:《游历琼州黎峒行程日记》,原载《禹贡》二卷二期,1934 年 9 月。转引自王俞春《海南移民史志》,中国文联出版社,2003 年,第 531 页。

⑤ [清]胡传:《游历琼州黎峒行程日记》,原载《禹贡》二卷二期,1934 年 9 月。转引自王俞春《海南移民史志》,中国文联出版社,2003 年,第 532 页。

有道。另外,还是存在黎地被客反为主的现象。如"乐安城倾圯大半。城中无黎,只客民六七十家"①。因此胡传建议,"多港、多涧在乐安之东十里,官方、头塘、万统距乐安均二三十里,驻兵于此,以卫山内生黎,以镇山外熟黎,不可缓也"②。大部分黎区的治安缺乏最基本的维持能力与效力,这是黎区社会隐患爆发以及村落萧索的原因。良黎常被侵夺,需要地方政府在纠纷中主持公道,并在日常行使护卫之责;派遣常驻士兵,卫良镇恶,也应是行政之常态。这也是胡传在亲身调研中的呼吁。

光绪年间黎人的生活习惯同前代相比变化不大,黎区依旧农具匮乏,农业生产能力低下,有的地方农业水平仍相当原始。如黎人仍居船型屋,但"生黎"与"熟黎"有不同之处;穿着亦因地有异。"生黎所居之茅棚,上圆如船之篷,下以木架之,或高尺许,或高二三尺,用竹片或小竹排而编之。坐卧于其上。其下透空,犬豕可入。两头或一头为门,亦如船。熟黎茅棚上式同。下就地排木以竹簾铺之,高不过二三寸,为床以卧,亦有卧于地者"③。从番打至红毛、草蟹、他运、打三乌,黎人男性皆穿裤,女性皆穿筒。毛赞以南的黎人男性被俗称为"包卵黎",因其仅以五寸左右的布遮其前后或仅包其前。黎族女性所穿之筒,红毛以北,是以自织的斑烂花布做成,凡阳以南,则多用洋布。黎族女性耳挂的大铜圈,都涅着相同的花纹。黎人善种槟榔,

①[清]胡传:《游历琼州黎峒行程日记》,原载《禹贡》二卷二期,1934 年 9 月。转引自王俞春《海南移民史志》,中国文联出版社,2003 年,第 527 页。
②[清]胡传:《游历琼州黎峒行程日记》,原载《禹贡》二卷二期,1934 年 9 月。转引自王俞春《海南移民史志》,中国文联出版社,2003 年,第 527 页。
③[清]胡传:《游历琼州黎峒行程日记》,原载《禹贡》二卷二期,1934 年 9 月。转引自王俞春《海南移民史志》,中国文联出版社,2003 年,第 527 页。

如婆打村,"种槟榔甚整齐"①,喜欢歌唱并以之为乐,"黄昏后闻鸣金击鼓歌唱声"②,但"黎人耕田不知用犁起土,以水牛四五头多则六七头乱踏田中,使草入泥中,泥涌草上,平之以栽秧。低田常有水者二熟,高田一熟而已"③。而凡阳毛赞一带黎人因屡遭劫掠,弃地居山,田荒无牛,"岭门局发牛,亦未沾及。该处或购牛二三十头,购犁称是,以给黎人,(岭门局发给红毛岗之牛亦有服山草而毙者,须崖州黎牛)招就平地,选左营勇之知以犁耕之者教之用犁。购牛犁费巨,以犁耕用力少而成功多,左营近左凡阳以之教耕,似均便也"④。胡传的游记相当于他作为清朝官吏的工作调研,他发现问题,也积极思考提出解决问题的办法。当时很多黎人尚不懂以犁耕作,还需汉人教耕,但是却懂得简单的"水利工程"的应用了,如"他运村南襟大河,其东南山溪,村人以石作堰,压其溪流蓄水使高,如安徽之堨,缘山腰而西而南,开小沟引所蓄之水以灌田,如安徽之圳能,兴修水利,殊可喜也"⑤。

黎区的商业发展尚有难度。如米贱。"乐安米每升重二十两,计钱十四文。琼州米莫贱于此处矣。"⑥而番仑,"是处米每升钱三十

---

①［清］胡传:《游历琼州黎峒行程日记》,原载《禹贡》二卷二期,1934 年 9 月。
　转引自王俞春《海南移民史志》,中国文联出版社,2003 年,第 523 页。
②［清］胡传:《游历琼州黎峒行程日记》,原载《禹贡》二卷二期,1934 年 9 月。
　转引自王俞春《海南移民史志》,中国文联出版社,2003 年,第 524 页。
③［清］胡传:《游历琼州黎峒行程日记》,原载《禹贡》二卷二期,1934 年 9 月。
　转引自王俞春《海南移民史志》,中国文联出版社,2003 年,第 524 页。
④［清］胡传:《游历琼州黎峒行程日记》,原载《禹贡》二卷二期,1934 年 9 月。
　转引自王俞春《海南移民史志》,中国文联出版社,2003 年,第 529—530 页。
⑤［清］胡传:《游历琼州黎峒行程日记》,原载《禹贡》二卷二期,1934 年 9 月。
　转引自王俞春《海南移民史志》,中国文联出版社,2003 年,第 525 页。
⑥［清］胡传:《游历琼州黎峒行程日记》,原载《禹贡》二卷二期,1934 年 9 月。
　转引自王俞春《海南移民史志》,中国文联出版社,2003 年,第 527 页。

文,购三升炊以作晚餐,九人食之皆果腹,升大可知矣"①。"升大",也体现了黎民的淳正、质朴与不欺的本性,更显示出黎民受剥削严重。黎民穷困少资财。"崖州民间无当铺,而文武大小各衙门各开当铺。皆可以物质钱。每月六分起息,三月期满,不赎即不准再赎。其始衙门之仆从为之,继而帐(账)房为之,今则官自为之。去任之时,其存心良善者,减息三分,令民取赎……"②有的墟市地点荒僻。如临高之南丰市,"民黎交易处也。其地南接乾脚上水、下水诸峒,西阻(徂)自沙,北连南洋,为走集之都会,而荒僻殊甚,前固为黎地也"③。而官市官行亦难设立。另外,官道使用率也不高。如儋州那大附近红坎村,"官军所开道甚宽平,而大半茅塞,人行者少也"④。如那口一带,"新开之道陡而峻,新造之桥则皆于八月中为水漂去不见踪影矣"⑤。

　　到光绪年间,黎区的生态环境已大不如前,即使"生黎"的居处地,其生态也已被严重破坏。自南丰以至凡阳,共计三百零五里"生黎所居"处,也是"山最深林最密之处也。其中并无平广之荒地,亦无大林,间有茂密之区,亦浅露于山阿之外。其材木以杂子木燕(胭)脂木油楠绿楠为佳,而每处不可多得,其出山易者已采伐罄尽,今惟层山

① [清]胡传:《游历琼州黎峒行程日记》,原载《禹贡》二卷二期,1934 年 9 月。
　转引自王俞春《海南移民史志》,中国文联出版社,2003 年,第 523 页。
② [清]胡传:《游历琼州黎峒行程日记》,原载《禹贡》二卷二期,1934 年 9 月。
　转引自王俞春《海南移民史志》,中国文联出版社,2003 年,第 531 页。
③ [清]胡传:《游历琼州黎峒行程日记》,原载《禹贡》二卷二期,1934 年 9 月。
　转引自王俞春《海南移民史志》,中国文联出版社,2003 年,第 521 页。
④ [清]胡传:《游历琼州黎峒行程日记》,原载《禹贡》二卷二期,1934 年 9 月。
　转引自王俞春《海南移民史志》,中国文联出版社,2003 年,第 521 页。
⑤ [清]胡传:《游历琼州黎峒行程日记》,原载《禹贡》二卷二期,1934 年 9 月。
　转引自王俞春《海南移民史志》,中国文联出版社,2003 年,第 523 页。

峻谷中间有一二株数株而已。凡言黎中多腴地,多材木,皆耳食之谈也"①。

光绪年间黎族与苗族的关系:"又有一种苗人居无定处,每向黎人租山而伐之,尽则易处,不居平地。凡阳一带山中,闻有二百余家"②。《光绪崖州志(外一种)》也曾记述海南苗族,"辫发衣履与民人同,惟妇女黎装。皆能升木如猱。不供赋税,不耕平土,仅伐岭为园,以种山稻。黎人仿之。一年一徙,岭茂复归。死则火化,或悬树杪风化"③。苗人是在明朝时作为药弩手从广西征调来海南的,实行军屯的苗人平时为民,战时为兵。后军屯废除,而多数土地已被汉族和黎族开发占用,他们只得租地耕种或入深山开荒、狩猎,散居山谷,繁衍生息。苗人生性恭顺,从不滋事,懂贸易。到光绪年间苗族人数仍不多,仍过着游民般的生活,向黎人租山过活,被黎峒土官兼管。因苗人善制毒药,兼有邪术,而为"生黎"及"熟黎"所畏服。

光绪年间黎族与回族的关系。海南还有一个人数相对较多的少数民族回族,这个民族很有凝聚力,大陆多数省份都有回族聚居区。回族大约从宋朝或更早些时开始,历经元、明各朝,从波斯、阿拉伯、越南占城地区以及中国大陆逐渐移入海南岛。到了清朝,大部分回族聚居于海南南部的三亚港,俗称番村。番村有东、南、西、北四座清真寺。其中东庙与南庙建于明朝,北庙建于乾隆年间,而西庙建于光绪二十年(1894)。据《光绪崖州志(外一种)》载,"番民,本占城回教人,宋元间因乱挈家泛舟而来,散居大疍港、酸梅铺海岸。后聚居所

①[清]胡传:《游历琼州黎峒行程日记》,原载《禹贡》二卷二期,1934年9月。转引自王俞春《海南移民史志》,中国文联出版社,2003年,第527页。

②[清]胡传:《游历琼州黎峒行程日记》,原载《禹贡》二卷二期,1934年9月。转引自王俞春《海南移民史志》,中国文联出版社,2003年,第527页。

③[清]钟元棣创修,张巂等纂修:《光绪崖州志(外一种)》,海南出版社,2006年,第331页。

三亚里番村。初本姓蒲,今多改易。不食豕肉,不供先祖,不祀诸神,惟建清真寺。白衣白帽,念经礼拜,信守其教,至死不移。吉凶疾病,亦必聚群念经。有能西至天方,拜教祖寺茔,教祖名穆罕默德,归者群艳为荣。岁首每三年必退一月。本月朔见月吃斋,以次月朔见月次日开斋,为元旦。捕鱼办课,广植生产。婚不忌同姓,惟忌同族。不与汉人为婚,人亦无与婚者"①。回族初本姓蒲,后经改易,多以蒲、哈、海、李、江、刘、陈等为姓。捕鱼为回民主要产业,清政府所缴渔税是回民沉重的负担。回民善于经商,走南闯北富于开创精神,移民国外,尤其东南亚者甚众;到大陆各地游学者亦众。海南回民汉化程度较高但却不失其民族特色。参加科举考试中举的回民亦颇有其人,因此仕于琼,成为统治阶级中的一员。海南回族与黎族的民间交集较少。

经张之洞经营后,光绪年间黎区的确发生了较大变化。如胡传所记,抚黎局差人入黎峒,散汉族衣裤易其服,黎人能比较平顺地接受。黎人接受教化,不仅从衣装上,从精神上也接受了。"崖州黎村每有学堂,有塾师课孩子读书"②。接受的原因,不仅是被武力收服、归化了,也是被切实的劝导说服了。如光绪十年(1884)崖州协府黄、特授崖州正堂萧、特授都闽府鲍灿的告示中,有一项就明确指出:"尔各黎人既经就抚,急宜勤耕种,完纳钱粮,其有年纪幼小者,须入书馆,教其读书识字,或各村凑合敦请先生教学,将来识字,可以记簿,或钱债借拟书记簿内,不为奸民所欺;家中老幼,须讲明五伦,学习礼义;有钱者准其盖屋置田,无钱者急须学艺货耕。数年之后,衣冠兴

---

① [清]钟元棣创修,张嵲等纂修:《光绪崖州志(外一种)》,海南出版社,2006年,第52页。

② [清]胡传:《游历琼州黎峒行程日记》,原载《禹贡》二卷二期,1934年9月。转引自王俞春《海南移民史志》,中国文联出版社,2003年,第527—528页。

起,即可成一文物乡村也,谁敢欺尔黎人哉"①。教化的功用不仅在于安定社会,更在于发展黎族社会。

　　光绪年间对包括黎民在内的广大民众进行教化的特点,依旧体现着运用行政力量强制进行的特征。从光绪二十二年(1896)十月二十七日内阁奉上谕要求各省督抚、学政率属认真宣讲《圣谕广训》后,海南自光绪二十三年(1897)开始,要求乡里之间常宣讲《圣谕》一书,"用示化民成俗至意"②。如昌化县县属十三图,各图发给《宣讲集要书》一部。"由各图学校中择其平日力于行善并其口齿伶俐、声音嘹亮者一人,于各处切实宣讲"③。"昌化僻处海隅,非无有志振兴之士,特黎岐杂处,渐染日深,不有以化导之,鲜不至下凌于夷矣"④。如与黎族杂处的汉民,"甚至俗近黎风,妇人而不著裤,事由习惯,历久遂以为常"⑤,为消除黎族对汉族的影响,只有宣讲《圣谕广训》化导普通百姓,才不至于被杂处的黎岐熏染,并端正民风。当然,广为宣讲《圣谕广训》,同时也起着化导黎族民众的作用。如《光绪昌化县志》记载了《禁妇女不著裤示》:"示谕阖邑妇女,你本是个女流。访闻多不穿裤,人道同乎马牛。父母遗体不顾,是即淫乱根由。我今谆切告诫,你门各自知羞。倘敢仍蹈陋习,责罚家主母尤。"⑥从此也可以看出,当时广大黎族妇女着本民族服装依然是常态,甚至影响着汉族妇女,汉女或因美观、或因气候、或因便利劳作等学着黎族妇女"不著裤"。

----

①[清]鲍灿:《汉黎舆情》卷一《光绪十年五月初十日都司主稿》,清光绪二十一年(1895)大文堂书局刻本。
②[清]李有益纂修:《光绪昌化县志》,海南出版社,2004年,354—355页。
③[清]李有益纂修:《光绪昌化县志》,海南出版社,2004年,第355页。
④[清]李有益纂修:《光绪昌化县志》,海南出版社,2004年,第353页。
⑤[清]李有益纂修:《光绪昌化县志》,海南出版社,2004年,第354页。
⑥[清]李有益纂修:《光绪昌化县志》,海南出版社,2004年,第363—364页。

虽经张之洞辛劳经营,光绪年间中后期黎区民众依然深受被重利盘剥之苦。民间借贷,通彼此有无,济一时缓急,本善也,却往往被贪利营私之徒利用,乘人匮乏,勒索重利。雍正帝时即曾发上谕劝民向善,严禁重利盘剥,但到光绪朝仍屡禁不止。如昌化县曾向"阖邑军民诸色人等"刊布《严禁重利盘剥示》,规定"自光绪二十三年为限,嗣后民间借贷,无论银钱谷米,只准按月二分,常年三分起利。若从前恶习种种,重利盘剥穷民,概行禁止。倘有不知悔悟,仍旧违例取息,或被告发,或经访闻,即饬将所放本利罚充书院、义学膏火,并治以盘剥穷民之罪,决不宽宥"①。

《光绪崖州志(外一种)》关于黎族的记载与清朝前几代仍旧相似。"熟黎","近民居者,饮食衣服亦与齐民同。惟宅心险恶,常以蛊毒、禁魔杀人……好斗乐乱,不能久安,动欲寻衅开叛,愈抚愈骄。大创一次,可静十年。其杂处生熟黎中者,为半生半熟黎。平时耕田纳赋,与熟黎同。但治则为熟黎,乱则为生黎。常挟火器自卫,杀人如刈草。一有宿怨,辄手刃之。甚则屠牛走箭,负嵎思逞,引生黎以为州患"②。"熟黎"与"半熟黎"的武器,"向时兵器专尚弓矢,今已久废,改用火枪,家置一杆,有力者或备数杆。每以数牛易一枪,或药一桶。多从岭门、薄沙及海口流入。出必携取,弹鸟击兽,习成惯技,发必命中"③。火器在身,助长其盗牛抢路之举,而"无赖枭黎"更因被潜入黎峒、假冒客商的奸徒游勇教唆煽惑与勾引,"凑集匪党,或十数人,或二三十人为一伙。黑夜攻劫,聚敢无常,飘忽靡定,不亟扑

①［清］李有益纂修:《光绪昌化县志》,海南出版社,2004 年,第 367 页。
②［清］钟元棣创修,张嶲等纂修:《光绪崖州志(外一种)》,海南出版社,2006 年,第 330 页。
③［清］钟元棣创修,张嶲等纂修:《光绪崖州志(外一种)》,海南出版社,2006 年,第 330—331 页。

灭,遂至燎原。亦有营役奸弁,明目张胆,诛求陵虐,激启变端"①。另外,通过《光绪琼山乡土志》对琼山县黎族的记载,也可以补充了解光绪年间黎族的生活状况。如"(琼山县)熟黎居外,衣服与外人同……性多犷猂,常以山货与客人换盐及熟烟,客人多欺其愚……其居菁峒,多山岭,林木水土恶劣,烟瘴繁盛……倘多设学校,教其读书,俾知义理,则沾濡久,自与平民无异,而户口殷繁,烟瘴亦渐消焉。生黎本獠种……环居黎母山下,不供赋役,不服王化。结茅为屋,形如覆盆,上以居人,下畜牛豕……椎髻跣足……妇人……不知着裤……(生黎)性质直犷猂,不受欺触……或卖女与人,短其值,则令哑,复与之值,而复能言,俗谓之'禁母'"②。

总之,黎族无论"生熟",皆性犷猂,不受欺,若一旦受陵夺诈辱,或意识到被欺,轻则伤之,重则叛劫,自来如此,到清朝光绪年间依旧。黎族"卖女与人",卖的是被认为危害黎众的"禁母"者,这在之前的史载中极少见。一般被指为"有意禁人"的"禁母"者,常被私刑处置,但是到清朝光绪年间,黎族已深受商业意识、金钱观念影响了,以至于敢卖"禁母"换钱。琼山地区终年米粮不足于食,向来仰仗定安、临高、儋州各地产出。光绪后期推行新政,琼山因"筹款维艰","凡苛细杂捐,搜括靡遗。物价腾踊,比前数年加倍。小民生计艰难,乏大力者为之创导,谋垦植,兴制造,讲求生利之方"③。琼山黎族的生活则只能更加艰难。但是琼山商人所占人口的比例则不低:"商居十之一,工居十之一,士居二十之一。其以赌博为业以及游手无业者,亦居二十之一。此其大较也。列为表:士　三五〇〇,内学堂生

---

① [清]钟元棣创修,张寯等纂修:《光绪崖州志(外一种)》,海南出版社,2006年,第331页。

② [清]张延标编辑:《光绪琼山乡土志》,海南出版社,2004年,第1303—1305页。

③ [清]张延标编辑:《光绪琼山乡土志》,海南出版社,2004年,第1309页。

约有千余人。农 四九〇〇〇,内滨海业渔者约有三千人。工 七〇〇〇。商 七〇〇〇。"①因此,贫困的黎族人受到商人的影响也不足为奇。

第三节 宣统年间

爱新觉罗·溥仪(1906—1967),字耀之,号浩然,清朝第十二位皇帝,也是入关后的第十位皇帝,还是中国历史上的最后一帝。溥仪于 1909 年 3 岁时继位,年号宣统,他是清宣宗道光帝的曾孙,醇贤亲王奕譞之孙。光绪三十四年(1908)11 月 14 日光绪帝去世后,他被慈禧太后指定继承大统,其父载沣摄政。第二天 11 月 15 日,慈禧太后病逝。宣统三年(1911)辛亥革命爆发,其风暴迅速席卷全国,清朝统治分崩瓦解,1912 年 2 月 12 日宣统帝被迫退位,清朝自 1644 年入关以来 268 年的统治结束。1917 年 7 月 1 日到 1917 年 7 月 12 日因张勋复辟溥仪曾二次在位。1931 年"九一八事变"之后,在日本人的操控下,1934—1945 年,溥仪曾做过伪满洲国的傀儡皇帝,年号康德,所以他又被称作"康德皇帝"。抗战胜利之际,1945 年 8 月,溥仪被苏联红军抓获并带到苏联。到 1950 年 8 月初他被押解回国后,在抚顺战犯管理所劳动改造。1959 年 12 月 4 日,溥仪获得中华人民共和国主席毛泽东的特赦令并从此成为全国政协委员。1967 年 10 月 17 日,溥仪因肾癌在北京逝世,享年 61 岁。

宣统朝的政治局势错综复杂,革命党人的运动、立宪派的活动、"排满"风潮、清统治集团的内部倾轧、中央与地方的矛盾相互影响、错综交结。宣统朝存时短促、政局危难,清中央统治阶级几无暇顾及经管海南黎族。

---

① [清]张延标编辑:《光绪琼山乡土志》,海南出版社,2004 年,第 1309 页。

一、宣统年间的"黎乱"及平定

据《民国琼山县志》记载，宣统朝"黎匪"与著名的反清秘密组织三合会联合，武器先进、破坏力强大。宣统三年（1911）十一月间，客民亚五花、黎人筠发科等纠集黎客各千余人，聚在西溪一带之三港合口、加禄口、红花肚、加冬朗、风流村等处。"十六日，焚劫周朝地方，枪毙王隆福一命。十九日，焚劫岭肚市、加令村、西边坡村，连日焚劫甘蔗园、雷打、南蛇腹等村，焚宅杀人，鸡犬一空。而三合会亦乘机而起，勾通贼匪，开台放会，勒索良民，地方恐慌，扶老携幼而走，哭声载道，行旅断绝，路途不通"[①]。王隆福，安仁都千秋场村人，面对"黎乱"，因"奋会勇，夺路截击，枪毙贼匪数人，奈众寡不敌，被贼枪毙"[②]。

地方官员王建勋、李登相、黎之清、许之修等微服赴郡与地方绅士王国士一边准备回乡收拾人心，一边向黄统制请兵。而本地绅耆王国儒、王世聪、王有邠、李登相、符瑞、王国栋、王志崇、王事三、黎学超等联集地方壮丁，先后攻破被占领的三港合口、加禄口、红花肚、风流、加冬朗等处。王国士带兵到乡，并邀集安仁、南坤等八图绅耆王逢辰、王国儒、王国栋等十多人议设八图乡团，允准已入三合会者入团，联结团体，相助互援，自卫地方。到十二月十四日，"该黎乱"复起，官军却闻风逃回郡，"国士调八图团勇数千余人分三路进剿，到西溪等处，国儒前率侦探队百余人与贼相遇，开枪轰击，毙贼数人。贼见团勇敢战，即退却过溪而逃。团勇见山势险恶，又有溪隔绝，亦不敢过溪追贼。遂将各谷口用木石叠塞，掘陷放箭。近西溪一带之黎

[①] 朱为潮等主修，李熙、王国宪总纂：《民国琼山县志》，海南出版社，2004 年，第624 页。

[②] 朱为潮等主修，李熙、王国宪总纂：《民国琼山县志》，海南出版社，2004 年，第1580 页。

苗,亦改邪归正,同心协力,与团勇轮流守望。自是以后,黎匪亦不敢再向琼属八图,地方始获安靖,而澄迈之岭仑等处又被该匪蹂躏矣"①。看来,宣统朝海南地方的安靖几乎全赖当地士绅经营。

二、宣统年间黎族生活状况

据《民国琼山县志》记载,道光二年(1822)新修的《通志》所载村峒名字今昔悬殊。因而修《民国琼山县志》之际又经查勘,详列琼山"县属诸黎村峒凡一百二十有六"②及县城南"生黎""熟黎"等村与峒名,但"生黎访未确实者不敢为臆度之词,盖毫厘千里,窃恐贻误将来"③。可见,清亡之际,尚有"生黎"因穴居野处而难访,黎族社会发展的不平衡仍旧存在。"五指山,在城北,深歧(岐)黎境……上多异产,人迹所不经"④。虽然绝大多数"生黎"已经归化,但五指山深处的黎(岐)仍旧过着与世隔绝的封闭生活。

另外,虽经光绪时期的开山凿路,但尚有多地急需开凿。如"红茂生黎村,在县南三百一十里,距水尾栅二百七十里。东通定安红毛峒,西通儋州龙头等峒,南通崖州乐安城,北即五指山麓,民人罕至其地。若于此村开山凿路,南北不过百余里,东西三五十里,便得直捷,而十字之形成矣"⑤。

---

①详见朱为潮等主修,李熙、王国宪总纂:《民国琼山县志》,海南出版社,2004年,第625页。

②朱为潮等主修,李熙、王国宪总纂:《民国琼山县志》,海南出版社,2004年,第603页。

③朱为潮等主修,李熙、王国宪总纂:《民国琼山县志》,海南出版社,2004年,第608页。

④[清]钟元棣创修,张嶲等纂修:《光绪崖州志(外一种)》,海南出版社,2006年,第55页。

⑤朱为潮等主修,李熙、王国宪总纂:《民国琼山县志》,海南出版社,2004年,第610页。

　　《光绪崖州志(外一种)》一书面世于宣统年间,出版前,作者还特别补充了宣统年间的内容。如"崖州习礼义之教,有邹鲁之风……樵牧渔猎,与黎獠错杂。妇女不事蚕桑,止织吉贝。家自耕植,田无佣佃。今有佣佃"①。崖州有自耕田的家庭到宣统时期,有了佣人和佃户。这里若是指的黎族家庭,则说明已有黎族人家深受时代的影响,紧跟上了雇佣经济的发展步伐。在黎族地区,农业是其主要的生产活动,其主要农作物为稻米,"曰山稻,类甚多,最美者名九里香。宜山林燔材积灰而播种,不加灌溉,自然秀实。黎人种之……曰黄臁稻……黎人多种之……曰面豆、苗豆、荷包豆、刀柄豆、壳如刀鞘,黎村多有"②。"凡采香,必于深山丛翳之中。群数十人以往,或一二日即得,或半月徒手而归"③。总之,情况好时农业和副业基本自给,黎族先民时期共同采集、平均分配的遗风尚存,但商品经济发展缓慢,无专职的经商阶层。虽然汉商逐利,且以不等价交换剥削黎民,但在客观上却密切了黎汉间的经济联系与技术交流,对促进黎区社会进步起到了重要作用。而无论是汉族家庭雇佣黎民,抑或黎族家庭拥有佣佃,对黎族生产发展、生活水平的提高,对整个黎族社会的进步也都起着促进作用。

---

① [清]钟元棣创修,张嶲等纂修:《光绪崖州志(外一种)》,海南出版社,2006年,第49页。

② [清]钟元棣创修,张嶲等纂修:《光绪崖州志(外一种)》,海南出版社,2006年,第77页、第78页。

③ [清]钟元棣创修,张嶲等纂修:《光绪崖州志(外一种)》,海南出版社,2006年,第101页。

结　语

从顺治元年（1644）迁都于北京到宣统三年（1911）辛亥革命爆发，清朝历时 268 年。这个王朝对海南黎族的经营，从顺治帝到宣统帝，共历经 10 帝，始于征服海南岛而终于清亡，亦历时二百多年，其对黎族的规划营治的进程，前文已经逐代尽力详细地梳理了一遍，其与前朝相比以及本朝各代相比的"治黎"得失、历史的经验教训亦从中尽显。此结语处再做赘言，谨为强化与深化对这一论题的认识。

一、清朝经营海南黎族的历史背景及其对历朝"治黎"政策的扬弃

（一）背景

清朝以前的历朝中央政权对海南黎族的治理，以及政策的演变，是清政权经营海南黎族的历史背景。

述及清朝以前历朝中央政权对海南黎族的治理时，本书首章之所以以唐朝为节点，是因为：汉朝元封元年（前 110）以前，海南黎族虽然曾受中央政权遥领或管辖，但基本上处于自生自灭的状态。到西汉元封元年（前 110），汉武帝在海南设置了二郡（儋耳郡、珠崖郡），使海南（黎族）正式归入中央政权的管辖，但汉昭帝始元五年（前 82），即撤销了儋耳郡，将其辖区并入到珠崖郡，到汉元帝初元三

年(前46),又撤销了珠崖郡,之后西汉王朝也基本放任了对海南黎族的管辖。在东汉的大部分时期,海南的黎族地区也基本是处于自管自立状态。而从三国时期直到隋朝的各区域政权、中央政权依然视海南为"弃地",仅隔海遥领统治。虽然在南北朝时期的梁朝时,冼夫人带兵平定了海南岛的黎族动乱,并在梁大同五年(539)奏请梁武帝在海南设立了崖州,统属于广州都督府,恢复了中原政权对海南的实际统治,并延至隋朝,但中央政权在海南的统治力度明显不足,"冼太夫人"及冯冼氏家族对海南(黎族)的治理,性质上属于替中央政权的代管。只是到了唐朝,才一改"遥领"与"代管",唐中央政府在海南共设立了五个州、二十余县,并专门在黎族聚居区设立镇州、忠州和落场县、落屯县等州县一级的行政区划,由中央直接选派官吏专管俚(黎)人事务。这是历史上中央政权首次在海南实施的抑制地方割据势力、加强对海南(黎族)直接控制的行为。但是,实际上唐朝也只是在形式上加强了对黎族的政治统治,对于设置在山区的一些县治,如儋州的洛场,振州的吉阳、延德,万安州的博辽、富云等地,却疏于治理,有的甚至有治无城,更谈不上重视黎族经济与文化的发展,所以,虽然唐朝时万安州黎族的服饰已闻名全国,但黎族民众大多处于刀耕火种的生产阶段。唐朝时海南亦无统一的赋役制度,常以贡代赋,一般是对耕作省地的黎族给予优惠政策,"生黎"则不必供赋役。唐朝时,崖州、儋州、琼州、万安州的州县所在地,均立州县学,但无官办的黎族学校,只是由唐朝时数量众多的贬官及其后代,自觉不自觉地承担起了向黎族传播中原文化的任务。

　　而唐朝之后,五代时期的南汉政权赋税剧增,加重了海南黎族民众的负担,但五代十国时期为避战乱来琼的大量大陆移民,却在客观上加速了黎族的开发进程,促进了其经济文化的发展。宋沿唐制,但在对海南的管理上趋于正规,"治黎"则以羁縻安抚为主,在黎族聚居区设立了专门管理黎族的机构,授黎族峒首以低微的官职和封爵,

"以黎治黎"。一般认为,是宋朝首开的土官"治黎"制度。宋朝对黎人的暴动多采取招降的方法,以示人道,亦有助于汉黎民族的交融。元朝对海南(黎族)的统治以武力征剿、军事控制为主,可谓有统治无经营,万户府是元朝设立的统领军队的机构,在黎族地区则设立"黎兵万户府",兼管黎族民兵和黎众事务,其下辖千户所,由黎族"峒首"世袭其职,不仅统率属下"黎兵",还兼管地方上的军事和民政。元朝政治上继续推行土官制度,但授予黎族首领较高的官职、官阶,且允其在管辖范围内有较大的自治权。滥用土酋,以致黎首拥兵自重,遗下"土酋之患"。元政府虽然在黎族聚居区设立"寨学"训谕诸峒,但经济上赋税繁重,无论"生黎"或"熟黎",皆需供赋役,与齐民等同,结果"黎乱"频发。终元一朝,黎族的反抗活动二十余次,政府大举"剿黎"行动就近十次。明朝在海南实行府、州、县三级管理体制。琼州府为海南最高地方政权机构。明朝洪武年间始,海南归广东省管辖。明初政府对海南黎族实行土流兼治,并严控基层组织。明朝海南的基层行政组织有乡、厢、都、里、图等。海南"熟黎"共二十八都七十五图一百五十五峒都被归入都图管理,纳粮编差。各峒设峒长或黎总、哨管,黎村又设黎甲等管理黎众。明政府在琼州府设流官知府和推官各一员专职"抚黎"。明初曾废除黎族土官制度,但洪武末年又恢复,到明成祖时起,又开始全面推行土官制,以州、县以及峒的各级文职土官及永乐年间增加的武职土官(也有称土舍的),专职抚黎。后因黎族土官势力强大,正统五年(1440)撤销了土官设置,不料革官子孙却犹称土舍,继续统黎以自肥,导致黎民反抗日烈,终致弘治十五年(1502)大规模的符南蛇起事,明孝宗只得许诺原土官子弟复其祖职,利用他们参与镇压起事。此后,土舍之势愈炽。到万历四十四年(1616),明朝再次革去土舍,却遭到土舍的抵制。总之,明初的安抚治黎,促进了黎族的稳定与发展;但明中期以后,政治的腐败及汉族官僚豪强和黎族上层对土地的不断兼并,致使黎族反抗不断。土官之患、土舍之祸、"黎患"等终明不断。但明朝值得一提的是政府以强力推行黎族子弟就学政策,这使得琼黎族的教育进入较高的阶段。

(二)扬弃

清朝以史为鉴,对之前朝代的"治黎"政策有所扬弃。

清朝一改唐以前中央政权对海南(黎族)的遥领或放任的管辖形式,继承了唐朝加强中央政权对海南黎族直接控制的治理理念,并在实质上逐渐强化了对黎族的直接控制;清朝继承了宋朝的土官"治黎"制度,却一改其只知羁縻、控制乏力的状况,发展出一种对土官有较强约束力的土官制度;清朝在"勘黎"阶段承袭了元朝武力征剿、军事控制为主的"治黎"方略,但在政权稳固之后即随形势转变为剿抚兼施、以抚为主的"治黎"原则;清朝承袭明朝对黎族实行的土流兼治,一度沿用明朝的土官、土舍等,但一改明朝对土舍的废启反复,一旦条件允许便果断地撤销土舍、限制土官;清朝承袭明朝的乡、厢、都、里、图等基层组织结构的形式,但在性质上已经成为一种以田地赋税为中心的结构,黎峒因此成为清朝的基层政治组织。清朝剿抚兼施,尽力将黎人纳入版图,成为编民,是归化黎人最多的封建王朝。

清朝对黎族地区土流兼治,此统治方式维护了清王朝在海南的统治。清朝在海南设置的行政区划及各管理机构健全之后,相对稳定,基本上适应了海南社会的发展。清朝在海南的军备、海防建设及对黎族的防范,比以往任何朝代都更为重视,对黎族的统治也较以前历朝更为强化。正因为清朝吸取了前几朝的历史教训,对之前朝代的"治黎"政策有所扬弃,因而有清一朝并无元明两朝的"土酋之患";清朝继承历朝文教振黎的精神,在教化黎族上多有举措,也提高了地方官吏对黎人教育的重视程度,这种合力推进了海南黎族的教育。随着中央政权统治的深入,清朝逐渐重视对黎族人的教化导育,这是统治者变暴动的黎民为天子温顺齐民的重要手段;更值得一说的是,清朝逐渐认识到发展黎族经济的重要性,在清后期注重对黎族地区的开发,把明朝时重臣能吏曾呼吁的在黎区开通十字路的建议予以推行实施等,是正确的"治黎"方向。

　　总之,比之历朝,清朝统治者对海南黎族的规划营治,是因势利导、借机行事的,相对来说,也算得上是积极进取的,并取得了一定的实效;而清朝积极吸取历史教训,尽力不蹈覆辙的努力更值得肯定。但是,其经营的成效可谓得失共存,而这些得失,也足以成为后世管理边疆少数民族的经验教训。

二、清朝各代经营海南黎族的得失

(一)所得

　　清朝对其之前的朝代"治黎"政策的扬弃便是其最大的"得"。

　　从管理的角度看,清朝经管海南黎族的基本思想是宽严相济、顺势而为,也基本上是按阶段分步骤进行经营的。从整体上看,清朝对海南黎族的经营史,大致可分为"勘黎""抚黎"与"化黎"三个阶段,在不同的阶段,其"治黎"的侧重点也有所不同。"勘黎"阶段在清初顺治年间及康熙前期,中央政府对海南黎族实行的是以剿为主、剿抚兼行的政策。此后的清朝中期,包括康熙中后期、雍正时期、乾隆时期、嘉庆时期,以及鸦片战争前的道光时期,则是"抚黎"阶段,贯彻着以抚为主、剿抚兼治的原则。晚清时期则为"化黎"阶段,尤其是光绪后期,统治阶级在实施以抚为主、剿抚两手"治黎"的同时,又兼及海南黎族的经济开发,并强化了对黎族的开化育导。可见,清朝对黎族进行了循序渐进的经营,从"勘黎"到"抚黎",再到"化黎",最终的

"化黎"是目的,"平黎"与"抚黎"则为手段,体现了从始至终的一脉相承性。清朝"治黎"可谓既有通盘考虑,又因势利导、步步为营、环环相扣地付于践行。

而清朝各时期、各代皇帝对黎族的具体经营也是各有所得,足以为后世所称道。

如清初海南社会动荡,统治阶层还不能对黎区实施有效的直接统治,所以顺治帝与康熙帝以军事征服黎族为主,但政治上仍旧沿用前朝之制,作为权宜之计,此为其后削弱黎族土官、土舍等势力做了成功的铺垫。而清初对黎族的安抚怀柔,对缓解黎族民众的处境,缓解社会矛盾也起到一定的作用。待政权稳固后,清政府始着手对黎区进行规划营治。

除了海南,清政府的"改土归流"基本上是以武力进行的,在海南却以温和的抚恤方式进行,这得益于康熙朝剿抚兼施的铺垫工作,尤其是康熙年间限制土官政策的运行,使海南黎族的土官制已不普遍,因此雍正时"改土归流"在海南推行得比较顺利。海南的土官虽然也有一些被撤销,但并未因之引发动乱,反而致使大批"生黎"向化,归入版图,成为清朝供赋役的编户齐民。还有一个与其他西南少数民族不同之处,就是海南黎族仍旧保留了一众土官的存在。应该说,清朝对黎族土官的设置、撤销与保留,以及对"生黎"的优抚政策是一种土流兼治的统治方式,当然,以"有司管理"为主。

雍正帝顺应实际情势的"抚黎"较有成效,乾隆及之后历帝皆本着汲取其精髓的原则,继续"抚黎"。乾隆时期,清政府尝试通过在黎区办学来缩小黎汉之间的文化差距。虽然文教"抚黎"的政治目标在于消弭黎族的反抗精神,使黎族从文化上融入以纲常仁义为核心的封建礼教,但增加黎族对国家的认同感,开通其智识,拯治其贫愚,免其被欺诈的目的却值得肯定。

鸦片战争前的道光年间,海南黎族的归化程度已加深,几乎所有的黎族都被纳入到清朝的统治范围了;到光绪朝,张之洞在冯子材剿平海南黎客民"作乱"及善后过程中所进行的大规模治理与经营开发活动中,大刀阔斧地切实运行了其"化黎"之举。在黎区开路、垦荒、开矿、设市交易、普建义学等,能臣张之洞抓住了"治黎"的关键所在——经济开发与教育发展,因此其"治黎"体现了从根本上"治黎"的先进意识。可以说,《抚黎章程》十二条及其践行,是历朝历代以来最完善、最切实的"抚黎"举措了,也为后世发展边疆少数民族经济与文化提供了宝贵的经验。

从整体上看,清朝对海南黎族的经营,体现着从戢其锋镝,并用其锋镝,到削其锋镝,至化其锋镝于无形,这样一个目标设定的过程。清朝对海南黎族的经营在一定程度上体现了其政策的统一性、灵活性及进取精神,并获取了一定的实效。清朝中后期黎族起事的频度和烈度要比明朝少得多、低得多。显然,清政府剿抚兼施、以抚为主的"治黎"政策起到了一定的作用。可以说,正是因为清王朝运用既有原则又相对灵活的策略治理海南黎族等边疆少数民族,一定程度上强化了统一多民族国家的形成和发展。尤其是清前期几个皇帝,在民族与疆域这一重要问题上,他们"采取不断进取,不断扩大版图,增进全国统一,加强对边疆民族的管辖的总方针"①。可以说,在中国古代历史上,清朝对黎族进行了更加周密与完善的治理,是治理海南黎族最彻底的朝代,通过全面的经营,将几乎整个黎区纳入了清王朝的直接统治之下。

(二)所失

与此前历朝相比,清朝取得了前所未有的成绩,但是,这种努力又不尽然,清统治者并没有找出特别有效的治理方法改变历朝历代

①杨学琛:《清代民族关系史》,吉林文史出版社,1991年,第97页。

以来"黎乱"不断的状况,史载清朝的"黎乱"次数多达80余次,因此其苦心经营的目的不能算圆满完成。虽然"黎乱"的起因复杂,但与清政府在经营海南黎族的进程中措置失当还是关系密切的。这些失当,徒留下诸多历史遗憾,当为史训,为后世所借鉴。

1. 清朝终未在海南黎区设置州县,错失了历史良机。

就在殷鉴不远的明朝,有志之士海瑞等人提出的"在黎区设置州县"等具有远见卓识的主张,到清朝仍未获得统治者重视。号称圣明英武的康熙是否因历史局限性,否定了总镇吴启爵的在黎区筑城添兵、设立州县的建议,清朝就此错失了历史良机呢? 应该说,在清朝前期,也不尽然。清朝对边疆的统治都是基本保持原来的地区政治架构的,目的显然是在于减少统治的阻力,因俗而治,底线是稳定与臣服,并不指望财税上有何收益,在很长一段时间内,这一做法是有效的。而在没有大的离析危险时,清政府考虑的首先是经济上是否划算,所以康熙不赞同设立县治,也不是他目光短浅,没有战略思维,而是在当时的最佳选择。

对于前朝海忠介公海瑞提出的"在黎区建城、开十字道、通商贾行旅"的建议,海南在科举时代唯一的探花张岳崧(1773—1842)在《抚御琼黎论》中也曾表示反对,他的理由是:"孤城少援,难于防守,一也;险道崎岖,未易开辟,二也;瘴气太盛,人惮往来,三也。夫黎地弹丸险阻,得其地不足为利,得其人不可为民,惟议安抚之策,严守御之方,令相安无事,足矣。"①这些话在一定程度上体现了当时清朝统治者的想法:不设州县,使黎人无可据之险;黎地险峻,开辟艰难,更费钱财;黎区瘴气浓盛,非黎民众不愿意前往。但他忽视了黎区在行政建置上以及经济上的战略地位,更轻视黎人的存在,他更没有意识到商贾行人的往还、衣冠文物的熏陶等便于"化黎",也利于"化黎"。

---

① 洪寿祥主编:《海南先贤诗文丛刊·筼心堂文集》,海南出版社,2006年,第185页。

他的"治黎"方略就在一个"守"字上,"安抚""守御""相安无事"即可,并无长远打算,亦毫无进取之心。从历史的角度看,在清朝中期"盛世"之际,未在黎区设置州县,清朝统治者在"治黎"方面还是缺乏深谋远虑的战略眼光的。因为多年的一体化政策的实施与经营,使海南黎族对内地模式和行政体制的受容性大大提高,在黎区设置州县是有制度基础的。

光绪十年(1884)九月三十日,清政府正式批准新疆建省,随后,清政府陆续在台湾、东北地区建立行省制度,并在蒙古、西藏等地区也开始筹议建省。为何在清末清政府对边疆地区的统治方式发生了转变呢?主要是因为外部因素,列强虎视眈眈,企图把边疆分裂出去,而"分而治之"的治边政策已经不能抵御列强的入侵,反而有利于分裂割据势力与外敌的勾结。晚清时期,在西方的冲击与压力下,清政府逐渐接受了独立主权和完整领土等近代国家概念,对边疆地区开始采取移民实边、建立州县体制等办法来实施"一体化"制度建构与政策调整,将原本具有多样性特征的帝国逐渐整合到一元化的国家中,以政治制度的变革来实现国家的整合,强化国家力量,应对近代中国的边疆危机。在外力的压力下,政治的考量超过了经济的顾虑,清政府不但在新疆、东三省设省,即便是已经有州县治的台湾,也要设省,还有蒙古与西藏的建省筹议。可是,对于海南,西北与越南近邻,东北与闽海相接,作为两广屏障、战略要地的海南,清政府最初却没有西北、东北边疆那样大的压力,海疆危机也并没有在实质上波及海南,所以清政府依然从经济上着眼。但随着海南也产生了危机并且越来越严重时,有识之士不仅要求在海南黎区设县,甚至提出在海南设省。

潘存,字仲模,号孺初,嘉庆二十三年(1818)生于海南文昌铺前港头村,咸丰元年(1851)应本省乡试,中举人。后应礼部考试,循例捐户部主事,分发户部福建司行走。66岁时归乡。光绪十年

(1884)，法国滋事，扰广西、福建、基隆等地。当时的广东总督张树声推荐潘存为雷(州)、琼(州)两郡团练。潘存衔命苦心经营，地方安宁，获赐四品官衔。其时，潘存为加强海南防卫与促进海南发展，向朝廷提议"琼州改建行省"，并亲自撰拟了建省理由与建设方案，呈报两广总督张之洞。虽获张之洞大力支持，但因国事纷乱、清廷因循苟且，以及张之洞的调离而未果。后岑春煊督粤，亦有海南建省的提议，仍无果。

边疆建立行省制度是顺应近代中国转型的内在发展规律、为奠定近代中国的基本格局迈出的重要一步，会进一步巩固和加强国家的统一和民族的团结，促进边疆社会经济的发展，加强边疆与内地经济文化的联系。海南建省，虽无充足的理论准备，但有现实安边卫国的迫切需要。海南建省将使国家权力同质性地渗透到孤悬海外的海岛地区，可提高边疆海岛的行政运作能力，有力地应对内部危机与外部危机，有效地保证南海海疆安全。而且，清政府对海南的持续经营、一体化的努力践行，以及海南自身土官势力衰弱、自治化程度不高等因素，为海南建立行省制度提供了可行的基础。变革管理方式，设立新的建制与行政管理制度的诉求，在海南并无任何阻力。通过建省，清政府可实现海南与内地的政治一体化，是加快海南海疆治理制度近代化、促进海南暨海南黎族社会近代化的重要举措，对海南其后的发展将产生深远与积极的影响。海南若在当时能顺利建省，那么，在黎区设县便是顺理成章的事了。

清政府最初也是同意在海南黎区设县的。设县治理，是一种"均质化"的统治政策，而且在黎区设县本有着长期与充分的理论准备。关于置县"驭黎"及失败，清末时人朱采曾论："窃查古今言治琼者，莫不以开通五指山，增设州县、营屯于山内，使生熟诸黎易于向化，尽入版图为善策。而自明迄今，数百年来，人人能言之而卒无人能为

之。非谋之不臧,任事之不力也。"①开通五指山在晚清时是做到了,
而张之洞设州县的计划似乎是因为人去政息未得到践行,实质上根
本的原因应为此建议仍难得到最高统治者的有力支持。从清朝前期
提出黎区设县到清末再提无果,充分反映出清政府决策体系集权力
于一人的腐朽性。总之,清末多事之秋,清政府无力顾及,加之海南
也从未出现如台湾那样的危机,所以设县一事也终究不了了之。

　　历朝历代的"黎乱"不靖,而终清一朝,"黎乱"亦不能禁绝,与黎
区州县之不设,及海南未能建省是有相当关系的。清朝二百余年间
在海南行政建置上的保守影响了黎族乃至全岛的经济与文化的发
展。此"失"与时局及统治者个人的历史局限性也不无关系。

　　2. 清朝废除沿自明朝的巡按御史制度,使历代行之有效的监察
与行政的制衡体制被打破,中央对地方封疆大吏处于制度性失察状
态,这是清朝吏治败坏难以根绝的重要原因,更是引发海南"黎乱"的
重要因素。

　　在清初政权初建、政局不稳的特别时期,巡按对察吏安民的作用
不可替代,但巡按违法时有发生,巡按御史与朝中大臣往往多有关
连,每当巡按婪索事发,即有满族官僚借机构陷汉族大臣,导致满汉
对立。顺治末年,巡按御史制度在满族官员的胁迫下被废止,这是因
噎废食的做法,完全属于"因人废制"之举。由于地方实行的是分权
体制,布政使掌钱粮;按察使管刑名;督抚则总理兵马各项事务。而
且还有监督督抚的预案,如督抚纠劾审拟之事,必经中央部院复核,
方可结案;中央部院有甄别、劝惩督抚功过之法;督抚之间可互纠,但
这些实际上解决不了清廷最担心的督抚失去监督的问题。明朝时督
抚列入中央职官,三司乃是地方最高长官,而清朝的督抚则是地方最

①朱为潮等主修,李熙、王国宪总纂:《民国琼山县志》,海南出版社,2004 年,第
　650 页。

高长官,三司实为其下属。巡按废止后,其权力归并于督抚,总督兼右都御史衔,巡抚兼右副都御史衔,负有监督其下地方官的职责,这无疑扩张了封疆大吏的权限,并打破了监察与行政的制衡,致使中央缺失了对地方官员的制度性监察。其实,在封疆大吏高度集权之际,巡按制度对地方的纠劾监督,当尤为重视。中央监察官们一年一代,受中央监察法、皇帝、都察院多方约束与考核,属于代天子巡按天下,监督久任的地方官,他们大事奏裁,小事立断,具有举劾官吏、整饬吏治、司法审断、伸冤理枉、除革奸弊、整饬风俗、扬清激浊、内外相维等多重职能与特点。只有监察权力得到加强,才能对行政权力形成有力的制约。废除巡按制度之后,由于督抚无人监督,地方下情无法上达,督抚无人互纠,贪墨无人参劾,贪官蠹役亦无所忌惮而作奸害民,清廷就通过扩大密折制在地方官中的使用范围、派遣巡察官等措施加强对地方的监督,并在直省督抚与司道之间以及地方与中央之间,维持一种制衡作用,但这些仍然无法挽救地方权力的失范。属于临时性质的巡察官的设置,其实仅对地方偷盗现象进行了专项巡察,重点在督查士与民,至于监督督抚则无从谈起。在康熙年间及道光年间,有识之士曾奏请过恢复御史巡按制度,但可惜终清未复。这是吏制建设的重大失策。

　　封建王朝长治久安的重要制度性保障便是行政权力与监察权力的制衡,历代王朝亦皆高度重视对地方权力的约束及监督,而清朝却废除巡按御史制度,埋下导致社会危机的隐患,"伴随乾纲独揽的'盛世'三帝的谢幕,监察缺失的制度性病灶在嘉道时期充分暴露,并成为'清朝中衰'的重要诱因"①,这也是导致清朝晚期中央权威下降、地方尾大不掉的重要原因。地方的高度集权、监察制度的缺失,在海

---

①参见林乾:《巡按制度罢废与清代地方监察的缺失》,《国家行政学院学报》
　2015 年第 4 期。

南所造成的严重后果就是吏治败坏,并不断引发"黎乱"。

　　清朝时在海南做官被视为畏途,统治者便缩短内地官员在海南的任期,减少官员入海南巡查的次数。这些政策的实行,对海南黎族的治理是不利的,实属失策。总之,吏治的关键在于吏制建设。

　　海南作为边境苦瘴地区,缺乏监察,又缺少巡查,亦缺乏养廉制度。如康熙辛亥年知州张擢士曾著《请复边俸详文》,言琼郡"外妨海艘,内绕黎岐,绝域危疆",虽"山川瘴疬最毒",但"官无升转,今竟无边俸","冒昧呼吁,伏乞宪台题奏,比照边俸,俾得一视同仁。曲成苦吏之功名,即再造危途之性命矣"①。"乏养廉银"则难免官员自谋。但海南吏治的败坏主要还是与监察制度的缺失息息相关的。在海南,吏治败坏并难以禁绝的状况几乎贯穿清朝各代。如前所述,仅从康熙年间曾任昌化县知县的陶元淳在海南官场的经历,便可见官场环境的恶劣:"元淳以不善俯仰,所至见忤流俗。今在海外,恶直丑正之辈益憎其立异而谤毁之,排挤之。"②陶元淳因病乞归之际所书的《上萧抚军》中言:"凡州县之所以敢于纵恣者,其势必有所倚。而其情之所以不能上达者,其中必有所阻。职窃观岭南之利害,万绪千端,而可以三穷蔽之。曰兵穷,曰民穷,曰利穷,如是而已。兵穷,责之把目;民穷,问之州县;利穷,求之山海。而其所以致穷之故,则非州县、把目之所能为力,而山海亦岂自能为利?要必有俟乎表之正、源之清者,此也。下吏亦熟筹之,而五月中业已告病乞归。身将隐矣,于利害何有?况若此者,上之必有碍于大僚,次之必有妨于同列,

①[清]钟元棣创修,张嶲等纂修:《光绪崖州志(外一种)》,海南出版社,2006年,第590—591页。

②[清]钟元棣创修,张嶲等纂修:《光绪崖州志(外一种)》,海南出版社,2006年,第600页。

直陈之则犯当路之忌讳,惕而不敢也。"①而他的《请严职守详文》《请禁崖州营将肆虐状》等文字记载,更让人对海南吏治之败坏深为震撼,亦不难理解黎族起事的频发了。

　　甲头、官员与营兵武夫残酷掠夺黎民,致民赋税负担大大超过定额,而且徭役繁重。除征派黎民修筑城池等公役外,地方官员还任意役使黎人。总之,巧立名目,任意摊派,肆意诛求、横征暴敛,使黎人不堪其苦,不断掀起反抗活动。嘉庆二十二年(1817)崖州黎的反抗活动,就是因加征加派钱粮而引起的典型事例。光绪年间驻崖州绿营军官鲍灿曾记载:"往往有不法之家人、书差及汛弁、兵丁,串同地方绅士、耆老、黎目、总管、哨长、户首人等,捏称搭草钱、踏狗尾钱等各样名目,勒索苛派,多方扰累,种种弊端,殊属不成事体。"②地方长官不受监管,可任意聘任属吏、书差,致使不法之徒上下勾结串联,往往迫使黎民起事。正如陈琏在《筹海议》所言:"盗即民也。惟其为民而穷,计无复之,乃不得已而啸聚于山,剽劫海上,罪虽已莫可逃,而情则多有可悯。若使各府州县有司平时能洁己爱民,轻徭薄赋,俾民得享有田庐室家之乐,谁无父母,谁无兄弟妻子,而肯自弃其身为盗贼者?故弭盗所以安民,而舍安民之法更无弭盗之方。"③安民之法的关键在于吏治清明公允。黎族对清廷的反抗斗争,在开国之初,与南明政权的反清势力经常联合在一起,一直至顺治朝末期;这以后,多次的抗争大多与吏治败坏息息相关。吏治败坏,黎民已苦绝,遑论汉族地主、奸商、高利贷者的剥削。又如,里长危害于民,以致引

---

① [清]钟元棣创修,张嶲等纂修:《光绪崖州志(外一种)》,海南出版社,2006年,第596—597页。

② [清]鲍灿:《汉黎舆情》卷一,清光绪二十一年(1895)大文堂书局刻本。

③ 朱为潮等主修,李熙、王国宪总纂:《民国琼山县志》,海南出版社,2004年,第532页。

发"黎乱",根本原因也在于吏治的败坏。如海南澄迈县的"里长",本是每"都"择一年高谨厚者任,"上为官府耳目,下别乡都奸顽"①,但因监察体制缺乏,"里长"的选择与管理皆存纰漏,(里长)"希图酒食,字义不谙礼度不娴者,俱得滥竽……甚有终世历年不更,侵官害民以利己肥家"者②。无监察制度之害,于此亦可见一斑。

难怪学者钱穆会认为清朝没有制度,只是"在明代的制度里,再加上他们许多的私心。这种私心,可说是一种'部族政权'的私心,一切由满洲部族的私心出发,所以全只有法术,更不见制度"③。

3. 以消极干预为出发点的教化"治黎"政策,导致黎治成效不彰。

能在文化上融入以纲常仁义为核心的封建礼教,便能在政治上认同中原王朝,这也是清朝统治者教化黎族人的最终目标。兴办学校是教化的最有效方式,因此,雍正帝曾谕令在黎区"一体多设官学",乾隆年间在黎人较多的崖、陵、昌、感、儋、万、定七州县亦设立义学十三处,用以文教"化黎",但由于教育方式与教育内容的照搬,以及变通与过渡的缺乏,黎区的办学终是不了了之。直到光绪年间,两广总督张之洞再次隆重地创办义学,而在黎族地区开设官办学校,则是崖州知州冯如衡在距离清亡已不远矣的光绪三十四年(1908)创办的专收黎族儿童的崖州时雍学堂。终清,并无黎族子弟考取举人以上科举功名者,海南黎族的教育发展也一直落后。除了与周边的汉族或人数不多的苗族有交流之外,海南黎族也几乎没有与外来文化接触的机会。黎族地区的历史文化较海南其他一些地区发展迟缓、明显滞后。可见清朝文教化黎的效果并不明显。

为使黎人能与中原"一道而同风",清统治者同时以各种手段甚

---

①［清］谢济韶修,李光先纂:《嘉庆澄迈县志》,海南出版社,2004年,第93页。
②［清］谢济韶修,李光先纂:《嘉庆澄迈县志》,海南出版社,2004年,第93页。
③钱穆:《中国历代政治得失》,生活·读书·新知三联书店,2012年,第144页。

至暴力方式改造黎人的传统习俗。鲍灿在《谕劝莫拆婚姻示》中云：
"访闻崖感有夫妇生离之事，大干伦纪，深为悯惜，实败伦，伤风化之
本……今后尔军民人等一经许缨纳采，受人茶礼，此乃赤绳系足，不
可改口更张……不论未娶（不）可拆，即娶断难离异……兹劝禁尽格
前非，勿蹈此行。"①婚姻自由、离异自由原本是黎人的风俗，也是符
合人性的，而鲍灿为了维护封建伦常代表统治阶级对此进行禁止和
劝谕，显然是把内地的风俗强加在黎人头上，是不符合人性的不当干
预，必然在黎人心中埋下"不服"的种子。每次"平黎"皆伴着"剃发"
命令，但黎族却不能被彻底"驯化"。到光绪年间，张之洞派冯子材并
武力招抚黎人之际，也严令黎人"薙发归化"，这种带有强制性的干预
行为在部分地区遭到黎人抵触的强度似乎不高，但是，形式上接受教
化不代表真正的顺服，张之洞的"化黎"最终也并未达到期望的效果，
"黎乱"依然。其强制推行同化政策，迫使黎族人全盘接受统治阶级
文化，有急功近利之嫌，成效还待假以时日的"日磨月化"方显。

　　对边疆少数民族，清政府曾主张"修其教不易其俗，齐其政不易
其宜，旷然更始而不惊，靡然向风而自化"②。但清统治阶级对海南
黎族民众却一直并未贯彻此方针，一直将黎人的椎发文身和着装习
惯视为陋习，强迫其"薙发易服"，结果严重地伤害了黎族人的民族尊
严，并导致教化成效不彰、"黎乱"频发。

　　4. 对黎族地区的经济发展重视不够，致使黎族整体发展不平衡、
黎区物质生活水平与精神生活水平提升不明显、黎汉矛盾加深，并造
成社会动荡。

　　清朝时黎族民众归于中央政府统辖的数量是增多了，伴随着内
地汉族移民高潮的到来、黎汉交流的加深，黎众内地化程度也在逐渐

---

① [清]鲍灿：《汉黎舆情》卷一，清光绪二十一年（1895）大文堂书局刻本。
② 包文汉整理：《皇朝藩部要略》，黑龙江教育出版社，1997年，"序"第2页。

提高,但是终清一朝,推进海南黎族社会形态的演进与发展的速度依然是缓慢的,贫困落后的社会局面在黎区也一直未有大的改观,"直至近代,海南黎族一直生活在极其落后的状态之中。自然环境恶劣,民族生存艰难……社会生产力低下,文化亦接近于原始的状态。人们无法应对自然与社会的种种困难,不得不把自己的生死、安危、福祸以至生活生产的各个方面,都寄托在那些超自然的神灵身上,通过对这些神灵的崇拜与信奉来求得帮助,增强生活的信心与战胜危难的勇气。所以祈福禳灾、生存顺遂成了民间信仰的根本特征与目的。审视海南黎族的每一种民间信仰,无不显示出强烈的功利性"[1]。这正印证了"不是意识决定生活,而是生活决定意识"[2]的哲理。

相比于内陆地区,海南地区的生产力落后,而黎族地区就更为不堪,靠天吃饭的脆弱的经济状况使黎区极易受到天灾的冲击,而一旦歉收或饥荒到来,黎人生活就难以维持,"生性犷悍"的黎人聚居区就会不稳定,加之海南的自然灾害又较多,这也是结伙打劫等"黎乱"频发的重要原因之一。

经济发展的缓慢,致使黎族社会发展不平衡的状况一直无根本改变。虽然一些黎族人已经几乎同化于汉人,但生活在海南岛腹地五指山、黎母山等地的一些黎族人,直到20世纪三四十年代,其社会形态几乎仍停滞于原始社会阶段,何况是在清朝时期。因此,终清之世,形式上黎族几乎全部纳入政府管辖,但化外"生黎"仍旧是不少的存在。

黎族地区与汉区的发展相比就更为不平衡,渡海而来拥有先进的农业技术、文化,以及相对充足的生产、生活资料的汉人移民迫使未被汉化的黎人向中部山区的收缩;相对富有的汉族奸商及不良客

①刘冬梅:《海南黎族传统民间信仰论析》,《社会科学战线》2017年第9期。
②《马克思恩格斯文集》第1卷,人民出版社,2009年,第525页。

民以不等价交换、借耕黎地转卖、放高利贷等各种不法的经济方式对纯良贫困的黎人的欺压与盘剥，皆加深了黎汉之间的矛盾与隔阂。因此，黎族仇视汉人的抢掠、反民族压迫及反经济掠夺的斗争，就持续不断。

另外，更有以煽惑黎人起事来取利之徒。清朝郡守贾棠曾道："盖黎人蠢尔无知，其为乱也，皆由奸徒煽惑。彼利于黎人为乱，得以从中攫利。方其蠢动之时，赴官力任招抚，图骗委牌，公然出入黎峒，无复顾忌，反将官兵情势、进剿机宜告之黎人，更教以拒敌之策，导以抢掠之方。官府倚为心腹，赏给银钱；黎人恃为细作，酬赠财物。甚且捏写黎人冤状，开列某官骚扰，某役需索。有实迹者，得贿而削名，有仇隙者，罗织而入款。"①或趁乱抢劫，或深入黎境煽惑引乱，或在官兵进剿时向黎人兜售武器，阻挠官民招抚，或以充当双面间谍等方式获利。有清一朝，虽对"汉奸"惩处甚严，但清统治者并未能有效地防止与消除这类挑拨者带来的隐患。根本原因在于黎族整体的经济文化水平未得到显著提升。

清朝海南黎族人按照与政府的关系及归化的程度可以分为这样一些群体："熟黎""生黎""半熟黎""半生半熟黎"，以及"生黎"转化的"熟黎"、"熟黎"转化的"生黎"、汉人聚居区内的"熟黎"、汉人聚居区边缘的"熟黎"、汉人转化的"熟黎"或"生黎"等。据史载，黎族人"性亦犷横，不问亲疏，一语不合即持刀弓相向……坐无尊卑"②。"俗重复仇，有杀其父祖及乡人者，累世必图报复"③。这反映出黎族人不喜阿谀、易冲动、好"记仇"的性格。另从黎族民间流传的"人怕

---

① [清]李文烜修，郑文彩纂：《咸丰琼山县志（外一种）》，海南出版社，2004年，第509—510页。
② [清]明谊修，张岳崧纂：《道光琼州府志》，海南出版社，2006年，第842页。
③ [清]明谊修，张岳崧纂：《道光琼州府志》，海南出版社，2006年，第841页。

伤心,树怕伤根""好话只一句,真理只一条"①等谚语,反映出黎族人自尊心强、"认死理"的性格。根据前文所述,已经知晓,真正的"生黎"虽"勇鸷犷悍",大部分还是质朴纯良、安分守己的;靠近汉民居住的"熟黎"则多非黎族人,是通黎语的汉化的其他少数民族或根本即汉人,多"闽广亡命"者也,他们大部分应是"精明狡黠"的,《光绪崖州志(外一种)》记"熟黎","近民居者,饮食衣服亦与齐民同。惟宅心险恶,常以蛊毒、禁魇杀人。二事律例亦有明禁。好斗乐乱,不能久安,动欲寻衅开叛,愈抚愈骄。大创一次,可静十年。其杂处生熟黎中者,为半生半熟黎。平时耕田纳赋,与熟黎同。但治则为熟黎,乱则为生黎。常挟火器自卫,杀人如刈草。一有宿怨,辄手刃之。甚则屠牛走箭,负嵎思逞,引生黎以为州患"②。汉人聚居区内的"熟黎"应当基本视同汉人,不复称为"黎";也有特殊的情形,即汉人与黎人通婚,后代成为有汉人血统的黎人的,他们应属于易于被"教化"者。而一些或"生黎"或"熟黎"的黎人身份经常会互相转化。原因何在? 性格因素不可否认,但非主因。清朝将海南几乎所有黎族都纳入统治系统的过程中,黎人有诚心向化的,肯定也有被迫归化或不肯向化逃亡的,但政治原因也并非黎人身份变动不居的主因,其根本原因应在于黎区发展的不平衡、清政府区别对待的经济政策。如道光年间崖州的洋淋村"熟黎"变为"生黎"的例子就很说明问题,"道光九年,村中黎匪作乱,至今顽梗,不纳丁粮,遂为生黎"③。清朝的乡都里组织,是一种以田地赋税为中心的结构,"熟黎"就是为逃脱此系统,并逃避纳粮而主动选择成为"生黎"的。"精明狡黠"的"熟黎"

①政协陵水黎族自治县委员会编:《陵水黎族风土见闻录》(内部资料),1989年。
②[清]钟元棣创修,张㻑等纂修:《光绪崖州志(外一种)》,海南出版社,2006年,第330页。
③[清]明谊修,张岳崧纂:《道光琼州府志》,海南出版社,2006年,第861页。

会逐利而动的。而归化的"生黎"虽因纳粮成为"熟黎",但经济能力的不足,又往往迫使他们或逃亡,或反叛。原以为,"生黎"因其适应性差,刚转入"熟黎"的"生黎"应为"半熟黎"吧,其实不然。《光绪崖州志(外一种)》曾记载:"黎分生、熟、半熟三种。有此地即有此人。生黎虽犷悍,不服王化,亦不出为民害。为民害者,惟熟黎与半熟黎。初皆闽商,荡赏亡命为黎。亦有本省诸郡人,利其土,乐其俗,而为黎者。深居山谷中,以盐为命,以铁为资,皆心仰给于外。盐乏,不能一朝居。每欲思逞,必先储盐为负嵎计。向时兵器专尚弓矢,今已久废,改用火枪,家置一杆,有力者或备数杆。每以数牛易一枪,或药一桶。多从岭门、薄沙及海口流入。出必携取,弹鸟击兽,习成惯技,发必命中,遂为厉阶。居常盗牛抢路,率以为恒。"①一旦变端激启,则危害深重。如史载康熙年间海寇头目杨二勾结黎酋聚众劫掠的情形:"既而黎酋相通,土宄勾引,自森山市竟透打铁市,财帛搜括无遗,子女掳掠殆尽,饱其所欲而去。又以舟重难行,倡言被掳子女许父母亲戚持金往赎,否则投之海矣。"②(良民)"逃避皆冒寒忍饥,山居野宿,父子不相见,兄弟妻子离散。城市乡村,惟见破屋坏垣,人号鬼哭,莫有撄其锋者。南黎庠生王道美、王兆熹集本乡子弟丁壮誓死拒敌,大小十余战,斩贼数十级。无如贼众援寡,终遭杀死被掳,较他方更惨"③。而官军"平黎"亦霹雳手段,黎民则再寻机报复,惨烈便交相上映。

　　总之,黎区经济状况的难堪,促使"汉奸"与"假的黎人"得以"教唆煽惑,勾引为非";"求生"及"逐利"的动机,诱使"生黎"及"熟黎"

---

① [清]钟元棣创修,张嵩等纂修:《光绪崖州志(外一种)》,海南出版社,2006年,第330—331页。

② [清]谢济韶修,李光先纂:《嘉庆澄迈县志》,海南出版社,2004年,第299页。

③ [清]谢济韶修,李光先纂:《嘉庆澄迈县志》,海南出版社,2004年,第299—300页。

铤而走险,危害社会。而过度依赖武力"平乱"和长期的控防围堵,并非良策,解决"黎乱"问题的根本在于发展黎族经济,正如笔者在论文中所言,"维护边疆的稳定,消除民族动荡,必须采取积极的政策,着眼于化,而非单纯的防,根本之处,在发展边疆民族地区的经济文化,特别是教育"①。但清朝经营海南黎族的经济举措(包括上文所讲的文化举措)因各种原因未能全面落实,甚至时时中断,如昌化石碌山的开矿事宜,据《光绪昌化县志》记载,嘉庆初年议开,却因兵戈屡作、疫乱齐兴而"奉命禁止"。到同治年间,"更恐募集多人,必致煽扰,黎众生变将形于旦夕"②,而严禁开凿。"黎乱"影响社会经济发展,黎区经济难以发展复导致"黎乱"发生,形成恶性循环。《民国琼山县志》曾记载朱采提出黎区兴利的建议,禀两院宪议:"当此群黎就抚,开山善后之际,倘能因势乘时,大兴水利,则务财训农,通商惠工,脉络交通,生机日畅,实为百世之利。"③并具体提出在发源于红毛、大水等峒的建江,发源于南劳、十万等峒的万全河等处,"疏凿淤浅",运送黎山货物等治水要务"十事":"一则多开沟洫,分引溪流,量设陂塘闸坝,为招垦屯田之计;一则河底怪石,约略铲平,多为磴级,由渐而下,为运送材木之计;一则疏通积水,流其秽恶,使民不病涉,得免肿腿,为消除瘴疠之计;一则挑挖故道,销杀水势,量筑堤埂,保卫田庐,为拯溺澹灾之计;一则建桥梁,广设桥渡,俾道途通畅,不至茅塞,为开辟黎疆之计;一则浚治河流,挖刷淤阻,窄者加宽,浅者使深,为通行船筏之计……设逆旅,便栖止,一也;造舟舰,载人货,二也;置

---

① 刘冬梅:《清代海南黎族教化政策探析》,《东岳论丛》2013 年第 8 期。
② [清] 李有益纂修:《光绪昌化县志》,海南出版社,2004 年,第 370 页。
③ 朱为潮等主修,李熙、王国宪总纂:《民国琼山县志》,海南出版社,2004 年,第648 页。

水碓,造竹纸,三也;察水泉,凿池沼,四也。"①据朱采估计,做上述十事,约需银数万两,但这些钱两比之"平黎患"之举"所糜帑饷,何啻十倍百倍?"②——用费并不多。此有识之士的建议与呼吁发声于大清即亡之前,可见,终清一朝,最高统治阶级都未意识到切实发展黎族经济的重要性。清政府发展经济的举措无法生效,就是因为这些举措往往是服务于政治与军事的目标,并非出于积极的发展地方经济、促进少数民族进步的考虑;清末张之洞对黎区的开发倒是走上了发展黎区经济的正轨,但又可惜未得善终,因此,黎族社会终不能出现经济发展、文化繁荣与社会稳定的局面。

5. 治黎措施上冲击——反应模式居多,几无预案。

黎区很多社会问题的存在,日积月累,无人关注,直到达到起事的程度方引起统治者重视。往往是黎民起事的强大威力迫使统治者不得不做出让步,或采取一些善后及安抚措施,如减轻赋税、革除甲头包揽代纳粮税、罢免失职官员、法办酷吏、防范"汉奸"等。因此,清朝在"治黎"措施上往往体现出冲击——反应模式,对黎民起事几无预案,不能未雨绸缪,止祸于无形,亦不会筹备应急方案进行危机管理;"抚黎"及善后工作亦多缺乏长远规划,着力点多还是集中于镇压与防范,说明清统治者满足于采取守御的方式"治黎"。何为治本的长远规划呢?"就是积极主动地通过政治的、经济的、文化的各种措施,改造边疆民族社会,提升边疆民族社会的经济文化发展水平,使之与内地接近或相同"③。

---

①朱为潮等主修,李熙、王国宪总纂:《民国琼山县志》,海南出版社,2004 年,第 649 页。
②朱为潮等主修,李熙、王国宪总纂:《民国琼山县志》,海南出版社,2004 年,第 649 页。
③刘冬梅:《清代海南黎族教化政策探析》,《东岳论丛》2013 年第 8 期。

至于清朝各代实施的其他具体治黎措施的不当,前文虽已有所提及,但肯定尚有疏漏,总之,失当之处难掩,一些消极的弊端往往有禁无止,而良政的制定与实施又往往不能完全一致,其成效也不一定达到期许的目标,但这些措置失当对黎族社会发展的危害是巨大而深远的。

三、原因深析

1. 清统治阶级对黎族的认识不足、对黎族根深蒂固的歧视与偏见,是其经管黎族过程中屡现败笔的深层主观原因。

清初统治者严厉推行的"剃发令"暴力政策,其形成的主观原因即在于统治阶级对黎族社会复杂性认识之不足。而毫不尊重黎族的风俗习惯、简单粗暴地强迫执行各种教化举措的主观动因也是源于对黎族的歧视与偏见。又如净谏不采:因沉香采办艰难,康熙七年(1668)时任崖州知州的张擢士,针对赋贡征收起解的流弊,冒着掉乌纱帽的风险上书朝廷,请免供香,却不能为统治者采纳,导致黎民负担日重。清统治者不仅不采纳像"在黎区设立州县"及"恢复巡按御史制"等关涉国家大计的方针,诸如"免供香"等多种实为"治黎"良方的小举措亦未予以重视,致在黎区深埋社会隐患。清朝历代"抚黎",却不能在关涉黎民长远发展以及民生的重要问题上让步,只能说,这种"安抚"是高高在上的选择性、"恩赐式"的"抚绥",深怀着对黎族的歧视与偏见。

对黎族的歧视、蔑视思想,可谓历史深远,史不绝载。明朝的海瑞,自身少数民族出身,但对黎人的轻鄙溢于言表,一直主张"平黎"及"化黎"一族于无存。清朝统治者常常以"蒙昧""愚顽"视黎,其对黎族人的歧视与偏见,从清朝乾隆年间知识分子、进士级文人、曾任海南定安县知县的张庆长对黎族人令人惊讶的认识程度中即可见一斑,他在《黎岐纪闻》论说"黎之种"时道:"有女航海而来,入山中,与狗为配,生长子孙,名曰狗尾王,遂为黎祖,其子孙即以王为姓。至今黎人尾闾皆有赘肉,是其证也。"①简直就是污蔑之词。

清嘉道年间,曾任湖北布政使的海南人张岳崧曾说"夫黎地弹丸险阻,得其地不足为利,得其人不可为民"②,既未把黎地放在眼里,更未将黎人视为普通民众。既然"黎人畏威而不怀德"③,那么,"平黎"的铁血手段就成为不二之选。剿杀"黎乱"战斗之酷烈,史不绝书。光绪十二年(1886)及光绪十三年(1887)广西总督冯子材大举"剿黎"之举,在有清一代,是一次大规模的剿捕:大军搜捕,大炮轰击,范围广大,战斗之惨烈,在张之洞的奏疏里亦可见一斑。杀戮黎人之残忍,感觉就是视黎人为草芥禽兽,杀之而后快。对此,近代学者王兴瑞早就察觉到,"国人一贯的传统观念便都把夷民看作异类,历代政府对蛮夷民族,不惜任情的征伐残杀,最大的原因便基于此"④。军事上的剿杀防范,人为造成的对立,加深了民族隔阂与仇视。

2. 而封建专制制度的痼疾以及内忧外患的形势,无疑是导致清政府经管海南黎族不能善终以及清朝各代治黎举措失当的深层的客观原因。

清朝中期以后,封建专制制度及统治者的阶级劣根性逐渐显露,尤其经过"乾嘉盛世",清朝国力有所增强后更显突出。统治者骄傲

①[清]张庆长撰,王甫校注:《黎岐纪闻》,广东高等教育出版社,1992年,第116页。
②洪寿祥主编:《海南先贤诗文丛刊·筠心堂文集》,海南出版社,2006年,第185页。
③[清]钟元棣创修,张嶲等纂修:《光绪崖州志(外一种)》,海南出版社,2006年,第327页。
④王兴瑞:《历代治黎政策检讨》,载詹慈编《黎族研究参考资料选辑》,广东民族研究所,1983年,第75页。

自大、故步自封;封建官场贪污盛行、腐败猖獗;统治阶级穷奢极欲的需求,加剧了百姓的负担。黎族虽地处南海孤岛,仍难免苛派之苦。鸦片战争之后,外国商品潮涌而来,海南传统的自给自足的农业经济趋于崩溃,古老的手工业也趋向解体,海南逐渐被卷入西方资本市场,城镇及农村原本的墟市日益减少,黎区生存状况每况愈下。但直到清末,各种捐献,如"学捐""地方自治捐""麻地捐""花生地捐""房捐""战败赔款摊派""警税""铁路税"等各种"附加税","厘金""屠猪捐""府税""烟税""地税""酒税""印花税"等新税,以及原有的田赋、盐税、色米等使黎民背负沉重的经济负担,黎区社会难以稳定。

但良政难以善终,仅以堪称壮举,说得上是清朝经营海南黎族的点睛之笔的张之洞对黎区的经营开发为例足以说明问题。开发计划中,黎区设县计划未成不说,其他开发的项目也半途而废。郑荣曾在其"上袁制军筹议驭黎置县草案"(时间应为宣统初年)中继承张之洞的开发遗志,一再强调黎区置县的意义,并标明"以定安、陵水两县移入内地使接壤各黎峒联络控制"的规划,却指出:"或以目下库帑支绌,地方贫瘠,置县建城,需款必巨,急切未能举办。似宜于太平、宝停二处暂设行署,由该二县酌定时期,前往分驻,指置一切,将来稍能就绪,即行议迁。又或不然,则亦宜援照广海县丞成案,改太平、宝停二司为二县县丞,以理民黎,而为分治"①。时世已变,"咨议局"已存在,清政府当有所作为了,但风雨飘摇的宣统政权连此退而求其次的治黎方案亦未见实行就退出了历史舞台。而张之洞在黎区所开的十字路的长度亦未按计划完成,完成的亦被废置——郑荣在《上袁制军筹议驭黎置县草案》中有言:"溯光绪十三年,曾议开修十字路以达郡

———————————

① 朱为潮等主修,李熙、王国宪总纂:《民国琼山县志》,海南出版社,2004年,第654页。

县,惜工未竟而旋罢。而已开之路,亦因复废,至今蓁莽丛生,人迹罕至。夫瘴疠之生,由于山林未辟,草木之气挟暑湿蒸郁而成。"①清政府昧于世界大势,腐朽败落,人去政息,国库空虚,资金匮乏,政局分崩离析,使海南黎区开发之停滞成必然之势,令人扼腕!而清统治阶级一直对黎族的经济与文化的切实发展重视不够,致积重难返,也是黎区开发无果的深层原因。

从制度层面看,集权专制的清政府,难免对诤谏不以为意,黎区设县、恢复巡按制、免供香等提议也因此难以获得重视;对治黎举措的失当也缺乏积极反思的机制与动力;对黎族的歧视与偏见、防范与隔绝,则体现了权力的傲慢与怠惰,以及对先进的民本、平等等思想的排斥。到后期,清政府的功能几乎停滞,开发黎区等政治运作的不连贯性便事所难免,而所造成的高昂成本,既无追究机制,亦无人在意,若说内忧外患间无暇顾及似乎更准确。甲午战争的失败,也未能使积重难返的清政府警醒并痛改前非,走上变革之路。20世纪初期清廷的窘困及民生之艰,从张之洞等各省督抚在光绪二十七年(1901)的奏言中可见一斑:"各省分派赔款,为数过巨,筹措万难,方今民生困穷,商业凋敝,经去年之变,各省商民元气大伤,种种筹款之法,历年皆经办过久,已竭泽而渔,若再痛加搜括,民力既不能堪,赔款仍必贻误。"②总之,腐朽的制度导致晚清国势衰微,积贫积弱,到清政府镇压了国会请愿运动,推出了"皇族内阁","预备立宪"完全破产后,清政权已摇摇欲坠,更遑论海南黎区的开发。

---

① 朱为潮等主修,李熙、王国宪总纂:《民国琼山县志》,海南出版社,2004年,第653页。
② [清]王彦威纂辑,王亮编:《清季外交史料》(光绪、宣统朝)(三)卷一四九,《各省督抚张之洞等致枢垣各省分派赔款为数过巨,请减免四成以纾民力电》,书目文献出版社,1987年,第2429页。

总之,清朝经营海南黎族的历史经验证明,合理的经济与教育的发展,可以促进不公平的社会关系及社会制度安排的逐渐合理化;治理理念上真正遵循民本思想,同时加强吏治与法治建设,方制定得出系统科学的发展方案,也才能真正实现黎民的幸福。

参考文献

一

［汉］班固：《汉书》,中华书局 1962 年版。

［晋］陈寿：《三国志》,中华书局 1959 年版。

［唐］段公路：《北户录》,丛书集成初编本。

［唐］李延寿：《北史》,中华书局 2000 年版。

［宋］李焘：《续资治通鉴长编》,中华书局 1993 年版。

［宋］赵汝适：《诸蕃志》,冯承钧校注,中华书局 1959 年版。

［宋］周去非：《岭外代答》,丛书集成初编本。

［明］戴璟修,张岳等纂,［明］黄佐纂修：《嘉靖广东通志·琼州府》
（二种）,海南出版社 2006 年版。

［清］鲍灿：《汉黎舆情》,清光绪二十一年(1895)大文堂书局刻本。

［清］陈坤：《治黎缉要》卷四,中山文献馆手抄本。

［清］鄂尔泰等：《奏为遵议两广总督庆复议复广东按察使潘思榘请
设黎童义学一折可行事》,乾隆七年八月十一日,第一历史档案馆
藏朱批奏折,档号 04-01-01-0088-015。

［清］方岱修,璩之璨校正：《康熙昌化县志》,海南出版社 2004 年版。

［清］郝玉麟等总裁,鲁总煜总辑：《雍正广东通志·琼州府》,海南出
版社 2006 年版。

［清］贺长龄:《皇朝经世文编》,光绪十三年(1887)上海点石斋石
　　印本。

［清］胡传:《游历琼州黎峒行程日记》,原载《禹贡》二卷二期,1934
　　年9月。

［清］胡端书总修,杨士锦、吴鸣清纂:《道光万州志》,海南出版社
　　2004年版。

［清］嵇璜:《清朝文献通考》,商务印书馆1935年版。

［清］蒋伊、韩作栋等:《(康熙)广东舆图》,《黎族藏书》,据清康熙二
　　十四年(1685)韩作栋刻本影印。

［清］焦映汉修,贾棠纂:《康熙琼州府志》,海南出版社2006年版。

［清］李文烜修,郑文彩纂:《咸丰琼山县志(外一种)》,海南出版社
　　2004年版。

［清］李有益纂修:《光绪昌化县志》,海南出版社2004年版。

［清］刘锦藻:《清朝续文献通考》,商务印书馆1936年版。

［清］马日炳纂修:《康熙文昌县志》,海南出版社2003年版。

［清］明谊修,张岳崧纂:《道光琼州府志》,海南出版社2006年版。

［清］瞿云魁纂修:《乾隆陵水县志》,海南出版社2004年版。

［清］潘廷侯纂修:《康熙陵水县志》,海南出版社2004年版。

［清］庆复:《奏请于琼州府崖州府等州县设立义学以使黎人蒙受教
　　化事》,乾隆七年七月初二日,第一历史档案馆藏朱批奏折,档号
　　04-01-01-0088-014。

［清］屈大均:《皇明四朝成仁录》,《广东丛书》编印委员会1948年。

［清］宋锦增辑,黄德厚分修:《乾隆崖州志》,广州中山图书馆藏手
　　抄本。

［清］索尔纳纂修:《钦定学政全书》,霍有明、郭海文校注,武汉大学
　　出版社2009年版。

［清］索尔讷等:《钦定学政全书》,乾隆三十九年(1774)武英殿刻本。

［清］汪志伊:《荒政辑要》,清道光二十九年(1849)尚义堂刻本。

［清］王彦威纂辑,王亮编:《清季外交史料》(光绪、宣统朝),书目文
　　献出版社 1987 年版。

［清］吴应廉创修,王映斗总纂:《光绪定安县志》,海南出版社 2004
　　年版。

［清］吴震方:《岭南杂记》,齐鲁书社 1997 年版。

［清］萧应植修,陈景埙纂:《乾隆琼州府志》,海南出版社 2006 年版。

［清］谢济韶修,李光先纂:《嘉庆澄迈县志》,海南出版社 2004 年版。

［清］张嶲、邢定纶、赵以谦纂修:《光绪崖州志》,广东人民出版社
　　1983 年版。

［清］张庆长撰,王甫校注:《黎岐纪闻》,广东高等教育出版社 1992
　　年版。

［清］张廷玉等:《明史》,中华书局 1974 年版。

［清］张文豹纂修,梁廷佐同修:《康熙定安县志》,海南出版社 2006
　　年版。

［清］张延标编辑:《光绪琼山乡土志》,海南出版社 2004 年版。

［清］张岳崧:《筠心堂文集》,道光二十四年(1844)岁次甲辰仲夏本。

［清］张之洞:《张之洞全集》(第一册),河北人民出版社 1998 年版。

［清］张之洞著,周伟民、唐玲玲编:《张之洞经略琼崖史料汇编》,海
　　南出版社 2015 年版。

［清］赵尔巽等:《清史稿》,中华书局 1976 年版。

［清］钟元棣创修,张嶲等纂修:《光绪崖州志(外一种)》,海南出版社
　　2006 年版。

《清实录》,中华书局 1985 年影印本。

二

包文汉整理:《皇朝藩部要略》,黑龙江教育出版社 1997 年版。

《保亭黎族自治县概况》,民族出版社 2008 年版。

陈铭枢、曾蹇等修:《海南岛志》,民国二十二年(1933)上海神州国光铅印本。

程昭星:《黎族人民斗争史》,民族出版社 1998 年版。

邓拓:《中国救荒史》,武汉大学出版社 2012 年版。

符桂花主编:《黎族传统民歌三千首》,海南出版社 2008 年版。

符桂花主编:《黎族民间故事大集》,海南出版社 2009 年版。

符桂花主编:《清代黎族风俗图》,海南出版社 2007 年版。

高泽强、潘先锷:《祭祀与辟邪——黎族民间信仰文化初探》,云南民族出版社 2007 年版。

高泽强:《海南黎族研究》,海南出版社、南方出版社 2008 年版。

海口市地方史志办公室编:《冼夫人研究文集》,南海出版公司 2009 年版。

《海南岛黎族社会调查》,广西民族出版社 1992 年版。

《海南黎族、苗族自治州概况》,广东人民出版社 1986 年版。

郝思德、黄万波编著:《三亚落笔洞遗址》,南方出版社 1998 年版。

洪寿祥主编:《海南先贤诗文丛刊·筠心堂文集》,海南出版社 2006 年版。

《黎族简史》,广东人民出版社 1982 年版。

李勃:《海南岛历代建置沿革考》,海南出版社 2005 年版。

梁方仲编著:《中国历代户口、田地、田赋统计》,上海人民出版社 1980 年版。

林日举:《海南民族概论》,海南出版社、南方出版社 2008 年版。

林日举:《海南少数民族地区现代化问题研究》,四川民族出版社
　　2000年版。

林日举:《海南史》,吉林人民出版社2002年版。

刘耀荃:《黎族历史纪年辑要》,广东省民族研究所1982年版。

刘耀荃:《海南岛黎族的住宅建筑》,广东省民族研究所1982年版。

潘先鄂:《黎族苗族调查文集》,中国国际出版社2009年版。

钱穆:《中国历代政治得失》,生活·读书·新知三联书店2012年版。

琼中黎族苗族自治县地方志办公室编,梁定鼎主编:《琼中县志》,海
　　南摄影美术出版社1995年版。

《琼中黎族苗族自治县概况》,民族出版社2008年版。

唐玲玲、周伟民:《海南史要览》,海南出版社、南方出版社2008年版。

唐启翠辑录点校:《明清〈实录〉中的海南》,海南出版社2006年版。

王海、江冰:《从远古走向现代——黎族文化与黎族文学》,华南理工
　　大学出版社2004年版。

王建成:《海南民族风情》,民族出版社2004年版。

王建成主编:《首届黎族文化论坛文集》,民族出版社2008年版。

王献军、赵红主编:《黎族藏书·方志部》,海南出版社2009年版。

王献军编:《黎学研究备览》,民族出版社2011年版。

王翔译著:《棕榈之岛——清末民初美国传教士看海南》,南海出版公
　　司2001年版。

王学萍:《五指山五十年》,海南出版社1999年版。

王学萍主编:《黎族传统文化》,新华出版社2001年版。

王学萍主编:《中国黎族》,民族出版社2004年版。

王养民、马姿燕:《黎族文化初探》,广西民族出版社1993年版。

王俞春:《海南移民史志》,中国文联出版社2003年版。

吴义、王明兴、邵显明:《中国黎族传统体育文化》,中国社会出版社
　　2004年版。

吴永章:《黎族史》,广东人民出版社 1997 年版。

邢关英:《黎族》,民族出版社 2004 年版。

邢植朝:《黎族文化溯源》,中山大学出版社 1997 年版。

杨德春:《海南岛古代简史》,东北师范大学出版社 1988 年版。

杨学琛:《清代民族关系史》,吉林文史出版社 1991 年版。

詹慈编:《黎族研究参考资料选辑》(第一辑),广东省民族研究所 1983 年版。

张跃、周大鸣主编:《黎族·海南五指山市福关村调查》,云南大学出版社 2004 年版。

政协陵水黎族自治县委员会编:《陵水黎族风土见闻录》(内部资料),1989 年版。

"中研院"史语所编:《明清史料》丙编,第九本《琼州总兵高进库揭贴》,上海商务印书馆发行。

"中研院"史语所编:《明清史料》丙编,第六本《两广总督终养甲揭贴》,上海商务印书馆发行。

中元秀:《黎族人民领袖王国兴》,民族出版社 2009 年版。

钟敬文:《民俗学概论》,上海文艺出版社 1998 年版。

周伟民、唐玲玲:《海南通史》(1—5 卷),人民出版社 2017 年版。

周伟民、唐玲玲辑纂点校:《历代文人笔记中的海南》,海南出版社 2006 年版。

周文海:《民国感恩县志》,海南出版社 2004 年版。

周小华辑录:《二十五史中的海南》,海南出版社 2006 年版。

朱为潮等主修,李熙、王国宪总纂:《民国琼山县志》,海南出版社 2004 年版。

[德]史图博:《海南岛民族志》,中国社会科学院广东民族研究所 2001 年翻印本。

[美]Ann Alice Csete:*A frontier minority in the Chinese world*:*The Li people of Hainan island from the Han through the Qing.* A Bell & Howell information company. 1995.

［美］罗·威廉：《最后的中华帝国：大清》（William T Rowe：*China's Last Empire：The Great Qing*），李仁渊、张远译，中信出版社 2016 年版。

［日］冈田谦、尾高帮雄：《黎族三峒调查》，金山等译，民族出版社 2009 年版。

［日］小叶田淳：《海南岛史》，台北学海出版社 1979 年版。

三

何瑜：《论清代的治黎政策》，《民族研究》1992 年第 4 期。

郝思德、黄兆雪：《试探海南考古材料中的百越文化因素》，张一平、吴春明、丘刚主编：《百越研究（第三辑）：中国百越民族史研究会第十五届年会暨环南海历史文化国际学术研讨会论文集》，暨南大学出版社 2012 年版。

江应樑：《历代治黎与开化海南黎苗之研究》，《新亚细亚》第 13 卷，1937 年第 4 期。

林乾：《巡按制度罢废与清代地方监察的缺失》，《国家行政学院学报》2015 年第 4 期。

刘冬梅：《清朝治黎政策解析》，《海南大学学报》（社会科学版）2011 年第 6 期。

刘冬梅、欧阳洁：《清初海南黎族勇武抗清原因分析》，《史学集刊》2012 年第 6 期。

刘冬梅：《清代海南黎族教化政策探析》，《东岳论丛》2013 年第 8 期。

刘冬梅：《从〈黎岐纪闻〉管窥清朝乾隆年间海南黎族生存状况》，《海南广播电视大学学报》2015 年第 4 期。

刘冬梅:《海南黎族传统民间信仰论析》,《社会科学战线》2017 年第
　9 期。

卢勋:《论宋代在黎民族地区羁縻之治》,《民族研究》1986 年第 5 期。

汤开建:《元代对海南岛的开发与经营》,《暨南学报》(哲学社会科
　学)1990 年第 4 期。

王兴瑞:《历代治黎政策检讨》,原载《珠海学报》第 1 集,1945 年
　5 月。

杨德春:《历代治黎政策述评》,《海南大学学报》(社会科学版)1987
　年第 1 期。

袁国客:《清代海南治黎及其影响》,暨南大学硕士学位论文 2003 年。

张介文:《明代黎族人民起义原因探讨》,《海南大学学报》(社会科学
　版)1985 年第 3 期。

赵丕强:《略论光绪年间开发海南的结局及其原因》,《广东民族学院
　学报》1998 年第 3 期。